吉林省松花江流域产业系统环境适应性研究

郭付友 著

科学出版社

北京

内 容 简 介

本书以系统分析吉林省松花江流域产业系统环境适应性"过程-格局-机理"为核心,以探究符合研究区域实情、能够破解关键障碍因素的调控模式与措施为目标,以吉林省松花江流域4个地级市为研究对象,采用了适应性分析范式与"过程-格局-机理"地理学经典分析方法,在对流域产业生态系统演化特征与现状格局深入分析的基础上,基于适应性要素、适应性目标与适应性效率定量评价了流域产业系统环境适应力,并从多个视角揭示了其适应性驱动机制及其作用机理,最后提出了流域产业系统环境适应性调控模式与调控措施。研究成果扩展了人文地理学之人地关系研究的新内涵,为流域产业可持续发展的调控路径提供了参考,同时也为全面认识流域可持续发展状态提供了理论和方法。

本书可以作为高等院校和科研机构地理学、经济学、社会学、生态学等相关专业研究人员和教师的参考书,还可以为流域可持续发展规划、区域经济发展战略规划、产业生态园区发展规划工作者提供参考和借鉴。

图书在版编目(CIP)数据

吉林省松花江流域产业系统环境适应性研究 / 郭付友著. —北京:科学出版社,2021.3
ISBN 978-7-03-068452-3

Ⅰ. ①吉⋯ Ⅱ. ①郭⋯ Ⅲ. ①产业结构升级－关系－生态环境建设－研究－吉林 Ⅳ. ①F127.34 ②X321.234

中国版本图书馆 CIP 数据核字(2021)第 049969 号

责任编辑:孟莹莹 李嘉佳 / 责任校对:樊雅琼
责任印制:吴兆东 / 封面设计:无极书装

科学出版社 出版
北京东黄城根北街 16 号
邮政编码:100717
http://www.sciencep.com

北京中石油彩色印刷有限责任公司 印刷
科学出版社发行 各地新华书店经销

*

2021年3月第 一 版 开本:720×1000 1/16
2021年3月第一次印刷 印张:11
字数:219 000
定价:99.00 元
(如有印装质量问题,我社负责调换)

前　言

改革开放以来我国经济呈现出迅猛发展态势，但经济的发展严重依赖资源和其他生产要素的高投入、高消耗，传统的"资源—产品—废物"单向流动的产业线性发展模式仍占据主流地位，产业规模的快速扩张及经济总量的规模增长尤为盛行，这势必导致资源能源的供给短缺、生态环境的持续恶化，对中国的经济增长及产业发展带来严重的胁迫效应。在这种背景下，产业系统与生态环境的协同发展的研究显得尤为必要。产业系统是联结经济系统与环境系统的重要桥梁，在经济系统方面，产业系统是各种生产要素的"资源转换器"，在环境系统方面，产业系统是各种污染物类型和规模的"控制体"，因此推进产业生态系统协调发展是实现经济生态化的重要途径，对流域发展的科学调控具有重要的研究价值。

振兴东北老工业基地是一项复杂的系统工程，在促进传统产业优化升级的过程中，如何实现产业与环境的协调发展是东北地区面临的重要挑战。长时间、大规模、高强度的掠夺式开发，已经使东北地区资源存量及环境承载力接近阈值，生态环境持续恶化，因此科学统筹东北地区新兴工业化发展，建立环境友好型产业系统，形成产业发展与环境协调共进的内生机制，是实现东北老工业基地振兴与再振兴的前提基础与关键所在。松花江生态经济走廊作为中国产业系统快速嬗变的典型地区，产业集聚与资源环境系统之间的冲突和矛盾不断加剧，使得该地域产业生态系统适应性问题引起社会的广泛关注。作者通过对其产业生态系统环境适应性研究，希望为流域产业可持续发展的调控路径提供参考借鉴。

本书共分为四个部分，具体如下。

第一部分（第一章和第二章）是产业系统环境适应性研究的理论基础部分。在对适应性、脆弱性、弹性等相关概念辨析的基础上，提出了流域产业系统环境适应性概念内涵与基本特征。具体阐述了生态经济学理论、循环经济理论、可持续发展理论，以及系统理论形成发展、理论内涵及其对于流域产业系统环境适应性的研究作用，为开展流域产业系统环境适应性研究提供了理论与方法论基础，奠定了本书的研究思路与总体框架。

第二部分（第三章）主要论述吉林省松花江流域产业环境系统演化分析与现状格局特征。首先，本书在对研究区域进行界定的基础上，对研究区域的发展概况进行了阐述。其次，对研究区域产业环境系统演化过程、现状格局、空间分异等进行了分析。最后，对研究区域产业环境系统发育情况与障碍因子进行了定量测定。为开展流域产业系统环境适应性绩效评价、适应性机制及调控对策提供了依据。

第三部分（第四章）主要论述吉林省松花江流域产业系统环境适应性评价。如何将适应性研究范式引入人文地理学研究之中是本书的难点所在，本书基于适应性内涵本质特征，从适应性要素、适应性目标与适应性效率等方面构建了吉林省松花江流域产业系统环境适应性绩效评价指标体系、模型与方法，并对研究区域产业系统环境适应性的时空格局与类型进行了分析。

第四部分（第五章和第六章）主要是论述吉林省松花江流域产业系统环境适应性机制与调控对策。首先，本书从内生动力机制、外部推动机制与引导调控机制3个方面定性揭示了流域产业系统环境适应性驱动机制，并且基于灰色关联度与回归分析等计量方法对其进行了定量研究。其次，从系统结构优化与重组视角提出了流域产业系统环境适应性调控模式，即产业集群调控模式、产业合作调控模式与产业创新调控模式，并且阐释了各模式内涵与具体举措。最后，本书具体提出了吉林省松花江流域产业系统环境适应性调控对策。

呈现给读者的这本拙作，是笔者在国家自然科学基金面上项目"松花江生态经济走廊产业系统环境适应性研究"（编号：41471110）、国家自然科学基金青年科学基金项目"适应性视角下区域产业生态转型机理与响应路径研究——以山东省为例"（编号：41801105）、山东省教育服务新旧动能转换专业对接产业项目"曲阜师范大学精品旅游"的资助下完成的。笔者在撰写本书过程中，得到了许多同仁的关注和支持，尤其是得到了东北师范大学地理科学学院部分教师、中国科学院东北地理与农业生态研究所佟连军研究员、江苏师范大学地理测绘与城乡规划学院仇方道教授、曲阜师范大学部分教师等的帮助，在此致以谢意。

衷心感谢科学出版社，全力支持本著作的出版。

衷心希望本书出版后，广大读者能够从不同视角了解流域产业系统环境适应性的内容，希冀地理同仁投身具有中国特色的产业生态学及区域绿色发展研究之中，在中国生态文明建设中起到积极作用。

本书由于涉及内容广泛，加之笔者的水平有限，可能存在疏漏之处，敬请广大读者批评指正！

郭付友
2020年6月于曲阜师范大学

目 录

前言
第一章 绪论 ·· 1
　第一节 研究背景与意义 ··· 1
　　一、研究背景 ·· 1
　　二、研究意义 ·· 10
　第二节 研究目的与内容、难点 ·· 11
　　一、研究目的 ·· 11
　　二、研究内容 ·· 12
　　三、研究难点 ·· 13
　第三节 研究方法与技术路线 ··· 13
　　一、研究方法 ·· 13
　　二、技术路线 ·· 14
第二章 产业系统环境适应性研究的理论基础 ································· 16
　第一节 相关概念界定 ·· 16
　　一、适应性 ··· 16
　　二、脆弱性 ··· 17
　　三、弹性 ·· 18
　　四、产业系统环境适应性 ··· 20
　第二节 基本理论综述 ·· 21
　　一、生态经济学理论 ·· 21
　　二、循环经济理论 ··· 27
　　三、可持续发展理论 ·· 33
　　四、系统理论 ·· 37
　第三节 流域产业系统环境适应性的基本内涵与特征 ······················ 40
　　一、基本内涵 ·· 40
　　二、基本特征 ·· 42
　第四节 国内外研究进展 ··· 43
　　一、国外研究进展 ··· 43
　　二、国内研究进展 ··· 47

三、研究述评与展望……50
本章小结……51

第三章 吉林省松花江流域产业环境系统的形成与演化……53
第一节 研究区域界定与发展概况……53
一、研究区域界定……53
二、研究区域发展概况……53
第二节 吉林省松花江流域产业环境系统的演化及现状特征……63
一、演化特征……63
二、现状特征……69
第三节 吉林省松花江流域产业环境系统的发育情况评价……70
一、环境系统发育情况评价……70
二、产业系统发育情况评价……76
三、产业环境系统耦合发育情况评价……81
本章小结……86

第四章 吉林省松花江流域产业系统环境适应性评价……87
第一节 基于适应性要素的产业系统环境适应性评价……87
一、评价体系的建立与数据收集……87
二、评价方法的确定与模型构建……91
三、吉林省松花江流域产业系统环境适应性评价特征……91
四、吉林省松花江流域产业系统环境适应性类型划分……98
第二节 基于适应性目标的产业系统环境适应性评价……99
一、生态效率内涵释义……99
二、评价模型构建……100
三、评价体系的建立与数据收集……102
四、吉林省松花江流域产业系统生态效率评价特征……103
第三节 基于适应性效率的产业系统环境适应性评价……107
一、适应性效率的内涵释义……107
二、评价方法的确定与模型构建……108
三、指标选取与数据收集……109
四、吉林省松花江流域产业生态系统适应性效率评价特征……110
本章小结……113

第五章 吉林省松花江流域产业系统环境适应性机制……114
第一节 吉林省松花江流域产业系统环境适应性的内生动力机制……115
一、资源禀赋……115
二、区位条件……117

三、路径依赖 ··· 118
　第二节　吉林省松花江流域产业系统环境适应性的外部推动机制 ············ 119
　　一、交通条件改善 ·· 119
　　二、科学技术进步 ·· 121
　　三、经济发展水平提升 ·· 123
　　四、产业结构优化调整 ·· 125
　第三节　吉林省松花江流域产业系统环境适应性的引导调控机制 ············ 127
　　一、开发区设立与功能完善 ·· 127
　　二、区域发展战略政策 ·· 128
　　三、市场经济体制改革 ·· 129
　第四节　吉林省松花江流域产业环境系统适应性影响因素的定量分析 ····· 130
　　一、研究方法 ·· 130
　　二、产业系统角度影响产业系统环境适应性因素 ························· 132
　　三、环境系统角度影响产业系统环境适应性因素 ························· 133
　本章小结 ·· 135

第六章　吉林省松花江流域产业系统环境适应性调控对策 ················ 136
　第一节　吉林省松花江流域产业系统环境适应性的调控原则和目标 ······· 136
　　一、调控原则 ·· 136
　　二、调控目标 ·· 137
　第二节　吉林省松花江流域产业系统环境适应性的调控模式 ··············· 139
　　一、产业集群调控模式 ·· 139
　　二、产业合作调控模式 ·· 141
　　三、产业创新调控模式 ·· 142
　第三节　吉林省松花江流域产业系统环境适应性的调控措施 ··············· 144
　本章小结 ·· 151

第七章　结论与创新之处 ··· 152
　第一节　研究基本结论 ·· 152
　第二节　研究创新点 ·· 155

参考文献 ··· 157

第一章 绪 论

第一节 研究背景与意义

一、研究背景

(一) 理论背景

  1. 产业生态系统协调发展: 地理学者关注的重点领域

  生态经济学者认为,人类生态经济系统的基本矛盾是具有增长型机制的经济系统对自然资源需求的无限性与具有稳定型机制的生态系统对自然资源供给的有限性之间的矛盾[1],这一基本矛盾贯穿于生态经济系统发展演化的始终,随着人类社会的不同阶段而产生不同的发展演变特征。

  在原始社会时期,由于生产力发展水平低下,人们利用生产资料改造自然的能力有限,对生态系统的干扰作用微乎其微,此时期人类与自然的关系是和谐的,由此决定了人类的生态经济系统也是协调的。第一次产业革命直接导致了工业化的大力发展,工业化逐渐取代了传统的手工作坊式生产方式,人们利用自然及改造自然的能力不断增强,相对而言,对生态系统的干扰作用不断增强,但总体来说,此时期经济的发展并未突破生态系统的阈值,仍属于生态经济系统的可控范围。

  随着第二次产业革命及第三次产业革命的出现与快速发展,生产力发展水平呈现指数型的发展特征,对经济的变革影响很大,同时对生态系统的影响也更为深刻及持久,而生态系统的负反馈机制也对人类社会发展产生了重要影响,如在20世纪30~60年代发生的"八大公害事件"——比利时马斯河谷烟雾事件、美国多诺拉烟雾事件、英国伦敦烟雾事件、日本水俣病事件、日本四日市哮喘事件、日本米糠油事件、日本骨痛病事件及美国洛杉矶光化学烟雾事件,经济与环境可持续发展关系作为"最为关键的经济问题"不断得到学术界的关注[2]。Georgescu-Roegen、Meadows 及 Daly 等学者对西方主流经济学忽视自然资源的经济增长模型提出了质疑,他们认为经济增长与资源环境之间存在着一种内在的不可避免的矛盾与冲突,经济发展与资源环境是一种此消彼长的矛盾关系[3-6]。以

Meadows 为代表的罗马俱乐部发表了《增长的极限》报告，首次提出了经济增长资源极限的概念。另外，Mishan、Myrdal、Hueting 和 David 等学者认为经济不断增长并不能导致全体社会福利的不断增加，环境的负外部性总会导致收入与福利之间存在不可调和的缺口，即使政府采取适当的政策将环境的外部性完全内部化，经济产出的增长也会不断加重环境污染[7-10]。基于以上认识人们形成了多种经济增长极限理论，但究其实质而言，均认为经济增长与生态环境之间是一种对立的矛盾关系。

但到了 20 世纪 70 年代末期，以 Beckerman、Lecomber、MacNeill 及 Bernstam 等为代表的学者对生态经济系统不可调和性的矛盾关系提出了质疑，他们认为科学技术的不断进步能够延缓甚至无限延迟经济增长的环境极限，经济发展与生态环境之间可以是一种相互促进的和谐关系[11-15]。Beckerman 认为环境问题的产生主要是资源配置不当，随着经济效率的提高、技术的进步以及价格机制作用的发挥，经济发展与生态环境的可持续是可以同时实现的[11, 12]。MacNeill 认为消除环境的负外部性，经济增长发挥着重要作用[14]。Bernstam 则认为经济产出与生态环境之间存在着动态的演化关系，在工业化早期，经济产出的增长会不断恶化生态环境，但是这种效应随着工业化的不断推进而逐渐减弱[15]，并且当到达生态环境阈值最低点时，经济产出与生态环境的关系逐渐变成相互促进的和谐关系，但这种关系存在的基点是资源生产率快于资源产出的速度。

20 世纪 80 年代末期到 90 年代初期，受可持续发展思想的影响，学者对经济与生态环境的关系进行了进一步思考和深化，美国学者 Grossman 和 Krueger、Panayotou 通过对经济增长与环境污染水平的实证研究提出了环境库兹涅茨曲线理论，二者之间存在着倒"U"形关系，经济发展与环境可持续之间存在协调—失调—协调的演化过程，环境会随着经济发展呈现出先恶化后改善的过程[16, 17]。如图 1-1（a）所示，经济发展与资源消耗之间存在着倒"U"形曲线关系，位于曲线左侧阶段是工业化阶段，经济发展依赖于资源消耗，中间峰值前后时期是经济发展模式的变革时期，曲线右侧阶段则表明经济发展与资源消耗实现了脱钩。但经济发展与资源消耗的发展轨迹也是发达国家翻越"环境高山"的过程，在经济得到大幅度发展的同时也使环境付出了沉重的代价[18]。发展中国家与发达国家由于发展历史和发展阶段等差异，二者处于完全不同的发展阶段。如图 1-1（b）所示，发展中国家广泛处于倒"U"形曲线左侧阶段，工业化仍是国家发展的重点所在，快速工业化过程带来了资源的大量消耗；发达国家则实现了经济发展模式的变革，清洁生产和循环经济模式占据主流。所以对发展中国家而言，不要重蹈发达国家先污染后治理的经济发展轨迹，要把翻越"环境高山"变成穿越"环境高山"过程，但对于如何实现经济与生态环境的协调，目前尚无明确的答案，因此，如何推进生态经济的可持续性是地理学者及政策制定者关注的重点内容。

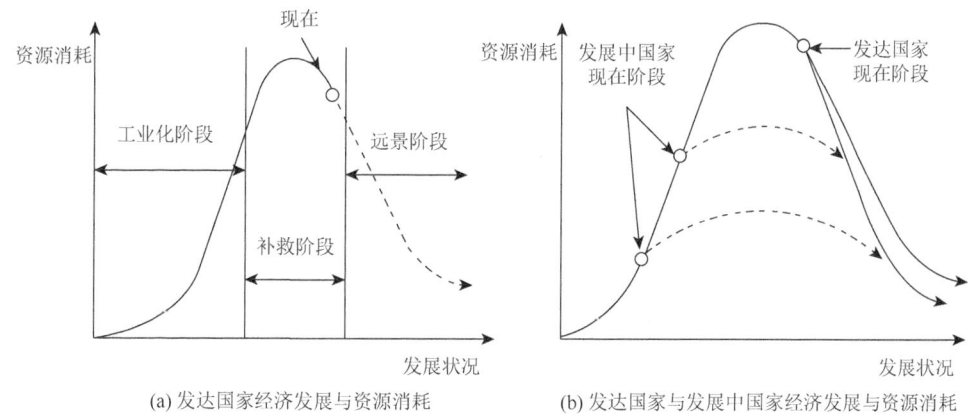

图 1-1 经济发展与资源消耗关系演变图

资料来源：文献[18]

随着可持续发展思想逐步深入人心，人们逐渐意识到产业是人地系统最重要的结合点，是连接经济活动与生态环境最主要的界面。而产业系统是联结经济系统与环境系统的重要桥梁，在经济系统方面，产业系统是各种生产要素的"资源转换器"，在环境系统方面，产业系统是各种污染物类型和规模的"控制体"[19, 20]，因此推进产业系统协调发展是实现经济生态化的重要途径。产业生态化的基本理念是改变产业系统与生态环境之间的"中断"状况，通过技术进步改进传统的生产活动与产业模式，尽可能减少资源的消耗，使生态环境远离系统崩溃的极限值，实现区域的可持续发展。产业系统与生态环境系统之间协调发展的思想，缓解了产业系统与生态环境系统之间尖锐的矛盾，促进了传统产业向产业生态化方向转型，并且为区域可持续发展提供了产业支撑。流域产业生态系统的形成与发展具有显著的流域特征，突出表现在流域产业发展与自然资源具有显著的空间耦合性上，即上游地区多为资源密集型产业、中游地区多为劳动密集型与资源密集型产业并存，以及下游多为资金技术密集型产业[21]。由此可见，上游地区产业发展所产生的污染若不能进行妥善治理，将会对中下游地区的发展产生严重干扰，上中下游产业发展与生态环境之间存在着严重的矛盾，这在一定程度上阻碍了流域的可持续发展，而产业生态系统协调发展思想为解决流域产业系统与环境系统耦合共生发展问题，促进流域产业系统环境适应性研究提供了新视角与新思路。

2. 适应性研究范式：产业生态系统协调发展有效分析框架

产业生态系统作为复合巨系统，既具有生态学属性，又具有显著的经济学属性，在经济利益至上的现今社会，产业生态系统在兼顾降低环境压力的同时，追求的仍是最大化的经济效益。目前在产业生态化研究中常见的研究思路为：生态系统退化情况→产业生态系统发展必要性分析→生态产业或生态工业园构建途径。这种分析思路只注重产业生态化的物理性分析,而忽视了其事理性分析,即在生态产业或生态工业园构建之前进行产业生态化的合理性分析,这不仅要关注产业与产业之间物理量的变化情况,而且也要重视不同产业与环境之间物质和能量的交换情况,建立产业系统与生态环境系统之间的内在联系,兼顾产业生态系统的双重属性特征,对产业生态系统进行全面与合理的认识。

产业生态系统是将产业系统与生态环境系统作为一个有机整体,因此对于产业生态系统的研究,不仅要研究产业生产链上中下游之间的过程,注重源头消减、清洁生产以及末端治理的关系演进,也要注重不同产业之间产业集群的建设以及产业间耦合共生关系的研究,更要注重产业系统与生态环境系统在特定空间实体范围内的相互作用关系,即要着重研究产业系统与生态环境系统交互界面[22]。然而,目前对于产业生态系统研究表现出了明显的"内外"分离的迹象,注重对产业系统的单方面研究,将产业系统假设为一个相对封闭的物理系统,忽视了产业系统与生态环境系统相互依存与不可分割的属性特点,从而陷入了单纯构建闭环链条实现废弃物循环利用的"怪圈",亟须采取新的研究视角与分析框架对产业生态系统进行全面、系统、合理的研究。

1990年以来,为应对气候变化带来的环境效应,适应性概念应运而生,随着研究内容的不断深入,虽然对于适应性具体概念仍存在争议,但适应性研究框架已逐步清晰,并且呈现出了由早期关注物种对环境的适应性,转向注重社会经济系统对生态环境的适应性,最终转向社会经济系统对人文生态复合环境变化的趋势。适应性研究从理论介绍和方法选择等视角为产业系统与生态环境的耦合关系特征、时空作用机理等方面提供了一个新的研究范式[23]。以适应性分析框架研究产业生态系统,可以为降低产业生态系统的脆弱性,增强其可持续性提供新视角和新思路。

产业系统与生态环境系统存在着一种相互作用、交互耦合的关系,产业系统与生态环境系统按照一定规律相互交织而形成的复杂开放的有机整体就是产业生态复合系统,而直接驱使产业生态巨系统演变的作用力来自产业系统与生态环境系统的交互耦合反馈作用。但这种交互耦合必定存在适应和非适应的各种耦合状态,结果可能促进也可能限制区域的可持续发展。基于全球环境变化的适应性分析框架,因其具有空间异质性、时间演变性、要素多样性及物质循环闭路性的特征,对流域产业系统与生态环境系统的相互适应关系进行探讨,为从流域尺度开展产业生态系统时空耦合作用机理提供有效的研究方法与研究工具。

(二)现实背景

1. 全球化及信息化催生产业发展新趋势——产业生态化

产业是经济活动的主要内容与核心部分,随着社会生产力的不断发展,尤其经历了四次产业革命以后，产业逐渐地从低层次走向高层次，由传统产业转向新兴高新技术产业，促进产业结构由低级走向高级。表 1-1 系统梳理了四次产业革命①中产业演进情况，从表 1-1 可以看出，纵观世界产业演进过程，总体呈现出以下部门演进趋势，即农业—轻工业—重化工业—新兴工业—现代服务业—科技产业。

表 1-1 产业演进情况

	第一产业	第二产业	第三产业	第四产业
动力来源	三次社会大分工	第一、第二次工业革命	城镇化、工业化及需求拉动	科技化与信息化
主要产业	农、林、牧、副、渔及采掘业	制造业、机械工业、能源产业、建筑业	为生产生活服务的所有产业	知识技术产业或信息产业
消耗资源	土地、劳动力及生产工具设备	能源、原材料、资金、设备及熟练劳动力	人力、资金及经营管理	高素质劳动力、技术及信息
产业类型	资源密集型	资源与资本密集型	劳动力、资本与技术密集型	技术密集型
主要产品	农产品以及能源与原材料	工业产品	服务产品	知识的生产、开发与销售
发展趋势	传统第一产业不断缩小，高技术农业不断发展	传统工业不断被改造，新兴工业发展迅速	更加专业化、精英化及专门化	高新技术化、产业信息化
形成时期	农业社会	工业社会	后工业社会	知识经济社会

在经济全球化及信息化的当今社会，第三产业以及以第四次产业革命核心技术为代表的智能化产业已经成为产业发展的支柱以及未来的发展重点，由此国际社会产业发展也呈现出了新的特征，即产业发展表现出生态化、高级化及复合化等趋势。产业生态化是指根据生态经济学原理，遵循生态规律与经济规律，以实现资源高效利用、经济效益最优以及生态环境干扰最小为发展目标的产业发展模式。产业生态化是循序渐进的过程，也是产业的反生态特性日趋减弱，生态特性逐渐加强的过程，产业生态化旨在倡导以全新一体化的循环闭路模式代替传统开放式模式。

产业生态化思想起源于 20 世纪 70 年代丹麦卡伦堡生态工业园的建设过程，而在 90 年代以后，随着生态工业园的提出及可持续发展理念的深入人心，世界发达国家逐渐兴起了生态工业园的实践，产业生态化的发展成为发展的重点和潮流。无论是在宏观层面，国家产业发展的战略选择及发展重点上，还是在中观层面，区

---

① 史宇宏. 论第四次产业革命对中国城市化进程的影响[J]. 青海社会科学, 2018, 1: 79-87.

域产业园区的选址、规划、建设及空间布局上，乃至微观层面，企业生产链条的设计、生产工艺的改造及企业的管理实践上，生态化的理念始终贯穿其中的主旋律。

一方面，世界范围内的产业生态化革命以及生态工业、生态农业、生态旅游业的不断兴起，促进了产业与生态的新型互动关系的构建。同时，废弃物重新回收与再利用为基本内容的静脉产业等新型生态产业的迅速发展，促使产业系统与生态环境系统形成了全面渗透与融合，产业生态化现象日渐明显，形成了广泛的产业生态化现象。而产业发展与生态环境的良性互动促使产业不断向高级化及复合化方向发展。

另一方面，全球范围内仍普遍存在着以牺牲环境为代价换取经济的片面发展，自然资源因为长期受到掠夺式开发和利用，造成了生态环境的严重破坏，已严重威胁人类的自身生存和永续发展。随着科学技术的进步，若不注重对技术的合理运用，将会产生更大的生态环境问题，导致地区性乃至全球性的生态危机。生态环境的负反馈机制倒逼经济发展模式的转变与产业发展模式的转型，推动着产业生态化的发展。

由此可见，在产业生态化、高级化及复合化并存的发展背景下，如何推动产业系统应对能源危机及全球气候变化的响应，创新区域产业发展的新模式，继续推进产业系统与生态环境系统的良性共融与和谐共生，已成为区域可持续发展乃至人类社会永续发展面临的重要课题与重大挑战。

2. 压缩型工业化及快速城镇化发展带来严重的环境污染问题

工业化的大力发展是走向现代化所必经的一个阶段[24]，而中国全面进入工业化时期始于 20 世纪末期，但与其他发达国家工业化进程相对比，我国工业化具有显著的中国特色，即工业化进程明显缩短，我国仅用 30～50 年的时间就完成了欧美国家 150～200 年、日本约 100 年的工业化进程，这种现象被学者统称为压缩型工业化[25]。压缩型工业化虽然带来了工业化的快速发展，但同时也带来了产业结构迅速转变及严重的资源环境问题[26]。中国能源、建材消耗及原材料进口量是世界第一，单位国内生产总值（GDP）能耗为发达国家的 8～10 倍，导致的环境污染是发达国家的 30 倍，而劳动生产率仅为发达国家的 1/30。在大气污染状况方面，全国 338 个地级及以上城市中有 121 个城市达标，占 35.8%；全年优良天数比率 79.3%，重度及以上污染天数比率 2.2%；细颗粒物（$PM_{2.5}$）年均浓度 39μg/m³，超标 11.4%；可吸入颗粒物（PM_{10}）年均浓度 71μg/m³，超标 1.4%①。大气污染、水污染、水土流失和土地的沙漠化、沼泽化、盐碱化（简称"三化"）问题以及生物多样性破坏等环

---

① 国务院关于 2018 年度环境状况和环境保护目标完成情况的报告[EB/OL]. http://www.npc.gov.cn/npc/c30834/201904/3ad3a437851a4d4d9bd797d52fe958bb.shtml?utm_source=UfqiNews[2019-04-25].

境问题日益突出，经济增长与生态环境之间的矛盾日益尖锐。压缩型工业化、快速城镇化及"三高"（高能耗、高污染、高排放）产业发展模式使得在工业化国家上百年间分阶段出现的环境问题，在转型期的中国集中爆发，给中国的经济增长及产业发展带来了严重的胁迫效应[27]。

另外，现阶段我国经济仍呈现出迅猛发展态势，年均GDP增长率长期稳定在10%左右。但经济的发展严重依赖资源及其他生产要素的高投入、高消耗，传统的资源—产品—废物单向流动的产业线性发展模式仍占据主流地位，产业规模的快速扩张及经济总量的规模增长尤为盛行，这势必导致资源能源的供给短缺、生态环境的持续恶化，在这种背景下对产业系统与生态环境系统的良性共生、协同共赢关系的研究显得尤为必要。

同时，城镇化是社会经济发展的必经之路，而改革开放以来中国城镇化发展速度迅猛，特别是21世纪以来中国城镇化率以年均增加1个百分点的速度而令世界所瞩目[28]。但城镇化是一个多维的概念，包括农村人口向城市聚集的人口城镇化过程，也包括各种经济要素向城市汇集的经济城镇化过程，亦包括社会基础服务支撑能力不断提高的社会城镇化过程，更包括农业景观（或用地）向城市景观（或建设用地）转变的土地城镇化过程[29]。理想城镇化发展首先应该强调经济城镇化的发展，增强城市的产业支撑能力，进而吸纳农村剩余劳动力进城，从而带动人口城镇化的发展，而后引起城市社会要素改变及空间扩张的过程。但我国城镇化发展突出表现为城市外延式无序扩张及人口迅速向城市集中，忽视了土地资源立体式综合开发及人口市民化的合理引导，由此导致了城市人口猛增、耕地被吞噬、土地失控、水资源短缺、生态环境日益退化等现象，严重制约了城市的合理发展[30]。Friedmann认为中国城镇化表现出了一种非常危险的速度（urbanizing at breakneck speed）[31]。George认为中国城镇化具有多样性、异质性及非平等性的特点，同时半城镇化现象凸显[32,33]。另外，我国城镇化的推进缺少产业发展的支撑，城镇化发展的"产城分离"现象明显，由此带来了一系列社会问题。在城镇化快速推进的同时，增强产业发展的支撑能力，加强产业的生态化趋向，促进产业的合理持续健康发展，减弱对环境的干扰能力，是新时期中国经济走向新常态所亟须解决的关键问题。

3. 产业环境协调共融是东北振兴与再振兴的重要内容和保证

东北地区广义上包括黑、吉、辽三省和内蒙古五盟市，狭义上特指黑、吉、辽三省[34,35]，是一个相对完整的地域单元。东北地区森林资源丰富，草原面积广阔，曾长期作为清王朝的"封禁之地"，被视为清王朝的"龙脉"所在，作为生态安全保障区，在全国具有重要的战略地位[36]，20世纪以前东北地区生态环境相对于全国，曾一度处于较好的水平。另外，东北地区历来作为全国重要的农林生产基地和工业基地，但 20 世纪以来，特别是中华人民共和国成立以后，大规模开发为中国社会经济的发展做出了举足轻重贡献的同时，东北地区的生态环境也发生了巨变，从资源丰富、环境秀美的地区逐渐变成资源过度消耗、生态环境日趋恶化的地区[37]，甚至有学者指出，东北振兴战略产生之前东北地区生态环境接近不可恢复的临界状态[38]，已成为全球范围内具有短时限人地关系高强度作用特征的典型区域之一[39]。由此可见，东北地区生态环境问题成为学术界和政府部门尤为关注的重点问题。

另外，东北地区经济的发展依赖于矿产资源的开发，其长期作为原材料生产基地，大量的原字号石油、铁矿、煤炭及有色金属等资源由东北地区不断输入山海关以内地区，支援全国经济建设，造就了东北地区特有的产业结构，即以装备制造、汽车制造、钢铁、有色金属冶炼及石油化工等行业为主导，以资源型产业和重化工业为主要类型，产业结构重型化特点突出。随着矿产资源的逐渐枯竭以及国家经济发展重心的不断南移，东北地区原有的优势不断丧失，经济增速缓慢，而长期形成的重型化产业结构转型困难，大批国有企业效益下滑明显，企业发展举步维艰，导致了"东北现象"的发生。"东北现象"的产生究其实质而言，是因为东北地区长期实行粗放式、外延式的工业发展模式，导致结构转换缓慢，部门结构、技术结构及产品结构严重老化[40]，经济增长红利的缺失及内生驱动力不足，造成东北经济的"塌陷"现象。而东北地区经济发展的特性也造成了东北地区产能过剩，资源消耗量大，环境污染特别严重，导致了产业可持续发展的生态约束不断显现[41]。

2003 年，国家审时度势提出支持东北老工业基地改造振兴的东北振兴战略，在政策、资金及技术等要素作用下，东北地区经济发展呈现出蓬勃发展态势，GDP 增长率长期稳定在 10%～16%①，多数年份均高于全国 GDP 增长率。但 2014 年黑龙江省、吉林省及辽宁省的 GDP 增长率分别为 5.6%、6.5%及 5.8%，低于全国水平（7.4%），分别位居全国倒数第二、第四和第三，东北地区面临着再振兴的发展局面。由于东北地区长期作为我国的重工业基地，长时期的东北振兴发展战略中资金及政策往往流向传统产业，不断促进传统产业优化升级，但战略性第三产业及新兴服务业发展不足，尚未改变第二产业"一柱擎天"的局面，对环境的干扰仍然较为严重。由此可以看出，振兴东北老工业基地是一项复杂的系统工程，另外在促进传统产业优化升级的过程中，实现产业与环境的协调发展是东北地区面临的重要挑战。长时期、大规模、高强度的掠夺式开发，已经使东北地区资源存量及环境承载力接近阈值，生态环境持续恶化，科学统筹东北地区新兴工业化发展，建立环境友好型产业系统，形成产业发展与环境协调共进的内生机制，是实现东北老工业基地振兴与再振兴的基础和关键所在。

---

① 作者基于统计年鉴数据，以 2003～2013 年为基准分析该时期黑龙江省、吉林省以及辽宁省 GDP 的增长率，发现该时期三省的 GDP 的增长率均在 10%～16%。

4. 松花江流域环境污染治理迫在眉睫

松花江作为我国七大重要河流之一，是东北老工业基地生存发展的基础和命脉。但长期以来由于片面畸形城镇化的推进，压缩型工业化的发展及人口的空间集聚和不合理的生产生活方式导致松花江流域环境污染问题日益严重。另外，松花江直接贯穿黑龙江省与吉林省，流经东北地区经济发展隆起带——中部地区，这里人口稠密、工业密集，工业发展与人类生活对松花江流域产生了重要影响，导致该地域水资源供需矛盾突出，水环境浪费与污染情况严重。另外，本书研究区域吉林省松花江流域产业空间地域分布不合理，上游地区以石油化工、装备制造、汽车与零部件生产、能源矿产、农产品加工及生物医药产业为主，对能源和原材料依赖程度较大，资源型产业较为发育，工业结构固化，重型工业比重较大，形成了"三高"的重工业产业结构，并且在此基础上，形成了以重工业为核心的重污染产业链条，增加了流域产业系统的结构脆弱性，对流域环境污染十分严重，严重影响了流域的可持续性发展。

另外，国家提出东北新一轮振兴规划，同时"十二五"期间，吉林省增产百亿斤粮食工程、吉林市千亿级石化产业基地、松原市千万吨级油气生产基地等重大项目的开工，对流域资源环境提出更高的要求和挑战。但因为长时期经济的快速发展及人口的加速集聚等因素导致了用水量不断上升，河道径流量不断减小，同时工业生产废物及生活垃圾与农药化肥不断排入松花江流域，导致流域水体中污染物数量不断增加，松花江流域生态承载能力不断接近甚至超过了自身的阈值。东北振兴以来，松花江流域环境污染事件不断增多，其中最受关注的是 2005 年 11 月 13 日中国石油天然气股份有限公司吉林石化分公司双苯厂发生爆炸事故，造成大量苯类污染物进入松花江水体，引发重大水环境污染事件。松花江水环境污染事件之后，该流域环境状况一直受到国际社会的高度持续关注。表 1-2 系统梳理了 2005~2013 年吉林省松花江流域环境污染事件，由表 1-2 可知，吉林省松花江流域区域发展与环境污染矛盾比较突出，吉林省松花江流域环境污染治理迫在眉睫。

表 1-2　2005~2013 年松花江流域（吉林省段）环境污染事件汇总

时间	地点	事件	环境影响
2005 年 11 月	吉林市	中国石油天然气股份有限公司吉林石化分公司双苯厂发生爆炸事故	大量苯类污染物进入松花江水体，引发重大水环境污染事件
2006 年 8 月	吉林市	吉林长白山精细化工有限公司向牤牛河中人为排放化工废水	牤牛河附近发生化工污染，部分水质呈红色，并伴有少量泡沫，造成的污染带长约 5km
2010 年 7 月	吉林市永吉县	吉林市永吉县两家化工企业的 7138 只原料桶被洪水冲入松花江	松花江沿岸出动上万人拦截，城市供水管道被切断
2013 年 1 月	吉林市磐石市	吉林吉恩镍业股份有限公司环境污染问题	废气排放超标，损害农作物

资料来源：主要参考文献[42]。

以上分析可以看出,松花江生态经济走廊作为中国产业系统快速嬗变的典型地区,产业集聚与资源环境系统之间的冲突和矛盾不断加剧,使得该地域产业系统环境适应性问题引起社会的广泛关注。

二、研究意义

(一)理论意义

人地关系系统是地理学研究的基本主线,而人地关系系统的核心就是产业系统与生态环境系统交互耦合形成的产业生态巨系统。按照自然生态系统运行规律,协调产业发展与生态环境的交互胁迫关系,产业生态巨系统是实现经济社会高效运行及生态环境持续发展的关键所在。流域产业生态系统依托于江河通道,以流域沿线城市为载体,系统研究产业生态系统结构功能、时空演化过程与格局及调控管理措施,最终实现流域产业生态系统各组成要素的综合协调可持续性发展。流域产业生态系统除具有流域的一般特征(如整体性与关联性、区段性与差异性、层次性与网络性及开放性与耗散性)之外,还具有经济系统的内在联系特征,即显著的时空异质性、要素禀赋的空间耦合性及流域经济内在联系与体制机制的空间制约性。由此可见,流域产业生态系统不同于一般的城市产业生态系统的特征,具有其独特的特殊性,研究流域产业生态系统的过程-格局-机理,缓解流域产业发展与生态环境的内在冲突,促进产业-生态系统的良性健康发展,从理论上归纳流域产业生态系统的特殊性,从而对流域发展的科学调控具有重要的研究价值。

另外,适应性(adaptability)已是全球变化科学的核心概念之一。尽管目前对这一概念的认识尚未达成一致意见,但其研究框架已逐步清晰,并且已经呈现出由关注物种对自然环境的适应性转向关注社会经济系统对全球变化的适应性,特别是产业系统对生态环境系统变化的适应性。值得地理学研究者关注的是,适应性研究从理论和方法论方面为探讨人地系统,特别是产业系统与生态环境系统的耦合作用机理提供了一个新的研究范式[42,43]。产业系统与生态环境系统是一种相互作用、交互耦合的关系,在诸多耦合关系中必定存在适应和非适应的各种耦合状态。所谓适应性耦合是指产业系统与生态环境的相互作用特征、效应和趋势表现出的良性互动协调现象,它是流域人地关系发展的新阶段,具有一定的必然性。针对国内外学者对产业系统对生态环境的影响研究较为深入的状况,本书基于适应性视角重点对流域产业系统与生态环境的相互适应关系进行探讨。

基于此,本书研究的理论意义在于:一是在产业生态学理论认识的基础上,从问题诊断视角,将产业系统与生态环境相互适应、耦合作为科学问题进行研究,架起了一条产业环境关系从冲突通向协调发展的桥梁,拓展了人文地理学之人地关系研究的新内涵。二是基于要素关系机理构建适应性判断模型,不仅可以弥补要素数据统计相关方法的不足,而且有利于完善和深化流域产业环境复合系统的研究框架,初步揭示"流域环境容量-产业生态转型-产业空间组织"的数量关系、演变过程和作用机制。三是探讨产业系统环境适应性识别体系有利于建立产业系统与生态环境的耦合谱系,可为全面认识流域可持续发展状态提供理论和方法。

(二)实践意义

松花江生态经济走廊环境质量不仅关系东北地区经济社会的长久健康发展,也关乎我国与周边国家的关系,特别是2005年松花江发生重大水污染事件之后,该区域生态环境状况一直受到国际社会的高度关注。但长期以来,松花江流域形成的以重工业为主的产业结构,其典型特征就是高投入、高污染、高消耗及低效利用的"三高一低"的线性生产,这导致了生产过程中资源消耗量大,污染物多,且生产技术落后、资源能源利用率低的状况在短时间内难以改善。另外,松花江流域上游分布的石化产业、能源电力产业、装备制造业等重型产业,增强了流域的结构脆弱性,且"十二五"期间,黑龙江省千亿斤粮食产能工程、吉林省增产百亿斤粮食工程、吉林市千亿级石化产业基地、松原市千万吨级油气生产基地等重大项目的建设,对资源环境提出更高要求和挑战。然而吉林省中部城市群引水等跨流域调水工程的建设,导致河道径流量有所减小,区域资源环境承载能力也相应下降。因此,本书的实践意义在于:一是将适应性范式分析框架与机制设计理论(mechanism design theory)结合起来,建立一个用于促进松花江生态经济走廊产业系统与生态环境协同耦合发展的分析工具。二是松花江生态经济走廊是我国产业系统与生态环境矛盾表现较为突出的典型地区,通过对其上中下游重化工、农副产品加工等典型产业集中区的产业系统与生态环境相互适应机理、模式及调整机制的研究,希望为流域产业可持续发展的调控路径提供参考借鉴。

第二节　研究目的与内容、难点

一、研究目的

通过从要素关系视角以及在产业系统与生态环境系统的交互胁迫关系基础上,建立产业系统环境适应性的识别体系和判别模型,判别吉林省松花江生态经济走廊产业系统环境适应性的诊断学特征及时空格局特征。

通过分析流域产业系统与资源环境系统时空耦合关系演化特征,揭示流域产业系统与资源环境系统之间相互适应的关键性影响因素及耦合作用机理。

通过黑箱假设与科学隐喻方法，寻求产业系统与资源环境相互适应的规律性特征，构建产业系统环境适应的地域模式，并对吉林省松花江流域产业生态系统的科学发展提出具体可行的路径。

二、研究内容

本书主要以吉林省松花江流域为实证研究区域，通过适应性范式分析，综合构建了产业系统环境适应性的指标体系，采用过程-格局-机理经典地理学分析框架，对吉林省松花江流域产业系统环境适应性进行了研究，主要研究内容如下。

1. 吉林省松花江流域产业系统环境适应性的理论基础

通过系统梳理国内外相关研究文献，科学地提出适应性以及产业系统环境适应性的内涵，综合归纳出产业系统环境适应性的基本理论，厘清产业系统环境适应性的要素构成、结构功能以及内涵特征，探讨流域产业系统环境适应性的理论分析框架和研究范式。

2. 吉林省松花江流域产业系统环境的形成与演化

在对流域产业系统环境适应性基本概念以及基础理论分析的基础上，对实证区域产业环境系统的时空演化情况进行综合分析，对实证研究单元产业系统环境的演化特征、空间格局以及未来发展趋势进行系统研究。

3. 吉林省松花江流域产业系统环境适应性评价

在上述研究基础上，基于适应性要素、适应性目标以及适应性效率等不同评价方法，综合构建了吉林省松花江流域产业系统环境适应性的评价指标体系和评价模型，并对流域产业系统环境适应性的演化格局特征以及类型分异特征进行了综合研究。

4. 吉林省松花江流域产业系统环境适应性机制分析

在对吉林省松花江流域产业系统环境适应性机制内涵释义基础上，从内生动力机制、外部推动机制、引导调控机制3个方面深入探讨松花江流域产业系统环境适应性机制，并从要素相互作用视角，定量分析了不同要素对产业系统环境适应性的作用程度。

5. 吉林省松花江流域产业系统环境适应性调控模式与对策

在对吉林省松花江流域产业系统环境适应性格局-过程-机理分析的基础上，深入分析吉林省松花江流域产业系统环境适应性的调控原则与目标，针对区域实情实施不同的调控模式和发展类型,最后总结归纳出吉林省松花江流域产业系统环境适应性的针对性调控措施。

三、研究难点

适应性研究始于 20 世纪 90 年代全球环境变化适应性问题的提出,随着研究的深入,适应性开始引申用于社会学、地理学等领域研究范畴。但就目前研究情况而言,尚未将适应性研究的范式引入人文地理学的研究之中,其对地理科学的理论价值与学科意义还缺乏足够的重视。另外,现有关于适应性的研究往往局限于面对气候变化的适应性研究,而对于区域适应性以及产业系统环境的适应性问题研究较少。因此在人文地理学与生态经济学交叉融合背景下,把适应性研究作为区域可持续发展理论的重要方面引入相关学科的研究之中,这是本书的研究难点所在。具体而言,本书研究难点有以下两点。

一是如何科学构建基于适应性要素、适应性目标及适应性效率等因素的吉林省松花江流域产业系统环境适应性的评价指标体系与评价模型,将适应性研究范式引入人文地理学的研究领域。

二是如何科学揭示吉林省松花江流域产业系统环境适应性的作用机制,以及产业系统与环境系统适应性要素相互耦合的作用原理。

第三节 研究方法与技术路线

一、研究方法

本书综合运用地理学方法论,并科学借鉴生态经济学、环境科学、区域经济学及管理学等相关学科的思想,开展产业系统环境适应性研究。本书拟采取的主要研究方法包括以下几种。

1. 文献收集与数据采集相结合

文献收集以流域产业系统、生态环境系统研究的概念、指标、方法和实证成果为主。数据采集主要分为两个部分:对吉林省松花江流域产业环境系统环境演化分析部分拟以中华人民共和国成立以后的数据为准,对吉林省松花江流域产业系统环境适应性评价以 2000 年以后的面板数据为准。基础数据来源包括经济与社会发展统计数据、地理信息图形和遥感数据等。

2. 统计分析与空间分析相结合

统计分析主要是利用或改进现有统计模型,建立产业系统环境适应性的识别体系与评价模型，开展产业系统环境适应性的时空演化特征，以及二者之间适应性耦合的相关分析。空间分析主要是将谱系法、情景法与地理信息系统（geographic information system，GIS）空间分析技术相结合，分析研究区域产业系统与环境系统空间格局特征，揭示产业系统与环境系统的空间关联关系，进而提出区域产业系统环境适应性的地域模式、类型及调控措施。

3. 适应性分析范式与社会网络分析相结合

根据适应性分析范式，遵从产业生态分析方法，依据生态学原理，寻找产业系统与环境系统相互适应的关键性影响因素及相互作用机理。社会网络分析是在产业系统与环境系统交互耦合、社会经济要素集聚与分散以及环境效应之间的复合关系研究中，用以解释产业环境系统内部不同要素之间、不同区域产业系统之间，以及产业系统与环境系统之间的"网络"结构形态特征。

4. 黑箱假设与科学隐喻相结合

黑箱假设是在对流域产业系统环境适应性判别基础上，先把影响产业系统环境适应性的内外因素看作"黑箱"变量，重点研究各"黑箱"变量及其相互作用对适应性的影响。然后利用科学隐喻的思维方法，寻找其中的关键性影响因素，进而探讨产业系统与环境系统相互适应的形成机制，从而科学提出产业环境系统的应对措施。

二、技术路线

根据产业-生态系统交互胁迫关系以及适应性耦合作用机理，选取吉林省松花江流域为实证研究区域，依据研究区域实情，遵从产业生态系统演化客观规律，开展吉林省松花江流域产业系统环境适应性时空演化特征与格局分析，并且揭示产业环境系统相互适应的作用机理，提出产业环境系统适应性调控模式以及具体对策。具体研究按时间顺序可分为文献资料收集→实地调研→资料与数据处理→补充调研→本书及研究报告撰写等阶段；按逻辑顺序可分为国内外相关研究资料汇总与分析→产业系统环境适应性内涵解析→产业系统环境适应性评价→产业系统环境适应性作用机制分析→产业系统环境适应性调控模式及调控措施等环节。另外遵循"过程与格局—因素与机理—模式与对策"的研究思路，设计出本书的核心研究内容，并将文献搜集与数据采集方法、统计分析与空间分析方法、适应性分析范式与网络分析方法、黑箱假设与科学隐喻等方法运用于具体内容的研究之中，本书具体研究技术路线如图 1-2 所示。

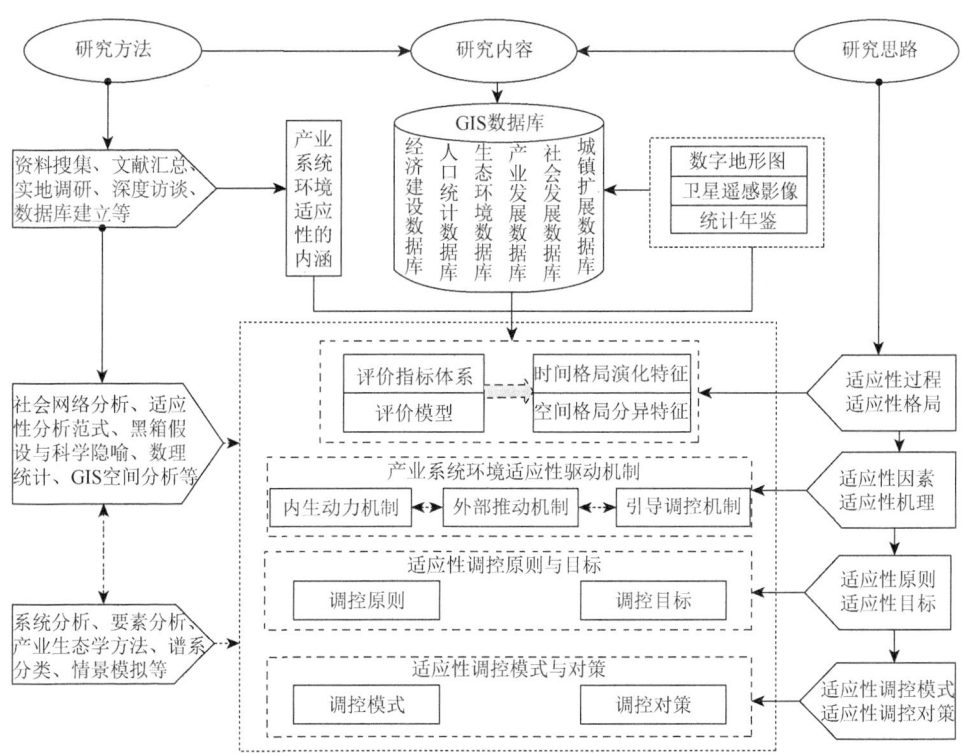

图 1-2 本书研究技术路线图

第二章　产业系统环境适应性研究的理论基础

第一节　相关概念界定

一、适应性

适应性最早起源于拉丁文"adaptare",早期意义仅为物种通过调整自身以适应变化的环境[44],物种、个体或者种群通过自身变化主动与外界环境相协调,从而保证了种群生存延续的能力,可以较好地解释生物体与外界环境变化的关系。后来适应性引申用于社会学、地理学等领域研究范畴,但不同学科因其研究视角不同,对适应性的理解亦不相同。例如,企业适应性研究侧重于适应行为选择和适应能力构建,适应行为选择主要侧重于企业组织结构与企业战略选择过程的研究,适应能力构建主要侧重于评价不同企业的适应性强弱,但适应行为选择和适应能力构建的最终目的均是企业不断调整组织结构与战略选择,从而适应外在市场环境的变化,进而持续不断地获取利润,维系自身的发展。地理学适应性研究最早可追溯于1930年英国地理学家罗士培提出的适应论,他认为人类活动与外界自然环境之间存在着相互作用关系,地理学应该研究人类社会对外界环境的适应过程[45]。社会学适应性研究主要集中于个体对社会环境的适应过程,即受教育程度、年龄结构、自身性格、生活环境以及家庭背景等因素影响,个体对社会文化、价值观念、思维方式以及生活方式的应对过程[46]。

20世纪90年代全球环境变化适应性问题的提出,使得适应性研究引起了众多学者的关注,由此适应性内涵不断丰富。Brasseur和Brian认为适应能力是适应性研究的核心内容,为应对异常情况,人类或者其他物种通过重新自我组织适应外在环境,而不至于丧失生存发展机会[47,48]。然而在这一适应过程中,存在着适应能力强弱之分,适应能力强的种群可维持系统自身关键属性与结构功能不发生根本性的改变。Smit和Wandel认为适应是一个过程、一种行动或者一个结果,不同尺度系统面对气候变化、外在压力、风险灾害或者发展机遇时,能更好地调整与应对[49]。政府间气候变化专门委员会(Intergovernmental Panel on Climate Change,IPCC)则认为适应是指自然生态系统与人类社会系统应对外界实际发生或者预期发生的环境变化及其有利或者不利影响,所做出的自身改变与调整[50]。方修琦和殷培红认为适应是指系统通过有效调整自身应对外界干扰和压力,甚至转换成一种新的状态以适应外界变化的环境[51]。由此可见,适应是系统对外在压力或驱动作用下而采取的一种偏离原来状态的响应行为,是系统对内外驱动条件变化下的整体性与系统性的适应行为[52]。

系统所处的环境是时刻变化的,而这种变化既可以是渐进式的,也可以是突变式的。由此而言,适应不仅是对现有扰动以及持续存在变化的适应,也是对可知变化以及不可预知变化的适应;适应不仅依赖于系统自身的调整,更依赖于其周围系统作用的共同发挥;适应不是直接机械式的末端治理,而是可以在源头循环,以及清洁生产等环节施加影响。由此可见,适应是一个过程、一个目标,更是一个行动,是系统趋利避害的自组织行为,从本质上可以减弱系统的脆弱性,增强系统的稳定性和恢复力。

二、脆弱性

脆弱性概念最早出现于 20 世纪 60 年代末期的自然灾害的研究中[53-55],20 世纪 90 年代以来,逐渐成为世界气候变化以及可持续性发展研究的热点问题与重要主题,目前脆弱性概念涵盖范围广泛,应用于生态学、经济学、社会学、地理学以及工程管理学等众多学科领域。联合国国际减灾战略(United Nations International Strategy for Disaster Reduction,UNISDR)认为脆弱性是系统遭受自然-社会-经济-环境因素及其相互作用过程的易损性,脆弱性是系统与生俱来的内在属性[56]。IPCC认为脆弱性是系统易遭受气候变化所带来的不利影响或者无法有效应对其不利影响的程度,并且认为脆弱性是系统应对气候变化特征、强度与速率、敏感性与适应性的函数[50]。Cutter 等认为脆弱性从广义上可以理解为潜在损失,不仅是灾害研究中的一个基本概念,而且是制定地方、国家和国际一级灾害缓解战略的核心[57]。Adger 认为脆弱性是系统暴露于外在变化环境之中的,因系统缺乏适应能力而易受到损害的一种状态[55]。Turner 等认为脆弱性是系统或系统成员暴露在不利环境下可能遭受的损害程度[53]。

由此可见,不同学科对脆弱性的理解不同,但随着研究的不断深入推进,脆弱性研究已经开始由关注外在自然环境变化的脆弱性问题转向关注人类作用对于脆弱性的影响,由被动接受脆弱性对社会经济系统的危害转向积极制定措施规避脆弱性的影响,由单一层面城市脆弱性研究转向人地耦合系统脆弱性方向研究,并且初步在以下方面达成了共识:一是脆弱性可以应用于多个层面的研究,如可广泛应用于企业、城市、区域、国家等层面的研究,脆弱性研究已成为世界各领域学者重点关注的热点问题;二是脆弱性是系统遭受扰动时表现出来的内在属性,而扰动作用既可以是系统内在的扰动,也可以是系统外在的扰动,并且系统内外扰动相互之间存在着复杂的作用关系;三是脆弱性概念已经包括了敏感性、应对能力、恢复力、暴露、涌现、响应等重要构成因素;四是脆弱性是系统与生俱来的属性,但是脆弱性的表现形式与系统遭受的扰动密不可分,系统遭受不同的扰动作用会表现出不同形式的脆弱性。表 2-1 系统梳理了脆弱性概念的演化过程,从表 2-1 也可以看出脆弱性概念的研究从关注于外界环境变化转向系统内部结构与功能。

表 2-1 脆弱性概念演化

概念	释义	侧重点
暴露于不利影响或遭受损害的可能性	暴露于灾害及不利影响的可能;暴露强烈外部扰动的易损性及可能性	与风险概念相似
遭受不利影响或损害的程度	对不利灾害事件的响应程度;暴露于灾害而遭受损害的可能程度	强调系统面对扰动的结果
承受不利影响的能力	应对灾害事件的能力;处理抵抗不利灾害并从不利影响中恢复的能力	强调系统自身应对能力
暴露、敏感性、适应性及恢复力等概念的集合	系统内在不稳定性;系统应对外在变化的敏感性;在外部干扰和胁迫下,系统易受损害且难以复原	强调系统内部条件的影响,也包含系统对外在条件的作用
对扰动敏感性缺乏抵抗力造成系统结构功能发生改变的系统内在属性	系统内部与生俱来的属性,在遭受损害时表现出来;系统内部特征变化影响系统脆弱性,并通过系统的敏感性及应对能力体现	强调系统内部结构与功能

另外,适应性与脆弱性之间既有联系又有区别。脆弱性是指系统对系统内外扰动因素具有较高的敏感性,同时缺乏应对不利扰动的能力从而易使系统遭受损害的属性,是系统内部与生俱来的本质属性,在系统受到扰动时该属性才会表现出来。脆弱性产生的直接原因是系统的内部特征,脆弱性产生的主要驱动因素是系统与扰动因素之间的相互作用,通过影响系统内部特征对脆弱性发挥放大或缩小的作用,最终通过系统面对扰动的敏感性以及应对能力体现出来[58]。敏感性、应对能力、恢复力及适应能力等已成为脆弱性概念的重要构成因素[59],共同决定着系统的脆弱性,即脆弱性是风险暴露程度、敏感性及适应能力的函数,可以衡量系统受到干扰破坏的程度[60]。与此同时,脆弱性各个组成部分之间的关系是动态演化的,随时间、地点、干扰强度及系统属性而不断发生着变化。适应是减弱脆弱性的重要途径,通过预测未来可能发生的变化,分析其脆弱性,然后借助适应性策略选择改变系统状态,进而降低脆弱性,从而使系统更好地适应变化了的环境。

三、弹性

弹性源自拉丁文"resilio",20 世纪 70 年代生态学研究者最早提出了弹性研究的概念,Holling 认为弹性是指生态系统受到影响而发生变化并能继续维持系统的能力程度[61],而组成生态系统的各要素,以及各成分之间具有非线性动态相互作用关系，并且生态系统演化发展也是一个渐变与突变螺旋式多尺度时空耦合的过程，因此，虽然生态系统具有弹性，但其遭受扰动作用后是不可能完全恢复到与原来系统一样的状态的。随后生态研究者将弹性定义为"生态系统在遭到某种扰动作用后，系统各组成成分发生结构重组，从而保证生态系统的结构功能、关键属性特征及反馈机制不发生根本性变化的一种属性"[51, 62]。自90年代以来，随着全球气候变化问题的提出，弹性研究被广泛应用于应对气候变化与缓解自然灾害等领域。IPCC认为弹性是系统吸收扰动后发生局部调整以维持系统同样的结构与功能的能力，是系统所具有的自组织、适应和调整的能力[63]。UNISDR认为弹性是不同层次客体，如系统、社区或者社会暴露于危险环境下，通过有效的自我调整吸收干扰，从而适应新环境或者从危险环境中恢复的能力，其取决于客体所具有的资源以及自组织能力[64]。随后，由于各学科对弹性研究的侧重点各异，相应对于弹性概念的认识也各不相同，促使其从单一的生态弹性扩展到生态弹性、工程弹性、社会弹性及经济弹性等多个领域（表2-2）。

表2-2 弹性概念演化

应用领域	概念	代表人物
生态学	生态系统受到扰动后能够恢复原有状态的能力，系统结构功能不发生根本性改变	Holling[61]
	生态系统遭受压力后吸收干扰，发生结构重组，从而保证原有系统的关键属性不发生根本性变化	Walker等[62]
工程学	系统应对不可预期灾害的能力，并能恢复到系统的正常水平的能力，强调系统的韧性与适应能力	Wildavsky[65]
	弹性包括强度、系统冗余、快速恢复能力及随机应变能力，并给出了衡量弹性的评价模型	Bruneau等[66]
	强调系统效率、稳定性及可预见性，关注系统在均衡状态的稳定，恢复的速度及对干扰的容忍度	Holling[67]
社会学	弹性包括社区或者人群对外在社会政治环境变化带来压力的抵御能力	Adger[68]
	系统遭受外在扰动作用下能够保持正常系统运行，吸收外部干扰，从而应对挑战与变化的能力，是系统不断学习与提高决策的能力	Paton和Johnston[69]、Paton和Hill[70]
经济学	系统遭受外界干扰而采取灵活有效的应对策略，从而减轻系统的损害程度，是系统与生俱来的响应与适应能力	Rose和Lim[71]
	系统暴露在危机环境中能够保存自己，并且保持发展活力的能力	Paddison和Hutton[72]

尽管不同领域学者对于弹性概念的具体认识各异，但对于弹性的研究在以下三个方面达成了共识：一是系统遭受干扰后，其结构功能发生一定程度的改变，新系统的结构功能与原来系统并无本质区别；二是弹性是系统自身应对变化的自

组织能力，是系统的内在属性；三是弹性也是在系统应对外界不利干扰下，系统所表现出的应变能力和学习适应能力。

另外，弹性也分为特定弹性（specified resilience）和一般弹性（general resilience），其中，特定弹性是指系统遭受特定冲击的情况下发生的局部调整过程，特定弹性来源于什么的弹性（resilience of what）以及对什么弹性（resilience to what）问题的探讨[73]。但是过度强调系统的特定弹性会忽略系统其他方面的弹性，其中最优抗干扰（highly optimized tolerance，HOT）理论解释了系统从稳健系统逐渐演变为脆弱性系统的过程[74]。而一般弹性是指系统在遭受所有冲击时都会发生的系统自组织行为[75]，强调系统通过各种形式应对不利影响的能力。弹性理论一般包括以下三个方面：一是弹性系统是具有复杂适应能力的自组织系统；二是弹性系统遭受外部干扰时，其变化轨迹呈现出时空非线性的变化特点；三是弹性系统会经历适应周期，即弹性系统会经历快速发展、维持稳定、走向衰落及重组的演化发展过程。

弹性与适应性既有联系，又有区别。弹性侧重强调应对扰动系统维系自身结构功能不发生根本改变的一种属性，反映系统为维持自身状态所表现出来的学习能力、自我调控与自我恢复的适应能力。如果系统受到的扰动作用过于强烈，超过系统弹性限度，系统必须相应调整自身的关键属性，进而引起结构与功能变化从而适应新环境，维系系统持续发展，系统这一变化可称为跃迁式适应或系统转型。从人地关系综合作用角度而言，适应性是弹性的函数，人类通过有意识或无意识的行为影响系统弹性的大小。另外，脆弱性不是弹性的对立面，弹性是同一系统在不同状态形式下的转换过程以及恢复能力，脆弱性是指系统在同一稳定结构模式（stability landscape）内的结构变化[51]，强调系统保持其结构功能的能力。弹性与脆弱性都是系统与生俱来的内在属性，只有在受到干扰作用后才易表现出来。一般而言，系统弹性越强，承受外部扰动作用能力越强，应对不利风险的适应性越强。反之，系统弹性越小，自身内在的脆弱性越易表现出来，甚至超过系统崩溃阈值进而引起系统自身变化的巨涨落过程，演变成结构功能以及关键属性与原系统截然不同的异系统。

四、产业系统环境适应性

根据前述适应性内涵，本书认为产业系统环境适应性是以生态环境承载力为基础，通过对产业系统与生态环境系统之间物质能量输入与输出关系的度量，所表现出的产业系统的生态亲和状态，反映了生态系统约束下产业系统的重组能力、应变能力和学习能力。产业系统具有整体性、非线性、开放性、自适应性、不确定性等特点，且具有适应新变化的能力[76]。产业系统是生态环境的承载对象，为生态环境的发展提供必要的人力、资金及技术支持，生态环境是产业系统的载体，为产业发展提供所需的生存空间和物质基础，二者互为条件、相互增益。产业系统环境适应性分析就是要改变传统的产业系统与生态环境系统之间简单的物质及能量的传递与流动的线性关系，最终目的是建立起二者之间物质及能量循环流动与不断重复利用的网络组织共生关系。

产业系统环境适应性究其本质而言，其最终追求的是建立产业系统与环境系统协调发展、和谐共生的产业生态系统。长期占据经济发展主流的资源—产品—废物的单向线性发展模式造成经济增长乏力及生态环境的严重破坏，不断压缩和蚕食人类的生存发展空间，促使学者对经济发展道路进行重新审视与科学探索。以丹麦卡伦堡工业共生体为代表的资源—产品—再生资源—再生产品的循环经济发展模式，为产业生态系统可持续发展开辟了先河，随后众多学者开始了对于产业生态系统的研究。对产业生态系统的认识最终可归结为两点：一是认为产业生态系统应该落脚于产业系统内部生态关系的构建，通过建构资源—产品—再生资源—再生产品循环经济发展模式与生产链条，将产业发展对环境的干扰降至最低[77-79]。但是这种认识只关注产业系统内部各种生态关系的联系，忽视了更大尺度、更大范围产业系统与生态系统相互联系、相互影响的互动问题。二是认为产业生态系统是产业系统与环境系统通过相互作用、相互耦合而形成的具有特定结构与功能的复合巨系统[80-85]。这一观点表明了产业系统与环境系统之间并不存在绝对的矛盾对立关系，产业发展与环境保护之间可以是一种和谐统一的良性关系。并且强调了区域发展并不是产业数量的快速扩张与经济发展的规模增长，而是经济-社会-生态效益的协调互动，体现了可持续发展的理念与思想。

第二节　基本理论综述

一、生态经济学理论

（一）产生背景

自人类社会诞生以来，人地关系便客观存在。原始社会时期人们以群体的形式捕鱼打猎、伐木造房，对生态系统的影响明显强于其他物种。随着人口的增长和生产力的发展，尤其是随着人们经验积累、技术进步、工具改良，以及兴修水利、开荒种田、开采矿藏等活动增多，人类对于生态系统的干预程度也越来越大，生态问题开始出现并不断凸显。尽管如此，但从整体上看，早期人类社会由于活动范围及经济发展水平的有限性，对生态环境的影响破坏程度并未超出生态系统阈值，并且产生的生态环境问题也都是局部性的，并不十分突出。

近代以来，随着科技进步、经济的快速发展，尤其是工业化与机械化的不断兴起，人类对生态环境的负面影响越来越大，环境污染、生态恶化等一系列的生态经济问题接踵而至，具体如下：①人口激增。第二次世界大战以来世界人口翻了一番，人口的膨胀导致了对食物、衣物、住房等需求的迅猛增长，乱采滥伐等盲目开发现象在所难免，自然压力明显加大。在人口激增压力下，森林萎缩、草场退化、水资源短缺及能源耗竭等问题便愈益严重。②环境污染。工农业的机械化发展和城镇化的快速推进导致了"三废"，以及污染问题愈加突出，造成了土壤、水体、大气乃至整个生态系统的严重破坏，人类的生存空间受到了严重挤压。③森林草原锐减，"三化"严重。随着经济规模增长及粗放型掠夺式开发的不断推进，森林草原大量锐减，植被系统受到严重破坏，水土流失日趋严重。据估计，1850～1980年，全球森林面积减少了15%，1980～1985年，全球森林以每年11 400万hm^2的速度递减[①]。与此同时，草原面积的递减和草场的退化现象也十分严峻，土质的沙化、退化及盐碱化现象更加突出。④物种急剧减少。人口快速增长、粗放型经济的盛行，以及生态环境的污染与破坏，导致了地球生物种类的大量锐减。据推测，自1600年以来已有724个地球生物种类灭绝，近4000个物种濒于灭绝，3600多个物种进入危险阶段，7200多个物种处于稀有状态。据专家估计，目前每年还有100～300个物种濒临灭绝，有1/4的物种在未来几十年内具有灭绝的危险[①]。

生态问题的恶化不仅导致了生态系统的严重破坏，而且还严重影响了经济社会的发展和人类自身的生存。面对这一严峻的现实，越来越多的人开始关注生态与环境问题，可持续发展的呼声日渐高涨。尤其是20世纪60年代之后，一批经济学家、社会学家和环保专家致力于生态保护与可持续发展的研究，促使了以解决生态与可持续发展问题为己任、自然科学和社会科学相互融合的新兴学科——生态经济学的产生。80年代后，随着生态环境问题的恶化，在理论界生态经济学开始得到重视。90年代后，生态环境问题开始得到各国政府的高度重视，一系列有关环境保护和生态建设的对策措施开始出台。21世纪以来，一系列有关环境保护的国际行动相继启动，生态经济学得到了充分的应用。

(二) 形成发展

生态经济学是生态学和经济学相结合的产物，生态学是生态经济学产生的基础，经济学是生态经济学研究的重要领域。生态学一词是由德国动物学家海克尔最早提出来的，原意是指生物和环境的科学。据此，人们把生态学定义为研究生物和环境之间关系的科学。20世纪后，生态学得到了迅猛发展，其研究范围已扩

---

① 梁山，姜志德. 生态经济学[M]. 北京：中国农业出版社，2008.

展到所有生物乃至人类活动与环境间的关系。后来，随着时间的推移，生态学渐渐分解为许多独立的学科，生态经济学就是其中的一支。

20世纪60年代末，美国经济学家鲍尔丁发表了《一门科学——生态经济学》，其成为生态经济学诞生的重要标志。后来，美国海洋生物学家蕾切尔·卡森（R. Carson）研究了人类与生物界的关系，分析了人类所面临的生态危机。从此，生态经济学的研究开始活跃起来，一大批富有影响力的专著相继问世。但归结起来，主要有以下几个流派：①停滞派——零增长理论。零增长理论主要以罗马俱乐部的悲观派为代表，其研究报告《增长的极限》，提出了"零增长"理论，认为当前经济发展和科学技术的使用已经使生态系统达到崩溃的极限，为了人类社会的生存，必须把经济退回到18世纪以前的田园经济时代。②乐观派——持续增长论。乐观派认为人类社会的发展及经济系统的持续运行依赖于经济的持续增长，且经济增长是"没有极限的增长"，因为随着科学技术的进步，人类社会及经济发展的资源环境限制将会消除，生态环境能够承载经济的持续发展。③观望派——无关论。其主要以部分发展中国家的部分学者为代表，认为生态环境问题是发达国家的事情，与发展中国家无关。④主流派——可持续发展论。大多数学者认为经济快速发展所引发的生态环境问题应该引起高度重视，生态环境系统虽然具有自组织性，但其净化、循环及再生能力也是有限度的，人类对于生态环境的干扰应该在这一阈值之内，超出该范围，将会导致生态系统的退化衰落，并给人类生存空间带来严重挑战，主张经济与生态环境可持续发展。

（三）研究内容

生态经济学作为生态学与经济学相互交叉、相互作用的综合学科，其研究内容相对广泛，涉及生态学及经济学的众多领域，并且经过几十年的发展，已经形成了可以指导生态经济持续发展的理论，归结起来主要有生态经济协调发展规律、生态产业链规律、生态需求递增规律及生态价值增值规律等。

生态经济协调发展规律认为生态经济系统是生态系统与经济系统相互耦合作用形成的复合巨系统。其中生态系统是生态经济系统运行发展的基础，生态经济系统的运行明显受制于生态系统的容量限制。经济系统是生态经济系统的主要内容，生态经济系统最终追求的是对生态系统干扰程度最小的情况下实现经济系统的效益最大化。如果生态系统与经济系统二者之间相互适应，则能达到生态经济平衡的效果，反之，则可能出现失衡情况。人类应该正确认识生态系统与经济系统对立统一的关系，从而使生态经济系统保持正常的适度运行，实现生态系统与经济系统的协调发展。

生态经济协调发展规律反映了生态经济系统具有广泛的联系性，这种联系不仅包括生态系统与经济系统的普遍联系，而且包括生态系统内部、经济系统内部及生态经济系统各要素之间的相互联系。另外，生态经济协调规律解释了生态经济系统内在的矛盾性，即生态经济系统之间存在着两大突出矛盾：一是经济系统的运行发展对生态系统资源需求的无限性与生态系统资源供给的有限性之间的矛盾；二是经济系统运行发展释放日益增长的污染物与生态系统生态容量的有限性之间的矛盾。同时生态经济协调规律暗含了经济系统具有普适性，即生态经济系统不是一成不变的，而是不断处于动态演化更替之中的，人类可以遵循并利用生态经济协调规律，改造创新生态经济系统，增强经济系统与生态系统的协调性。

生态产业链规律是将生态系统中生物链引入生态经济系统，生物链是指生态系统中不同生物之间相互供应食物从而形成了相互依存的链条关系。生态系统不同组成要素之间，以食物供应为联系链条，从而建立起一种吃与被吃的营养关系，把不同生物之间密切地联系在一起，并且构成了生产者、消费者及分解者三大功能类群，以及生态系统的营养结构。而不同的生态系统，其营养结构的表现形式各异，但均是通过处于不同营养级位的食物链所反映出来的，不同食物链相互交织、错综复杂地联系在一起，构成了食物网，反映了处于生态系统不同营养级生物之间的相互关系。

生态产业链是借鉴生态系统中生物链的概念，具体指按照生态系统"生产者-消费者-分解者"的生物链关系，以不同类型的资源（原料、废弃物、科技、信息、资金、人才）为纽带，以恢复和扩大生态系统中资源存量为导向而形成的具有产业链接关系的联盟。生态产业链的构建实现了区域、企业及产业间废物排放最小化，甚至是零排放，一个企业或产业的废物可以是另一个企业或产业的原材料，这不仅解决了资源短缺问题，而且也减轻了环境压力，实现了经济发展与生态环境系统的协调。

企业内生态产业链是指企业不同生产环节所形成的生态产业链，即上游生产环节的废物可以是中游生产环节的生产原料，而中游生产环节的废物又是下游生产环节的生产原料等。

产业间生态产业链是指不同产业部门紧密联系所形成的产业间共生网络关系。例如，工业部门生产化肥农药—农业部门使用化肥农药—服务业部门回收使用后的化肥农药—废弃的化肥袋和农药旧瓶投入工业部门化肥农药的再生产中。

园区内生态产业链也被称为生态工业园，按照自然生态系统物质循环运动规律形成企业间共生网络。与自然系统相类似，生态工业园中企业之间相互依存、相互影响，不断进行着工业代谢活动，即上游企业的废物可以是中游企业的生产原料，而中游企业的废物又是下游企业的生产原料等。生态工业园中不同企业也可以分为生产型企业、消费型企业及分解型企业，生态工业园的构建可以使不同企业形成协同共生关系，实现环境影响内部化，最大限度地利用资源，减轻对环境的干扰程度，是产业发展与环境保护有机结合的新模式。由此而言，生态经济系统也存在着类似于生态系统中生物链的产业生态链,而产业生态链既是能量转换链也是物质传递链[86]。

生态需求递增规律是指随着购买能力和收入水平的递增,消费者的生态需求亦呈现不断递增的趋势,具体表现形式为,随着收入水平的提高,生态需求曲线不断向右上方移动,如图 2-1 所示,其中,Q 表示生态需求,P 表示生态产品价格,D_1 与 D_2 表示收入水平。

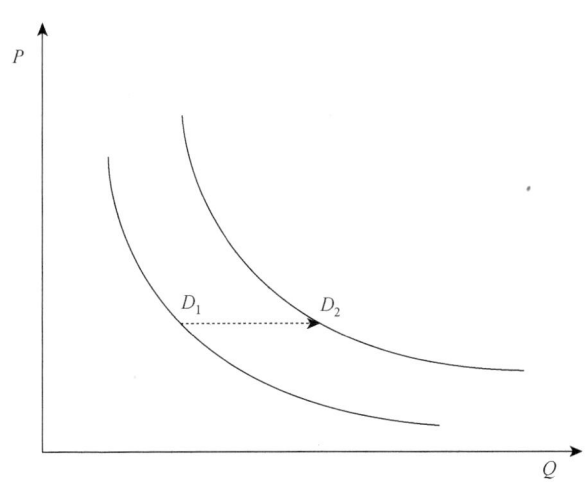

图 2-1 生态需求曲线示意图

生态需求曲线类似于经济学中的需求曲线,如果生态经济系统中生态产品的供给量保持不变,那么生态需求量的增加导致单位生态产品价格上升;如果生态经济系统中生态产品的供给量不断减少,生态需求量的增加则会导致单位生态产品的价格大幅度上升;如果生态经济系统中生态产品的供给量不断递增,且供给需求弹性大于 1,或等于 1,或小于 1,生态需求量的增加则相应会导致单位生态产品的价格不断下降,或保持不变,或不断上升。由此可见,可以利用生态经济系统的生态需求递增规律,通过合理控制生态产品供给实现生态产品供给-需求的动态平衡。

生态价值增值规律核心思想是指生态环境不是无价的自由物品,而是可以交易、买卖以及投资的经济资源,当今快速发展的经济社会对生态资源的需求不断递增,导致生态资源呈现日益短缺的趋势,由此可见,在社会需求量不断增加,而生态资源供给量不断递减的情况下,生态资源价值将会不断增值。人类可以像投资其他经济资源一样经营生态资源,建立生态保护补偿机制以实现生态资本的增值,进而激发生态投资与生态保护的积极性。

生态价值增值规律主要包括以下几点内容:一是生态资源是有价的稀缺资源,

有价的生态资源是进行生态经济化的前提条件。二是随着经济社会的发展,生态资源价值不断递增,主要是社会经济发展对于生态资源需求的无限性与生态资源的稀缺性之间矛盾导致的。三是生态资源与其他经济资源类似,可以进行生态投资,而生态投资是实现生态资源价值递增的必要途径。在生态资源稀缺有价、生态经济化以及经济生态化前提下,从事经济资源投资与生态资源投资二者殊途同归。四是建立生态补偿机制,依赖机制制度的保障性和创新性激励生态投资。生态资源及生态资本的外部性和公共性等特殊属性,势必要求制度保障和机制创新鼓励人们进行生态投资,从而保证生态资源的正常供给。

(四)生态经济学理论对于流域产业系统环境适应性研究作用

生态经济学理论是流域产业系统环境适应性研究的理论基础,根据生态经济学理论,要提高流域产业系统环境适应能力,其核心是因地制宜推进产业生态化与生态产业化。在经济发展水平较高而生态资源稀缺地区推进产业生态化进程,改变传统产业发展代谢方式,推动由改变环境适应产业发展向调整产业发展类型与模式以适应环境方向转变。在经济发展水平较低而生态资源富集地区推进生态产业化进程,推动生态资源资产化及生态资产价值化和资本化。但无论是产业生态化还是生态产业化,其核心都是产业系统与生态环境系统及产业系统内部各种生态关系的和谐构建。

1. 生态经济学理论是产业生态系统环境适应性调整的主旨

产业生态系统是产业系统与生态环境系统相互作用、相互交织形成的错综复杂的巨系统,而产业生态系统中任何产业的形成、发展及消亡都与当地社会-经济-生态-文化的环境变化息息相关,而产业作为产业生态系统重要构成要素之一,产业的生存与发展必须适应区域条件,反之,产业必将走向消亡。流域产业生态系统依托于江河通道,系统研究产业生态系统结构功能、时空演化过程与格局及调控管理措施,最终实现流域产业生态系统各组成要素的综合协调可持续性发展。流域产业生态系统具有经济系统的内在联系特征,即显著的时空异质性、与要素禀赋的空间耦合性及流域经济内在联系与体制机制的空间制约性,突出表现为上游属于资源密集型产业类型、中游属于劳动密集型与资源密集型并存产业类型、下游属于资金技术密集型产业类型[87]。由于流域上游资源密集型产业发展多属于资源消耗量大的强物质化发展模式,因此其势必会使中下游地区产生严重的资源环境问题。基于此,应该以生态经济学为理论指导,立足于流域产业生态系统基础,推动生态产业化与产业生态化发展。处于不同类型及不同发展阶段的区域,其资源环境组合情况及产业发展基础各异,产业系统环境适应性调整路径与模式也各不相同，但最终目的都是增强产业系统与环境系统二者相互适应能力，提高流域产业生态系统发展走向稳态化、生态化与高效化。

2. 生态经济学理论指明产业系统环境适应性调整方向

前文所述，产业系统环境适应性研究改变传统的产业系统与生态环境系统二者之间简单的物质及能量的传递与流动的线性关系，最终目的是建立起物质及能量循环流动与不断重复利用的网络组织共生关系。提高产业系统环境适应性可以通过上下游产业间的耦合进而延长产业链条，使处于产业链条的每一个组成部分均能产生新的价值、新的经济机会，进而处于不同链条的成分相互影响，构成新的经济生态化，不同的经济生态化相互影响、错综复杂地交织在一起形成互利共生的复合系统[88]。因流域涉及多个行政单元，以及行政区划、行政壁垒及"唯GDP论"等因素限制，人们往往对流域产业生态系统的发展只关注于单个行政区域的经济增长，尤其热衷于投资对经济增长的拉动，进而忽视了流域产业生态共生系统的构建。由此，以生态经济学理论为指导，一方面形成并延长生态产业链，促进物质循环利用，降低产业发展对环境干扰强度；另一方面将生态资源资产化、资本化及价值化，促进产业系统与生态环境系统适度协调发展，增强产业生态系统弹性，达到生态经济动态平衡效果，提高产业系统应对环境变化的能力。

二、循环经济理论

（一）形成发展

进入工业社会以来，大规模的机械化成为社会生产的主要活动形式，对自然环境的破坏与干扰程度也随之增强，大规模掠夺式、高强度及粗放式的开发与生产活动，造成了严重的资源短缺与环境污染问题，促使人们反思传统生产方式的弊端，探寻经济发展与自然环境和谐共存的可持续发展模式。

循环经济概念的萌芽最早可追溯到20世纪60年代，随着全球性环境污染问题的出现及日益凸显，环境保护呼声日益高涨，环境保护主义兴起。1962年蕾切尔·卡森（R. Carson）出版了《寂静的春天》一书，激发了人们对经济发展与环境关系的激烈争论，唤醒了人们对工业社会保护环境的意识。而"循环经济"一词真正提出是在美国经济学家波尔丁（Boulding）"宇宙飞船经济理论"中[89]。波尔丁认为宇宙飞船是一个与世隔绝的封闭系统，其存在依赖于自身资源的不断消耗，并随着资源的耗竭而消亡。唯一使宇宙飞船长存的办法就是尽可能减少废弃物的排放，实现资源的永续利用。而地球经济系统与宇宙飞船类似，只有实现地球资源的循环利用，地球才能持续发展。"宇宙飞船经济理论"认为传统资源—产品—废物单向线性发展模式是污染产生并呈加重趋势的重要原因，而资源—产品—再生资源—再生产品的循环经济发展模式则是缓解资源短缺、环境污染与经济发展三者之间尖锐矛盾的根本方法。

1972年罗马俱乐部出版了《增长的极限》一书，该书对经济发展与资源消耗、环境污染及科学技术等因素的相互关系进行了综合探讨，提出资源消耗速度如果仍维持现在的水平，那么经济增长将最终因为资源的耗竭而出现停滞或经济系统的崩溃，为了避免经济系统的崩溃，最好的方式就是经济的零增长[90]。虽然该观点比较悲观与过于片面，但其提出资源消耗满足不了粗放外延式经济增长方式的需求思想引起了人们的广泛关注。1990年，美国环境经济学家大卫·皮尔斯（D. Pearce）首次使用"循环经济"（circular economy）一词，其出版了《自然资源与环境经济学》一书，试图依据可持续发展理念与原则建立资源管理的规则，并且认为废物是可以循环的，在此基础上建立了物质流动模型。2002年联合国环境与发展会议（United Nations Conference on Environment and Development，UNCED）倡导全世界各个国家要推进循环经济发展方式，并制定详细的行动计划，各个国家也相应推行了适合本国的相关法规，如德国《循环经济和废物管理法》、日本《促进建立循环型社会基本法》《资源有效利用促进法》及美国的《资源保护与回收法》。至此，循环经济理念和发展实践在全世界普及开来。从图2-2可以看

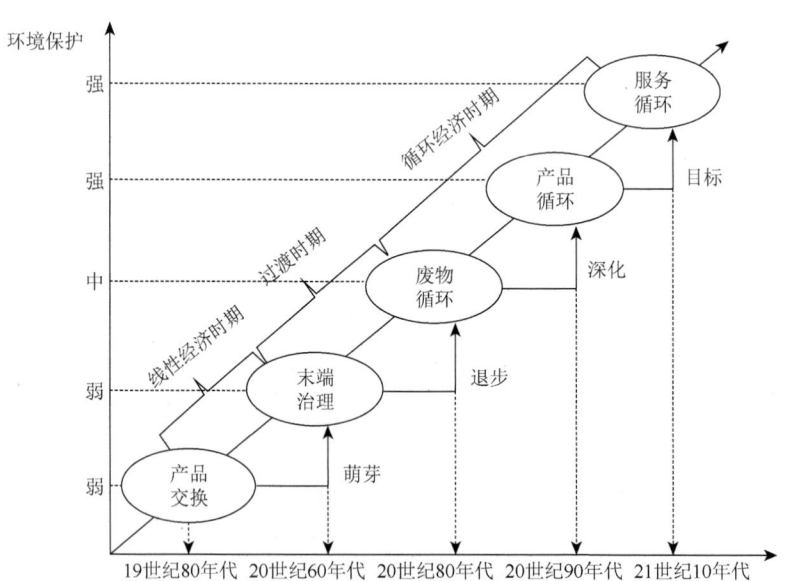

图2-2　循环经济内涵演变历程

资料来源：根据文献[90]改编

出，随着时间的不断推移，经济发展模式也经历了线性经济时期、过渡时期、循环经济时期，经济发展的同时越来越注重对环境的保护。

（二）理论内涵

循环经济是传统单向线性经济发展模式向物质闭路循环流动型经济发展模式的根本转变，本质上属于生态经济，低消耗、低排放及高利用效率是循环经济的基本特征。循环经济要求社会经济系统按照自然生态系统规律建立起资源高效循环利用的经济发展方式，从而实现减物质化、资源化及无害化，以及生态经济系统的和谐运行。

循环经济发展历程较短，目前学术界尚未对于循环经济概念有统一的认识，诸多学者基于不同学科背景，从不同角度阐述了循环经济的内涵，丰富和扩展了循环经济的理论体系。总结现有的循环经济内涵的解释，大致可归为三种观点：一是从可持续发展思想出发，认为循环经济本质上属于生态经济[91, 92]。该观点认为循环经济要按照生态学规律指导人类社会经济活动的发展，一方面改变传统的资源—产品—废物单向线性发展模式，减少对于资源的需求和消耗程度；另一方面要求提高生产工艺，延长产业链条，提高资源的利用效率，减少废弃物的排放，减弱社会经济发展对于生态环境的干扰。二是认为循环经济是科学技术发展到高级阶段的产物，是技术革命的成果，要求从科学技术角度提高社会经济系统技术含量及废弃物综合治理水平，通过提高生态效率及末端治理水平，逐步建立起资源—产品—再生资源—再生品的循环经济发展模式。三是从经济发展方式角度分析，循环经济是一种新型的经济增长方式。该观点侧重于在现有资源环境的较大压力下，变革传统的"三高一低"的传统生产生活方式，侧重于清洁技术与废弃物综合利用融为一体的综合性经济发展模式，按照自然生态系统物质循环与能量流动原理重构社会经济系统的运行发展，使社会经济系统纳入自然生态系统的巨系统循环之中，最终建立起新形态的经济发展方式。

由此可见，循环经济研究的是人类社会经济发展过程中资源利用最大化与最优配置的问题，即如何用最小的环境代价换取经济效益的最大化产出，本质上是"经济"问题，外延是"经济"与"环境"的关系，核心是考虑社会环境因素制约下的资源高效利用、产业生态转型及集约型经济增长模式构建。而循环经济的判定一般遵循 3R 原则，即减量化（reducing）原则、再利用（reusing）原则及再循环（recycling）原则。

减量化原则主要侧重于生产或消费环节中物质的投入，从而达到既定的生产或消费的目的。减量化原则注重源头消减的预防作用，而不是通过末端治理的方式达到节约资源与减轻环境污染的目的。具体要求：在生产过程中，在保证产品质量的前提下，通过重新设计生产工艺从而减少每个生产环节的资源投入与消耗量，以达到节约资源与减少污染物排放的目的；在生活过程中，尽量减少或拒绝使用对环境干扰作用大的物品，可选择包装较少或可以循环利用的物品，同时倒逼机制迫使企业生产绿色产品，降低人类生产生活活动对生态环境的影响。

再利用原则主要关注产品和服务能够多次使用，即有效延长产品和服务的时间长度与使用周期，通过多级或多次使用，减少资源消耗和污染物的产生量。具体而言，企业生产过程中要尽量做到标准化生产，一方面更加有利于企业生产产品的更新换代速度，另一方面当产品出现损坏时，可以通过产品零部件的更换达到产品重新再使用的目的。对消费者而言，应当购买耐用的产品，减少一次性物品的使用数量与频率，并且当产品出现破损时，应当确认产品是否还可以通过维修途径继续发挥产品功能，而不是立即更换新产品。对于自己不需要的仍然有价值的产品，应该通过市场或者捐赠途径供别人使用，从而达到资源再使用的目的。

再循环原则侧重于将生产和消费过程中所产生的废物通过资源化手段，再加工为可供重新使用的原料或产品。资源化又可分为原级资源化和次级资源化，前者是指废物经过资源化手段后形成与原来相同的产品，后者是指废物经过资源化后变成与原来截然不同的新产品。循环经济提倡原级资源化与次级资源化有机结合，从而达到废物循环利用的目的。对生产者而言，在生产过程中尽量使用可再生资源，对消费者而言，应尽量购买和使用可循环利用的产品，减少生产生活活动对生态环境的压力。

3R 原则的重要性并不是并列关系，而是有优先次序的，即减量化原则＞再利用原则＞再循环原则。减量化原则属于源头控制，旨在减少生产生活过程中的资源输入量；再利用原则属于过程控制，旨在延长产品和服务的时间长度；再循环原则属于终端控制，旨在将废弃物再次资源化。3R 原则的排列顺序反映了 20 世纪 50 年代以来人们对于环境与发展问题思想上所经历的三个历程：第一阶段认为经济发展对环境造成了严重破坏，要求对于废弃物的排放进行末端治理；第二阶段意识到环境污染是放错位置的资源，要求对资源进行再次利用；第三个阶段认为治理与利用废弃物仍是一种辅助性措施，要求从治理与再次利用废弃物转向减少废弃物的产生。循环经济是以 3R 原则为基础，将物质能源等因素在时、空、量、构、序方面的有机结合。如图 2-3 所示，循环经济减量化、再利用与再循环的 3R 原则分别从源头控制、过程控制与终端控制 3 个方面对生产生活产生作用。

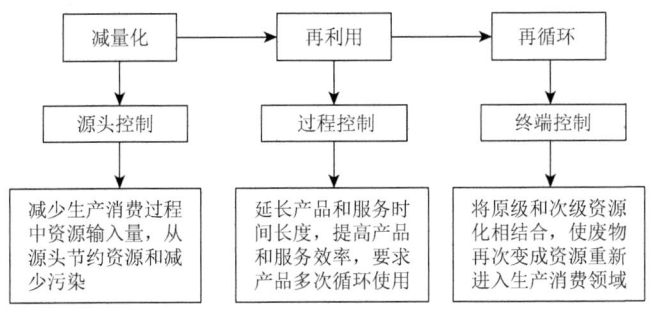

图 2-3 循环经济 3R 原则的基本特征

(三) 生态经济、循环经济、低碳经济与绿色经济四者异同

生态经济、循环经济、低碳经济与绿色经济是在人类社会经济高速发展造成严重的环境危机及生存危机的情况下，人类对于人与自然关系，以及人类社会经济的运行方式的重新认识与深刻总结的结果，四者之间既有相同之处，又各具特色。

内涵表述与发展目标相同。四者都认为人类社会经济发展过程中应该保护生态环境，经济发展与生态环境保护协调共处，都旨在倡导资源节约及资源的高效利用。四者都是 20 世纪 50 年代之后为应对全球资源危机、环境危机及生存危机出现的新思想，针对的核心问题均是传统经济发展方式的生态化转型。四者最终追求的目标均是环境友好型社会的构建、人与自然的和谐相处、人类社会的永续发展。

研究支撑点均相同。四者支撑点均为绿色科技和生态经济理论，绿色科技主要是指保护人类生存环境、促进社会经济活动的可持续发展的所有科技活动的统称。其实质是科学技术的生态化，又称生态科技，建立在人与自然和谐共处的基础之上，促进人地关系的和谐共进、协调发展，自然性和人类性是绿色科技的基本特征。生态经济理论是人类经济发展到新阶段的产物，生态经济实质是追求经济发展与生态系统的协调共融，追求的是资源高效利用、生态经济系统的持续发展及人类社会的永续发展。

研究侧重点不同。生态经济遵循生态学的相关理论，经济发展与生态环境的相互协调是其研究的核心内容，注重的是经济系统与生态系统的有机结合，要求发展环保型产业，减少环境污染；循环经济侧重于建立物质循环高效利用的体系，强调经济活动中如何利用 3R 原则实现资源节约和环境保护的目的，要求生产、生活、消费全过程资源密闭循环利用；低碳经济主要减少碳排放量，侧重于通过减少不可再生资源使用量、提高资源利用效率、采用清洁能源及优化能源利用结构等途径，降低温室气体的排放量，促进经济持续发展；绿色经济主要侧重于通过科学技术实现绿色生产、绿色流通、绿色分配及绿色发展。

研究核心内容不同。生态经济研究的核心内容是生态系统与经济系统的可持续发展；循环经济研究的核心内容是实现物质的高效循环利用，提高资源利用效率；低碳经济研究的核心内容是通过能源技术创新、制度创新及人类消费观念的彻底转变，实现低能耗、低污染经济的发展；绿色经济研究的核心内容是提高全社会生活福利水平，促进人与自然的和谐共存。

研究价值取向不同。生态经济倡导环保型产业的发展，实施清洁生产，建立经济发展与环境保护协调发展体系；循环经济倡导资源高效循环利用体系的构建，从而实现废弃物的低排放甚至零排放；低碳经济倡导清洁能源及可再生资源的使用，建立能源高效利用体系，优化能源利用结构；绿色经济倡导保护人类赖以生存和发展的生态环境，通过绿色生产、绿色消费及绿色发展，实现人与自然的可持续发展。

（四）循环经济理论对流域产业系统环境适应性研究作用

根据循环经济理论，要提高流域产业系统环境适应能力，其核心是资源的高效循环利用，通过资源—产品—再生资源—再生产品物质循环利用发展模式及实现清洁生产，延长产业链，形成系统的产业网络等途径，减少产业系统对环境系统的干扰程度。总体而言，循环经济对流域产业系统环境适应性具有重要的指导作用，主要体现在产业培育与路径调控等方面。

循环经济对流域产业系统环境适应性的产业培育主要体现在增加产业节点，延长产业链条，加深不同产业之间的联系，形成产业共生网络。另外，通过源头资源消减、中端清洁生产及末端污染治理等手段，促进产业与产业之间，以及产业与环境之间的协调发展，提高产业系统与环境系统的相互适应的能力，促进流域整体循环型经济的发展。

循环经济对于流域产业系统环境适应性的路径调控主要体现在新型经济发展方式或资源利用方式的构建。遵循循环经济理论，按照自然生态系统的运行规律构建资源—产品—再生资源—再生产品物质循环利用发展模式：一方面要求发展符合区域发展条件的环境友好型产业，加快发展科技含量高、环境污染少的战略性新兴产业及现代服务业，促进产业结构向生态化、科技化以及高级化方向发展，形成不同尺度的产业循环网络，促进地区级城市向综合型城市转变，提高城市产业生态系统的稳定性；另一方面要求对现有产业生产环节进行改造升级，延长生产链条，促进新的产业生长点的形成，提高资源的多层次逐级利用频率，通过节约资源与保护环境促进流域整体的可持续发展。

三、可持续发展理论

可持续发展理论的提出是基于工业革命以后，社会经济高速发展导致的资源枯竭、环境污染、生态破坏等严重的环境问题，严重影响着人类的生存与发展，为了解决由于经济的高速增长带来的环境问题，人们开始对传统经济发展方式进行反思，探索新的发展理念与模式。

（一）形成过程

可持续发展理念的形成过程总体上可以分为三个阶段，即酝酿时期、形成时期及确立时期。

1. 酝酿时期——20世纪20年代至60年代初期

可持续发展理念来源于工业革命以后，人类赖以生存与发展的生态环境受到了严重破坏，并且在20世纪中期以后，环境污染呈现加剧趋势，西方发达国家环境公害事件屡屡见诸报端，环境污染成为人类生存与发展的突出问题，人们开始寻求新的发展理念与发展思路来看待环境问题。1962年美国著名海洋生物学家蕾切尔·卡森（R. Carson）出版了《寂静的春天》一书，其以敏锐的眼光和深刻的洞察力预测滥用杀虫剂问题的严重后果，并勇开先河地就环境污染问题向世界发出了振聋发聩的呼喊。

2. 形成时期——20世纪60年代末期至80年代初期

1968年成立的罗马俱乐部于1972年出版了《增长的极限》一书，该书对人口增长、环境污染、资源耗竭等人类困境进行了深入研究，第一次向世人展示了一个有限的星球上无止境地追求增长所带来的严重后果。《增长的极限》一经出版，便引起了全社会的强烈反响，并受到了不同领域学者的广泛关注，促使人们对于人类前途的忧虑转向密切关注人口、资源与环境的问题上。虽然其反对增长的观点受到了尖锐批评与责难，但为可持续发展理论的提出提供了肥沃的土壤。1972年联合国人类环境会议公开发表了《人类环境宣言》，指出人是环境的产物，也是环境的塑造者，保护和改善环境关系人民福利和社会经济发展，不仅是人民的迫切愿望，也是各国政府的责任。1980年联合国大会又向全世界呼吁，"必须深入研究社会-经济-自然三者的基本关系，以及在资源利用过程中的关系，最终目的是确保可持续发展"。此时期，可持续发展的基本框架大体形成，并且可持续发展的概念也被提出并开始得到运用。

3. 确立时期——20世纪80年代末期至90年代初期

1987年世界环境与发展委员会（World Commission on Environment and Development，WCED）向联合国大会提交了《我们共同的未来》的研究报告，指出应将注意力集中于人口、粮食、物种、资源、能源、工业和人类居住等方面，在系统探讨了人类面临的一系列重大经济、社会和环境问题之后，最早提出了"可持续发展"的理念。从单纯考虑环境保护的角度引导到环境保护与人类发展相结合，体现了人类在可持续发展思想认识上的重要飞跃。1992年联合国环境与发展会议在巴西里约热内卢召开，183个国家代表团和70多个国际组织代表出席了会议，会议通过了《里约环境与发展宣言》及《21世纪议程》两个纲领性文件。《里约环境与发展宣言》最早提出了可持续发展的27条基本原则，旨在建立一种全新的、公平的"关于国家和公众行为的基本准则"，是各国开展环境与发展领域合作的框架性文件。《21世纪议程》旨在建立世界各国在人类活动对环境影响各个方面的行动准则，为保障人类共同的未来提供一个战略性的行动框架。另外，各国政府代表共同签署了《联合国气候变化框架公约》等国际文件。大会对可持续发展理念的原则及行动规则做出了框架性的制定，是人类跨入新文明时代的关键性一步，为人类的可持续发展矗立了一座重要的里程碑。

综上所述，可持续发展理念从酝酿到最终确立历经了一个世纪，从仅仅关注资源与环境到同时关注社会与文化，从试图孤立解决环境问题到明确环境与发展密不可分，从纯经济学视角转向综合领域视角，逐步成为与工业文明发展观及现代化发展观相区别的、具有丰富内涵和深刻意义的可持续发展观。

（二）理论内涵

1. 可持续发展定义

1987年世界环境与发展委员会在《我们共同的未来》报告书中指出，"可持续发展是既满足当代人的需要，又不对后代人满足其需求能力构成危害的发展"，正式标志着可持续发展理念的形成。随后不同学者基于学科角度丰富和深化了可持续发展的概念，认为可持续发展内涵是十分丰富的，涉及人口、社会、经济、资源与环境5个子系统。可持续发展核心问题是发展问题，既包括规模扩张等总量的增大，也包括发展质量的提高；既包括5个子系统的发展问题，也包括系统整体的合理发展。

基于以上认识，本书认为可持续发展是在生态环境承载力范围之内，人类通过合理利用资源，有效约束与改进自身发展方式，以实现社会经济系统与生态环境系统的协调共进、永续发展,实质是人地关系的良性运作。可持续发展在时间尺度上,必须兼顾当前利益与未来利益的有机统一;在空间尺度上,必须兼顾地方利益与整体利益的有机统一;在社会文化上,必须体现工具理性与价值理性的有机统一;在利益分配上,必须兼顾效率与公平的有机统一。

2. 可持续发展理论具体内容

可持续发展中"持续"的意思是"维持下去"或"保持继续提高",对资源环境而言,意思则为自然资源能够永续被人类利用,不能因过度消耗而影响后代人的生产生活。"发展"则是一个很广泛的概念,它不仅表现为经济的增长、国民生产总值的提高、人民生活水平的改善,还体现在文学、艺术、科学、技术的昌盛,道德水平的提高,社会秩序的和谐,国民素质的改进等诸多方面,发展既要有量的增长,还应有质的提高。可持续发展鲜明地表达了两个观点:一是人类社会要发展,尤其是发展中国家要发展;二是发展要有限度,不能危及后代人的发展能力。这既是对传统发展模式的反思和否定,也是对可持续发展模式的理性设计。

可持续发展理论的核心问题是发展,但必须提高发展效益与质量,必须改变传统的以"高投入、高消耗、高污染"为特征的生产模式和消费模式,实施清洁生产和文明消费,从而减小单位经济活动所造成的环境压力。可持续发展以合理利用资源为基础,同环境承载力相协调,实现人与自然的良性协调。可持续发展的根本问题是实现生态经济社会总资源的合理分配,其目标是建立相互协调的经济系统、社会系统及生态系统,其强调的是代际、代内的机会均等,以及正确处理人与自然的关系。

可持续发展包括三方面的内容,即经济可持续发展、生态可持续发展及社会可持续发展。经济可持续发展要求经济体能够连续地提供产品和劳务,使内债和外债控制在可以管理的范围以内,并且要避免对工业和农业生产带来不利的极端的结构性平衡;生态可持续发展要求保持稳定的资源基础,避免过度对资源系统加以利用,维护环境吸收功能和健康的生态系统,并且使不可再生资源的开发程度控制在使投资能产生足够的替代作用的范围之内;社会可持续发展通过促进分配和机遇的平等、建立医疗和教育保障体系、实现性别的平等、推进政治上的公开性和公众参与性这类机制来保证社会的可持续性。在可持续发展理论系统中,经济可持续是基础,生态可持续是条件,社会可持续是目的,可持续发展应该是以人的发展为中心的经济-环境-社会复合系统持续、稳定、健康的发展。

3. 可持续发展理论原则

尽管人类对可持续发展理论应该遵循的原则没有达成统一的认识,但是以下

3条原则已达成广泛共识,即公平性原则、持续性原则及共同性原则。

公平性原则,主要包括代内横向公平及代际纵向公平,可持续发展要求满足全球全体人民的基本需求,并给予全体人民平等性的机会以满足他们实现较好生活的愿望。另外,人类赖以生存的自然资源是有限的,当代人不能因为自己的发展和需求而损害后代人发展所必需的资源和环境条件,要给后代人以公平利用自然资源的权利。

持续性原则。持续性是指生态系统受到某种干扰时能保持其生产效率的能力,资源的永续利用和生态系统的持续利用是人类可持续发展的首要条件,这就要求人类的社会经济发展不应损害支撑地球生命的自然系统,不能超越资源与环境的承载能力。可持续性是指一种状态的持久延续,主要包括两方面内容,一方面是人类对自然环境资源的永续利用,另一方面是指人类活动不能超过生态环境容量限制,最后达到人与自然和谐共处的目的。

共同性原则。共同性原则包括两方面的含义:一是发展目标的共同性,这个目标就是保持地球生态系统的安全,并以最合理的利用方式为整个人类谋福利;二是行动的共同性。因为生态环境方面的许多问题实际上是没有国界的,必须开展全球合作,而全球经济发展不平衡也是全世界的事。实现可持续发展需要地球上全人类的共同努力,追求人与人之间、人与自然之间的和谐是人类共同的道义和责任。

(三) 可持续发展理论对于流域产业系统环境适应性研究作用

可持续发展理论是应对全球资源危机、环境危机及人类生存危机等严重问题时应运而生的,对于指导人类经济活动与资源环境之间的关系提供了全新的理念,其核心是正确处理人口、社会、经济、资源、环境5个子系统的协调发展关系。因人口的空间集聚、工业化及城镇化的快速推进,导致流域的发展对源环境具有高度的依赖性,产业系统发展与资源环境之间矛盾突出与剧烈演化,严重影响了流域的可持续发展。为缓解与调和流域产业系统发展与资源环境保护之间对立冲突的关系,必须以可持续发展理论指导流域产业系统环境适应性研究。

流域产业发展具有显著的空间差异性[87],一般而言,流域具有上游地区经济发展水平相对较低,而下游地区经济发展水平相对较高的特征,流域经济发展水平的地理梯度特征明显。并且上游经济发展方式普遍属于"三高"线性发展模式,以牺牲环境为代价换取经济的发展,对中下游地区发展造成了严重干扰,为此要以可持续发展理论为指导,对流域产业系统环境适应性进行调整与转型。对上游地区而言,注重实施产业发展与生态环境治理一体化战略,延长产业发展链条;对中游地区而言,注重实施产业生态系统网络化战略,加强不同产业之间的联系强度；对下游地区而言，注重创新型产业与环境友好型产业的发展，加强资金技术投入，促进产业向生态化及高技术化等方向发展。总之，根据流域产业发展与资源环境之间的变化情况，适时确定产业系统环境适应性调整方向与路径，最终实现流域可持续发展。

四、系统理论

（一）形成过程

"系统"一词来源于古希腊语，意思是整体是由各个部分有机构成的，系统思想源远流长，如"牵一发而动全身"以及中医的辨证施治等都体现了系统的思想。系统论作为一门独立的科学理论，是在1952年由美籍奥地利人、著名的理论生物学家贝塔朗菲（L. V. Bertalanffy）创立的，他发表的"抗体系统理论"首次提出了系统论的思想。其实早在1937年，贝塔朗菲就提出了一般系统论原理，奠定了系统论成为科学理论的理论基础。直到1945年，由他撰写的《关于一般系统论》才首次公开出版发表，但并未引起学术界应有的重视，直到1948年美国再次兴起一般系统论时，才引起了学术界的广泛关注，在1968年贝塔郎菲公开出版发表系统论科学代表作——《一般系统论：基础、发展和应用》，系统理论才真正成为独立的科学理论。

（二）理论内涵

系统是指由若干个要素以一定的结构形式相互联系、相互作用，共同构成了具有某种结构功能的有机整体，而系统理论则是研究系统的一般结构、功能和规律的科学，主张从系统整体性角度分析系统与子系统、系统与系统以及系统与外部环境之间相互作用的机理。系统理论的整体性、层次性、开放性、突变性、稳定性以及自组织原理已经被广泛应用于各个领域，成为认识与分析系统的重要基础工具。

1. 系统整体性原理

整体性原理是系统理论的核心思想，系统整体性原理具体指系统是由若干个要素共同组成的具有一定新功能的有机整体，作为系统的各个要素一旦构成系统整体，便具备了独立要素不具有的性质功能，从而表现出整体大于部分之和的功效。就相互作用关系而言，系统之中广泛存在线性与非线性的相互作用，从而使系统成为具有一定结构功能的有机整体。对于线性作用，部分可以在不影响整体性质的前提下从整体中分离出来,此时整体可以看成是各组成部分的线性叠加;对于非线性作用,整体不再是各组成部分的简单叠加,组成整体的各个部分之间相互联系、相互影响,共同构成了一个不可分割的整体。如果将要素从整体中割离出来,要素不仅失去了自身的作用,也影响了整体的性质与功能。产业生态系统是产业系统与生态系统以及组成产业生态系统的各个要素相互作用、相互制约、共同组成的系统,对组成系统的任一要素或组成部分的扰动,都会通过反馈机制对系统整体产生影响。如果组成系统的子系统或要素受到严重干扰与破坏,超出系统阈值,则会最终导致系统生产能力严重下降或系统崩溃。

2. 系统层次性原理

系统层次性原理具体是指构成系统的各个要素之间是有显著差异的,从而导致了系统在结构功能上表现出了明显的等级秩序性,形成了具有本质差异的等级系统。系统是由要素构成的,但这一系统又只是上一级系统的子系统(或要素),同时构成这一级系统的要素又是由低一级要素组成的。由此而言,系统概念是相对构成要素而言的,系统可以是上级系统的子系统(或要素)。系统层次区分是相对的,并且相对区分的层次之间又是相互联系的,不仅相邻上下层次系统之间相互影响与相互制约,而且不同层次以及多个层次系统之间也发生着相互联系与相互作用。

另外,处于不同层次的系统发挥着不同的系统功能。一般而言,低层次系统的要素之间具有较强的亲和性,而高层次系统的要素之间亲和性则相对弱一些,随着系统层次的升高,系统要素的亲和性呈现出逐渐减弱态势。要素之间亲和性较强的系统,其组成要素之间的结合强度就越强,系统就具有更大的确定性,反之,要素之间亲和性较弱的系统,其组成要素之间的结合强度就越小,系统就具有更大的灵活性。

3. 系统开放性原理

系统开放性原理具体是指系统无时无刻不在与外界环境进行物质、能量以及信息交换,开放性是系统演化发展的前提条件,也是系统稳定发展的基础。事物演化发展是内外因素相互联系与相互作用的,其中内部因素是发展变化的根据,外部因素是发展变化的条件,并且外部因素通过内部因素而发生作用。内外因素相互作用的前提是系统必须是开放的系统,而现实的系统都是开放的系统,一个封闭的系统是不可能长久存在的。通过系统开放,内部因素与外部因素发生相互作用与相互转化,从而使系统发生质量互变现象。

另外,系统的开放通常是指向外界环境的开放。但由于系统具有层次性,系统向环境的开放又意味着低层次系统向高层次系统的开放以及系统内部的开放。

系统向高层次开放，促使系统与环境之间发生竞合关系，系统向低层次开放，则使系统内部不同层次与不同类型子系统之间发生相互作用关系，在差异之中协同作用，更好发挥系统的整体性功能。

4. 系统突变性原理

系统的突变性原理指系统从一种稳定组态进入另一种稳定组态的突变过程，是系统质变的一种基本形式，系统突变方式的多种多样带来了系统类型的丰富多彩。突变是系统发展过程中的非平衡性因素，系统突变性原理具有两层含义：一个是在系统组成要素的层次上，另一个是在系统的层次上。对于系统要素的突变，从系统整体而言，是系统之中的涨落过程。系统中要素突变是经常发生的，不论是个别要素的结构功能发生了变异，还是个别要素的状态与其他要素显著不同，都是系统要素对于系统稳态贡献的偏移程度。

突变是系统演化发展过程中的非平衡性因素，当系统的非平衡性差异得到其他子系统或要素的响应时，子系统之间的差异会呈现进一步拉大趋势，进而加剧系统自身内部的非平衡性。如果这种不稳定性因素导致整个系统的响应，系统涨落过程将会增大，系统由量变转为质变，进入新的稳定状态。

5. 系统稳定性原理

系统稳定性原理具体是指在外界环境作用下开放系统具有一定的自我稳定能力，系统通过自身调节保持和恢复系统原来的有序状态以及结构与功能不发生变化。系统稳定性是指系统在演化发展过程中的稳定性，不是绝对意义上的稳定性，而是动态之中的稳定性。同时系统之所以能够在受到干扰作用之后迅速排除偏差，恢复到正常的有序状态，关键在于系统的负反馈机制。系统在任何时候以及任何条件下总是存在涨落过程的，意味着系统的稳定性是不完全的，是稳定之中存在着不稳定性。即使系统整体是稳定的，但系统之中各个子系统或组成要素存在着不稳定性，如果这种不稳定性因素在一定条件下被放大，超出了系统保持自身稳定的条件，则系统会进入失稳状态，从而演化发展进入新的稳定状态。由此而言，非稳定态和稳定态均是具有不同结构功能的系统状态，系统的非稳定性因素则是系统演化发展的积极因素。

6. 系统自组织原理

系统自组织原理是指一个系统在内在机制驱动作用下，自发组织起来，从无序到有序，从低级到高级，从而不断提高其对环境适应能力的过程。充分开放是系统自组织演化的前提条件，非线性相互作用是自组织系统演化的内在动力，涨落是系统自组织演化的原始诱因，循环是系统自组织演化的组织形式，相变和突变体现了系统自组织演化方式的多样性,混沌和分形揭示了系统从简单到复杂自组织演化的图景。

自组织意味着系统的演化发展是自发进行的,不受特定外来干预影响,以系统内在的矛盾为基础,以系统环境为外在条件,是系统内部以及系统与环境的交叉作用的结果。系统自组织不仅包含系统自发运动的意思,还强调了系统的自发运动过程也是一个自发形成一定组织结构的过程。

(三)系统理论对流域产业系统环境适应性研究作用

系统理论从整体角度出发,把所要研究和处理的对象看作一个系统,分析系统的结构功能,研究系统、要素以及环境三者的相互关系和演化作用规律,为开展流域产业系统环境适应性研究提供了坚实的理论基础和有效的分析工具。流域产业系统环境适应性的研究应该注重从流域上下游角度综合系统分析,但现实情况是流域内的不同区域各自为政、独立开发,忽视了资源环境的保护与治理,上游地区剥夺了下游地区发展的空间,导致了流域系统的失衡,系统的弹性以及稳定性严重下降,系统的自组织能力受到严重破坏,最终导致流域整体发展效益较差。

因此,依据整体性原理,将产业生态系统看成一个有机系统,从整体性角度研究产业系统、环境系统以及不同组成要素之间的相互作用关系;依据层次性原理,分析处于产业生态系统不同层次的系统或要素对于整个系统的影响程度;依据开放性原理,从产业系统与环境系统两个子系统方面对产业生态系统进行科学管理,从资源环境系统变化对产业系统发展的约束以及产业系统发展对资源环境系统的有利与不利影响角度出发,科学设计可持续发展的产业生态系统的模式与路径;根据突变性原理,产业生态系统是具有一定阈值的系统,超出阈值会使系统向另一个具有新的结构功能的系统状态演化,突变性原理是科学设计产业生态系统良性发展的思想基础;系统的动态平衡理论对于科学认识产业生态系统的结构与功能,并进行合理的设计与控制具有重要意义;产业生态系统具有较强的自组织能力,通过内部要素的相互流动与重组、协同与催化作用而表现出来。而对产业生态系统的破坏则会影响系统的自组织能力,导致适应能力的严重下降。总体而言,系统理论为流域产业系统环境适应性的调控模式与路径提供了思想指导。

第三节 流域产业系统环境适应性的基本内涵与特征

一、基本内涵

如前文所述,产业系统环境适应性分析最终追求的是建立产业系统与环境系统协调发展、和谐共生的产业生态系统。流域产业生态系统是依托流域水资源的开发利用建立起来的具有一定结构与功能的特殊类型系统。与其他区域不同，流域产业系统有其独特性，显著表现为上游地区属于资源密集型产业类型、中游地区则为劳动密集型与资源密集型并存的产业类型、下游地区属于资金技术密集型产业类型，由此导致了流域上下游发展之间尖锐的矛盾。但系统内部矛盾并不一定会直接导致系统自身效益的下降，只要根据流域产业发展周期，以及外界发展环境等条件变化，合理调节产业生态系统，增强流域产业系统环境适应性，也可以实现流域产业生态系统的帕累托最优状态。所谓流域产业系统环境适应性是指流域环境的改变对流域产业系统的影响，以及流域产业系统的调整以消除或抵消流域环境变化可能造成的产业系统衰退，或者流域产业系统利用流域环境变化带来的新发展机会，进而促进流域产业系统的科学发展。从适应内容分析，既有流域产业系统对于流域自身环境变化的适应，也有对于外界市场环境以及体制机制变化的适应；从适应策略分析，既有对短期环境变化的适应性调整，也有对流域环境衰退的长期发展思路与对策的调整。

环境的变化对流域产业生态系统的影响既有有利的，也有不利的，流域产业生态系统对不同的影响应该采取不同的适应性策略。另外，即使是同一环境的变化，对于流域不同区段以及不同类型和发展阶段的城市产业生态系统的影响也是各异的，这就导致了不同城市产业系统环境适应性的策略选择也是不同的。因此，流域产业系统环境适应性也可以理解为预期将要发生或实际已经发生的环境变化对产业系统结构与功能产生影响，从而迫使产业系统采取有目的的响应行为。对于流域产业系统环境适应性的理解应该注意以下几点内容。

一是适应的主体是产业生态系统，适应的客体是环境系统。产业生态系统内部以及外部环境是不断变化的，并且这种环境的变化不可避免，但是是可以认识和预测的。产业生态系统对环境变化的响应需要一定时间，最终目的是降低产业生态系统的脆弱性，增强其适应能力。

二是从适应性类型而言，适应可以是主动适应，也可以是被动适应。如果在流域产业系统已经稳固成型之后，再进行产业系统调整，则是一种被动适应行为；如果在流域产业系统兴盛发展初期主动采取措施进行产业系统的调整，则是一种主动的、预防性适应行为。

三是从经济效益角度而言，适应就是以有限的人力、物力以及财力投入换取最大的经济产出，由此而言，适应成本以及适应效果会因选择不同的适应时机、适应策略以及适应方式而有所不同。一般而言，流域产业系统稳固成型之后，再考虑产业系统适应性调整或产业系统转型的代价将远高于其兴盛发展初期。

二、基本特征

（一）以提高产业生态系统的适应能力为目的

由系统理论可知，事物演化发展是内外因素相互联系与相互作用的结果，并且外部因素通过内部因素而起作用。系统环境的变化引起系统内部结构的调整，虽然调整的程度以及方式有所不同，但最终目的都是降低系统的脆弱性，增强系统的适应能力。就流域而言，依托流域资源与管理建立的产业生态系统，其本身具有显著的时空异质性、要素禀赋的空间耦合性，以及体制机制的内在约束性。随着对流域资源的深度开发，其发展环境不断变化，如果此时期不同区段城市独自开发与各自为战，则会出现流域环境恶化以及生态破坏等问题，严重的会引发区域衰退与城市贫困，从而增强系统的脆弱性。以流域资源环境系统为研究客体，在动态发展环境中重组产业生态系统，减轻或消除环境变化对产业生态系统的不利影响，实现产业系统与生态系统的和谐可持续发展，增强流域产业生态系统的适应能力。

（二）适应性调整方向的多样性

根据城市产业逐次演进规律，城市产业一般会经历轻工业主导—轻工业与重工业并存—重工业主导—高新技术产业主导的演进过程。而流域上中下游产业生态系统的发展类型各异，上游多为资源密集型的重工业，中游多为劳动密集型与资源密集型产业，下游多为轻工业及高新技术产业。随着流域发展环境的变化，虽然流域产业生态系统适应性调整的目的是增强系统的适应能力，但是适应性调整方向具有多样性，可以采取多样化的适应性策略，如可以采取产业拓展模式，继续维持原有主导产业发展，通过主导产业上下游产业链的延伸发展，打造产业集群网络，提高产业生态系统适应性转型；可以采取产业革新模式，引导产业创新能力的培育，促进产业结构向生态化以及高级化方向发展；可以采取产业再生模式，通过新兴产业以及高技术产业的再造，提高区域持续生存能力和发展能力。

（三）适应性调整的整体性与动态性

流域产业系统环境适应性是产业系统与环境系统的整体性适应，而不是单一方面或某一要素的部分适应。流域因其流经多个区域，加之我国行政区划的约束，区域独自开发较为常见，彼此之间交流联系很少，由此导致了流域产业生态系统较为脆弱。因此，应坚持整体适应的原则，综合考虑产业系统与环境系统的适应、产业与市场条件的适应、产业与政策的适应、产业与体制机制的适应及产业与区域的适应。整体性适应是流域产业系统与环境系统耦合共生、协调共进的根本保证，也是流域可持续发展的动力来源。

另外，流域产业生态系统的发展是一个动态演化的过程，由此决定了流域产业系统环境适应方式、适应策略也是一个动态选择的过程。在流域发展初期，适应性调整策略主要依据资源禀赋情况，发挥区域优势；在流域发展兴盛时期，适应性调整策略应该重点加强区域产业对接，加强区域联系，提高区域创新能力以及共治流域生态环境；在流域发展后期，适应性调整策略应该培育与壮大支柱产业，形成流域内产业集群与网络化发展，以及共同治理流域生态破坏等问题。

第四节　国内外研究进展

一、国外研究进展

（一）流域发展研究进展

1. 流域概念演化

国外对于流域的研究相对较早，流域最早只是作为一个管理或者规划单元，侧重于水资源的开发与管理，随后经过多次演变，现在对于流域的概念仍然没有一个统一的认识。Swyngedouw 把流域看成一个自然单元（natural unit）[93]。Truman 把流域形象地比喻为"不受控制破坏性的巨人"（destructive giants unchained）[94]。Reisner 认为流域是一个综合集成项目，能够汇集诸如灌溉、航运及水电等所有功能的项目[95]。20世纪末期，随着大型水库、防洪以及灌溉基础设施的建设，流域概念逐渐被水资源的综合利用所取代[96, 97]。但早期人类对水资源的利用忽视了环境以及投入成本与开发效益，并且管理不善或者过于干涉导致水资源不合理利用，由此急需形成统一综合以及整体的概念，流域概念也由规划或管理单元转向空间分析单元[98, 99]。并且在许多国家，体制机制改革也倾向将流域作为适当的分析与协调管理单元。世界水理事会认为每个流域都应该综合管理与利用。现阶段，对流域概念广泛的共识是一定空间范围的地理单元所构成的区域[100, 101]，流域概念也经历了由注重自然属性到注重水文与管理属性最后到注重空间与地理属性的演化过程。

2. 流域开发规划与管理

自20世纪30年代以来，流域就已经被用于开发规划和管理，不同国家根据现实条件具体出台了不同类型的流域开发规划和管理。流域开发规划与管理包括三个方面的内容：规划、管理以及冲突解决。其不仅仅侧重于水资源的开发，而且寻求三者相互联系与综合利用[98]。流域开发规划与管理获得成功的关键在于以下四个重要方面：一是必须有一个研究体系，能够提供研究数据和了解流域的结构与功能；二是必须有政府部门的参与，能够确保流域开发获得实施；三是必须有私人部门的参与，这是流域开发的关键；四是必须有团体组织的参与，能够促进流域的顺利开发[102]。流域开发规划与管理提供了水资源综合利用与环境、社会以及经济发展的综合分析框架。许多学者认为采用综合的研究方法有助于理解混沌复杂性的研究[103]，但也有学者对于流域开发规划与管理的综合研究方法提出了质疑，他们认为综合的研究方法只不过是一个新的标签，但是不能清晰地揭示流域开发规划与管理的内在联系[104, 105]。另外，流域开发规划与管理往往缺少弹性，并且目标过于庞大，应该采用渐进的步骤[106]。同时基础数据以及监测数据的缺失也阻碍了流域的科学发展，因此应该采用合理的仿真模型与建立良性管理机制[107-110]。流域可持续开发与管理应该以多用途发展为目标，以综合视角通过一定的干预手段，如改善社会福利或区域条件，促进流域发展。Hufschmidt 和 Fiering 认为流域规划应该基于福利经济学的科学方法和公共政策的研究框架，从而能够适应多个目标[111]。Harmancioglu 等提出了沿海地区稀缺资源可持续管理以及水资源可持续开发与管理的优化模型[112]。Filho 提出了水资源项目框架下的流域可持续发展[113]。Nakamura 和 Guimaraes 等构建了基于生态系统的流域管理指标体系[114, 115]。

由此可以看出，国外对于流域的研究虽然经历了由注重自然属性到注重地理与空间属性的转变过程，但对流域地理属性的挖掘不足，尤其是在现今社会交叉融合发展的背景下，对跨行政区域或跨国界的流域开发研究明显不足。另外，现有研究多局限于流域的具体开发与管理对策探讨，而对流域开发评价以及驱动机制的辨识尚研究不足。

（二）产业生态系统研究进展

1. 产业生态系统内涵诠释

国外学者对于产业生态系统的内涵尚未形成统一认识，但都认为产业生态系统是一个复合系统。其中，Tibbs、Korhonen 和 Ashton 认为产业生态系统是指一定区域内相互联系的企业，遵从自然生态系统规律重塑产业系统，一个企业生产的废物可以是另一家企业的原料，最终形成企业共生网络关系[116-118]。Ayres 等认为产业生态系统是产业系统与环境系统相互作用的产物，由生产者、消费者、分解者与周围环境相互作用而形成的整体[119]。den Hond 认为产业生态系统是不同产业以及产品与环境相互作用关系的总和以及空间表现形式[120]。Erkman 认为产业代谢（industrial metabolism）是指产业生态系统中物质和能量流动的整体，基于物质平衡原则，通过基本的分析与描述方法，揭示物质的循环以及能量的流动。而产业生态化首先要了解产业系统是如何运作协调，以及与生物圈的相互作用；其次在了解生态系统的基础上，决定产业系统如何重新组织，使其与自然生态系统功能兼容[121]。Jelinski 等认为产业生态系统是自发形成的，而不是反应引起的；产业生态系统是被精心设计的，而不是附加的；产业生态系统是富有弹性的，而不是刚性的；产业生态系统是开放包容的，而不是封闭隔绝的[122]。

2. 产业生态系统组成与演化

产业生态系统的组成主体是工业生产部门，但 Allenby 和 Cooper 认为产业生态系统还应该包括资源加工者、制造者、消费者和分解者[123]。Wolf 认为对于产业生态系统的分析应该包括物质流和能量流的分析，同时也应该考虑系统内部能源利用以及能源保护[124]。Ayres 认为除资源加工者、制造者、消费者和分解者之外，产业生态系统还应该包括环境要素。Yang 和 Lay 认为产业生态系统除产业系统以及其组成部分的物质循环外，还应该延伸至企业和园区[125]。另外，产业生态系统与自然生态系统一样，也经历着由简单向复杂动态演化的过程。Allenby 提出了产业生态系统的演化发展模型，即由一级生态系统不断向二级生态系统以及三级生态系统方向演化发展[126]。虽然该模型为产业生态化的研究由静态上升为动态提供了理论支撑，但模型构建过于单一和抽象，缺乏现实的解释能力。另外，将产业系统作为孤立的系统进行研究，忽视了环境系统的作用，长期以来环境系统的作用并没有得到足够的重视。Korhonen 和 Snäkin 认为产业生态系统演化经历了单个企业独自发展—多个企业共生发展—生态产业园的过程[127]，其将 Allenby 的产业生态系统理论演化模型上升为现实模型，提高了模型的应用价值。

3. 产业生态系统构建

产业生态系统以产业系统与生态系统相互作用关系视角，重新构建设计产业运行，探求社会经济与生态协调发展的途径。Lambert 和 Boons 认为传统产业系统向产业生态系统转型的 5 项基本原则为生态链、系统整体性与个性有机结合、类型多样性、多功能性以及高效性[128]。除此之外，Cote 和 Smolenaars 还认为技术与信息的有效管理、经济工具的合理运用以及政策法规的健全与完善也是传统产业系统向产业生态系统转型的重要保障[129]。Korhonen 认为产业生态系统的构建应该遵循多样性、区域性以及循环性等原则[130]。生态产业园的构建也是产业生态化的重要实践形式，典型的生态产业园莫过于丹麦卡伦堡生态工业园[131]。但

Desrochers 认为以卡伦堡为代表的生态工业园的规划仍有局限性,其作用效果有待商榷,他认为从城市尺度出发制定更加灵活可行的产业生态政策更加具有现实意义[132]。产业生态化实践活动涉及技术、企业以及社区 3 个领域[133]:技术领域主要为企业内部以及企业之间实现废弃物的回收与再利用提供技术支撑;企业领域主要研究物质交换转移到不同企业间的其他领域的合作交流;社区领域主要关注企业群落与所在社区劳动资源、市场环境、政策法规以及其他条件相互作用。国外对于产业生态系统的研究多集中于中小尺度上的技术关联、企业群落构建以及生态产业园建设等领域[134],但局部最优并不能保证全局达到帕累托最优,因此空间研究尺度的提升成为推进产业生态化实践与发展的必然趋势。

(三)适应性研究进展

国外对适应性研究始于 20 世纪 90 年代全球环境变化适应性问题的提出,后来随着研究的不断深入,适应性研究已经提升到可持续发展能力评价与建设的内涵高度。经过几十年的不断研究,目前研究内容主要集中于以下几个方面:一是适应性内涵的解析。Schipper 认为适应性是系统应对全球环境变化而采取趋利避害的行为,以保障系统的可持续发展,并且认为系统的适应性行为明显改变了系统状态[135]。Smit 和 Wandel 则认为适应是一个过程、一种行动或者结果,并且广泛发生在不同尺度的系统之中(家庭、社区、群体、区域、国家),当其受到外界环境变化扰动时,系统能够更好地应对与调整,从而维持系统的可持续发展[49]。IPCC 认为适应性是系统应对气候变化的调整能力,包括极端情况以及异变情况下的气候变化,从而消除潜在的危害,促进系统的发展[50]。Levinthal 认为适应性是组织形式的变更[136]。Brown 和 Westaway 认为适应性是一个综合的过程,需要行为者感知信号的改变,发现这种改变的重要性,并且通过稀缺资源的分配和采取有力的措施来应对感知的威胁[137]。二是相关概念辨析。随着适应性问题的提出,众多国外学者对相关概念进行了解析。Brooks 认为因为适应性不会立即发生,所以脆弱性与适应性的关系严重依赖于时间尺度上系统所面临的风险[43]。IPCC 认为脆弱性是敏感性以及适应能力的函数[138]。Brooks 等认为适应性是系统调整行为和系统特征,能够增强系统应对外在压力的能力,通过提高适应性可以降低系统的脆弱性[139, 140]。Adger 认为风险、暴露以及适应能力是脆弱性概念的重要组成部分[141]。Gain 等认为适应能力是适应性过程的外在表现形式[142]。三是适应性框架建构与评价。Smit 等认为系统建构适应性的框架应该基于三个问题,即对什么的适应(adaptation to what)、适应谁或适应什么(who or what adapts)以及适应是如何发生的(how does adaptation occur)[143]。Klein 和 Tol 认为对适应性以及适应能力的评价应该包括系统敏感性、脆弱性以及弹性的分析[144]。Klein

和 Nicholls 提出的概念模型可以评估刺激、系统、适应性以及影响之间的关系，这些理论模型对适应性的众多影响因素的测度提供了依据[145]。影响评价模型，无论是对生态系统、经济部门还是综合区域，必然都包含了关于适应性的内容。Tol 等提出了适应性成本评估模型，其成为以后无论是适应性评价还是政府措施选择的基础[146]。Carter 等提出了一些具体步骤评估潜在的适应性策略或措施的优点、实用性以及可接受性[147]。Smith 和 Lenhart 提出了净收益以及可操作性作为中心准则进行评估预期适应政策（anticipatory adaptation policies）[148]。Titus[149]、Goklany[150]、Kleinen[151]、Klein 和 Tol[144]对众多可以用来评价适应策略的原则和模型进行了解释。适应性描述了系统对外在变化（早期侧重于气候的变化）的组织与应对能力，通过调整系统结构和功能适应外界变化[152]，适应性可以用多样性、应对力、风险、暴露以及自组织涌现等标准进行有效阐述与界定[23]，是系统内在的属性，反映了系统所具有的持续调整能力、学习能力与重组能力[49]。

二、国内研究进展

（一）产业生态系统研究进展

产业生态系统是按照生态经济学规律，基于生态系统承载力、经济运行过程高效化以及生态功能和谐化的生态型与网络化的经济系统，涉及产业系统与生态系统以及周围社会系统之间在特定空间地域范围内的耦合关系[153]。国内对于产业生态系统的研究主要集中于以下四个方面。

第一，产业生态系统的内涵解析。张晶认为产业生态系统是一定区域内，遵循自然生态系统规律形成的产业与产业以及产业与周围环境之间物质能量循环利用与流动以及信息共享的有机整体，最终目标是区域的可持续发展[154]。李慧明等认为产业生态系统是通过构建多层次、立体型以及循环型的物质和能量转换与利用网络，实现系统内部物质与能量的永续利用[155]。施晓清认为产业生态系统是企业及其消费群体与周围环境共同组成的一个具有自我调节能力的自组织系统[156]。产业生态系统具有系统的一般特征，如整体性、生态性、层次性、开放性以及动态性[157,158]，汤慧兰和孙德生认为产业生态系统具有以下显著特征：一是系统内部物质与能量的循环流动与利用；二是系统组成部分的动态演化；三是系统内部企业共生关系相互作用导致系统具有脆弱性；四是系统既受生态规律支配，又受市场规律制约的双重性[159]。

第二，产业生态系统评价指标体系构建与研究方法选择。高晓瑾等从宏观、中观以及微观角度构建了济南市产业生态化评价指标体系[160]。武春友等从结构、技术以及外部性3个角度评价了产业生态系统的稳定性[161]。陆宏芳等构建了产业生态系统能值分析指标体系，将能值分析引入产业生态学的研究领域[162]。施晓清等基于物质流分析方法提出了物质输入—资源使用—产品输出—物质能量循环利用四方面的产业生态系统资源代谢分析指标体系和资源代谢问题树分析方法[163]。王瑾等基于香农多样性指数对产业生态系统结构多样性进行了评价[164]。陆宏芳等基于开放性、地方性、封闭循环以及经济性等要素，构建了区域产业生态系统指标体系[165]。

第三，对产业生态系统演化发展动力机制研究。郭莉等基于哈肯模型建立了产业生态系统演化方程，并对其演化机制进行了定量研究[166]。杨建超认为创新机制和选择机制是产业生态系统演进的两种主要机制[167]。李周认为产业生态系统演进动力主要来源于资源耗竭和环境恶化的外部压力以及技术进步与产业优化升级的内部驱动[168]。王如松认为产业生态系统演进动力主要来源于自然和社会两种力量[169]。王兆华也认为产业生态系统共生网络的构建来源于外部推动与内部驱动[170]。

第四，对于产业生态系统转型发展具体对策研究。袁增伟等提出了产业生态化的具体路径与转型模式[171]。李云燕认为产业生态系统的构建关键在于物质与能量闭路循环利用的生态产业链与生态产业共生网络[172]。耿涌和王珺认为大力推进循环经济和节能减排，提高产业生态系统的总体绩效，可以实现经济、环境与社会的良好发展[173]。张睿和钱省三认为企业集群互惠是产业生态系统良性发展的驱动力，成员多样性是维持产业生态系统稳定性的基础和前提，成员协同共进模式是维持产业生态系统稳定性的保证[174]。董岚从经济、法制、科技人才以及公众参与4个方面提出了产业生态系统的具体对策[175]。

（二）适应性研究进展

20世纪90年代中期以来，在借鉴国外研究的基础上，国内对适应性开始了广泛研究，主要集中于以下几个方面：一是适应性概念解读。适应是指系统能够通过适当改变系统自身内在情况以适应一定范围内环境的变化，从而保证系统生存、发展和演化的能力[51]。适应能力的改变是系统学习能力、技术进步以及文化实践综合作用的结果，并且存在主动适应与被动适应。陈宜瑜认为适应是人类社会面对预期或实际发生的全球变化的系统功能、过程或结构所产生的影响而采取的一种有目的的响应行为，适应的核心是趋利避害[176]。二是适应性指标选取与评价。仇方道等基于产业生态系统适应性特点，构建了易损性、敏感性、稳定性以及弹性4个属性对东北地区矿业城市产业生态系统适应性进行了评价[177]。高迎春和佟连军基于敏感性、多样性、恢复力以及涌现等属性构建了吉林省产业系统适应性评价模型[76]。潘志华和郑大玮认为适应性研究内容应该包括适应性影响识别、理论研究以及技术支撑3个方面[178]。吕鸿江等将组织适应性的驱动因素概括为3个方面,即组织环境因素、组织战略因素以及组织内各子系统因素[179]。三是适应性策略选择。罗佩和阎小培认为整体性、灵活性、可生长性和延续性、适宜性以及可识别性是适应性城市形态构建的原则与方法[180]。刘晓清等提出了黄土高原应对气候暖干化的适应对策,即加强水资源管理,充分利用节水保水技术,实施保护性耕作,加强气候变化可预测性研究以及加强气候变化区域影响和适应能力的研究[181]。夏军等对中国4个典型案例区域进行研究,提出了甄别气候变化影响以及适应性管理的新思路、框架以及方法论[182]。居辉和韩雪提出了我国的适应性策略选择,即参与国际适应行动交流、积极争取国际适应基金、参与适应基金保证机制探讨以及加强气候变化行动的国际宣传力度[183]。王文杰等对生态系统适应性循环过程进行了研究,并且从各系统恢复力属性特征出发,提出了具体的适应性管理方法与模式[184]。总的来看,国内对于适应性的研究也相对丰富,且研究尺度涉及全国[185,186]、省域[187,188]及城市尺度[180],也探讨了农业、林业等不同产业部门对气候变化的适应行为以及适应对策[189,190],对国民经济发展起了重要作用。

(三)松花江流域产业系统与生态环境关系研究进展

20世纪90年代以来,压缩型工业化、畸形城镇化及人口与产业的空间集聚所引起的松花江生态经济走廊资源环境问题,受到了社会各界的广泛关注,使得建立与资源环境承载能力相适应的产业系统,增强产业系统的环境适应性,成为流域促进经济发展方式转变的迫切要求,并且这一问题也是国家"十三五"时期乃至更长时期关注的焦点。回顾关于松花江生态经济走廊产业系统与生态环境关系的研究,发现其主要集中在以下几个方面:一是关于产业发展对资源环境关系的影响。史晋娜主要通过吉化爆炸事件引发松花江污染探讨了重化工业布局优化问题[191]。杨丽花和佟连军利用耦合协调度模型对吉林省松花江流域经济发展与水环境质量时空耦合特征进行了研究[192]。张士锋和孟秀敬具体研究了粮食增产背景下松花江水资源承载力的影响[193]。二是关于环境污染特征研究。杨丽花对吉林省松花江流域工业污染物的结构特征进行了研究,并且认为石化产业、农产品加工业以及造纸业是吉林省松花江流域污染物排放量最大的产业[194]。邹婷婷等对松花江上游地区汞污染的空间格局特征进行了研究[195]。张凤英等对松花江沉积物重金属时空变化与来源进行了分析[196]。孙清芳等以多环芳烃视角对松花江环境风险进行了评价研究[197]。崔世荣等对松花江水中化学需氧量与生化需氧量的相关性进行了研究[198]。郝立波等对吉林省松花江悬浮重金属元素的空间分布特征进行了分析[199]。总体而言,松花江水污染具有入河污水量大与点面源并重、有机污染严重与有机毒物突出、大城市排放集中、水污染趋势加重与冰封期问题突出、污染事故风险高五大特征[200,201]。

通过以上分析可以看出，有关松花江生态经济走廊产业系统与资源环境关系的研究并不多见，在推进生态文明建设背景下，如何评估流域产业系统环境适应性及其变化趋势，如何测度资源环境对产业体系支撑能力，产业系统环境适应行为选择的影响因素，等等，将成为松花江生态经济走廊经济发展方式转型过程中必须解决的问题。

三、研究述评与展望

（一）研究述评

产业生态学是20世纪80年代兴起的学科，虽然研究方法和产业生态学思想不断扩充，学科研究框架基本成形。但由于研究学科发展较晚，理论基础较为薄弱。国内外对于产业生态系统的研究还存在许多不足，尤其表现在以下几个方面：一是对产业生态系统定性研究有余，定量研究不足。定性研究虽然可以对产业生态系统进行描述与分析，但难以揭示产业生态系统的演化过程以及比较区域之间产业生态化发展程度，并且对区域产业生态系统的演进机制辨识不足，难以发现产业生态系统内部存在具体的以及可操作性的问题，难以提出具体针对性的建议，这势必会影响产业生态系统的科学发展。二是过分重视产业生态系统微观尺度的研究，而对中观尺度的研究不足。现有研究多集中于产业生态系统内部清洁生产技术的运用、企业共生网络构建以及生态工业园的规划等微观尺度的研究，而对城市与区域等中观尺度产业生态系统的研究尚未引起足够的重视。三是过于关注产业生态系统内部循环体系的构建，忽视了区域共生网络的发展，并且现有研究往往注重产业生态系统自身演化发展，忽视了产业生态系统内外部条件的变化对其适应能力的影响分析。

另外，适应性是基于20世纪90年代全球环境变化适应性问题的提出而发展起来的，由于研究相对较晚，国内外对其研究还存在着诸多不足，尤其表现在以下几个方面：一是对适应性的研究还缺乏理论层面的探讨，尚未将适应性研究的范式引入人文地理学的研究之中，其对地理学科的理论价值与学科意义还缺乏足够的重视；二是目前对于适应性的研究往往局限于面对气候变化的适应性研究，而对于区域适应性以及产业系统与环境系统的适应性问题研究较少；三是对于适应性概念以及适应性策略的研究较多，而对于适应能力综合评价以及适应性机制的深入挖掘不足。由此可见，在人文地理学与生态经济学交叉融合背景下，把适应性研究作为区域可持续发展理论的重要方面引入相关学科的研究之中，结合国家战略方针以及现实需求，选择自然生态与社会人文双重环境变化的敏感区域进行深入研究尤其具有紧迫性和现实意义。

（二）研究展望

基于适应性分析视角研究产业系统与生态环境系统的关系有着广阔的应用前景，但对于国内产业生态系统的研究尚缺乏有解释力的产业生态系统耦合发展的理论支撑。现有研究的理论支撑多是欧美发达国家已有理论，如产业生态学、循环经济以及环境库兹涅茨曲线等引进、介绍与应用，同时现有研究热衷于以生态工业园为载体的产业生态共生系统的设计。但与国外相比，国内产业系统变化尤其快速与剧烈，同时对生态环境系统影响也更为深刻与强烈，所以直接套用国外理论难以准确解释国内产业生态系统交互耦合的作用机理。

一方面，现有研究对流域产业生态系统的探讨不足。现有研究往往基于脆弱性视角研究区域单一方面的研究，但流域是包括多个区域在内的综合区域，流域发展转型不仅是产业转型，而且包括社会、经济、文化、制度在内的整个区域系统的转型，但产业转型始终是流域转型发展的关键支撑。国内研究往往将产业与环境人为割裂，就产业论产业，就环境论环境，缺乏系统性。因此，基于适应性分析范式，从产业生态系统的视角，探讨流域转型发展问题，有着广阔的应用空间。

另一方面，对流域产业生态系统的研究缺乏新方法与新技术的应用。回归分析、相关分析以及主成分分析等传统计量方法，由于对事物关系的描述较为简单，难以全面系统地揭示流域产业系统与生态环境系统的复杂关系。同时物质流、能值分析以及生态足迹等产业生态学方法虽然能够揭示产业系统对生态环境系统的影响程度，但难以刻画产业生态系统的共生关系。而适应性分析，从产业生态共生系统出发，通过对产业系统与生态环境之间物质能量输入与输出关系的度量，构建产业生态系统适应性评判模型，揭示产业生态系统的适应性格局—过程—机理，进而科学地提出适应性转型对策。因此，综合经济学、地理学、环境学与生态学的相关学科优势，采用新的技术与方法，研究流域产业系统与生态环境系统适应性的格局—过程—机理，揭示产业生态系统适应性耦合的规律，成为产业生态学、经济地理学及人文地理学新的研究方向与发展趋势。

本 章 小 结

第二章主要对本书所涉及的基本概念以及基础理论进行系统梳理、归纳总结与再认识。产业系统环境适应性研究最终追求的是建立产业系统与环境系统协调发展、和谐共生的产业生态系统，由此要求在产业生态化具体实践过程中，既要考虑产业系统的经济效益，又要注重环境效益。另外，产业生态学又是一门从有限理论内核出发迅速推向实践的新兴交叉学科，由此更有必要对其理论基础层面进行补充与增强。生态经济学理论为流域产业系统环境适应性研究提供了坚实的理论基础，循环经济理论对产业培育以及产业生态化转型具有重要的指导作用，可持续发展理论为本书研究提供了全新的理念，系统理论则为本书研究提供了有效的分析工具。

第三章　吉林省松花江流域产业环境系统的形成与演化

第一节　研究区域界定与发展概况

一、研究区域界定

松花江是我国七大重要河流之一，直接贯穿黑龙江省与吉林省，是东北老工业基地生存发展的基础和命脉。松花江分为南北两源，北源为嫩江，发源于大兴安岭地区，南源为西流松花江，发源于长白山天池，南北两源在三岔河口汇聚组成松花江干流。基于计算方便和数据可获得性等原因，本书所要研究的区域是指松花江（吉林省段）从上游至下游依次流经的吉林市、长春市、松原市和白城市 4 市及其所管辖区域，流域面积为 133 684km²，占吉林省总面积的 70%[194]。吉林省松花江流域是吉林省人口分布最为集中、工农业最为发达以及交通最为便捷的地区，吉林省松花江流域的发展对吉林省整体社会经济发展起到至关重要的作用。

二、研究区域发展概况

（一）自然环境

综合地形地貌等条件，吉林省松花江流域可以分为四段，即河源段、上游段、丘陵区段以及下游段。其中，从西流松花江源头到两江口（头道江与二道江汇合处）为河源段。河源段长度为 255.7km，河源段全部位于长白山地区，山岭连绵，森林茂密，植被覆盖率较高，较大的支流为五道白河、古洞河和头道江。从两江口到吉林市丰满水电站坝址为上游段。上游段长度为 208.1km，较大的支流为蛟河和辉发河，并且在上游段已建成白山、红石和丰满等梯级水电站。从丰满水电站到长春市九台区沐石河口为丘陵段。丘陵段长度为 190.7km，丘陵段河谷开阔，较大支流有温德河、鳌龙河和沐石河，并且呈不对称的河网型分布于左岸，主要为工农业发展区。从沐石河口到西流松花江河口为下游段。下游段长度为

170.9km，下游段河谷较宽，沙丘、汊河、串沟和江心洲岛广布，饮马河为下游段唯一较大的支流，且分布于左岸，右岸支流很少。

吉林省松花江流域地形条件复杂多样，依次流经东南长白山山地、中部山前台地以及中西部松嫩平原地区，已经形成了由东南向西北地区、由上游到下游地区逐渐倾斜的条形倾斜面。其中，低山丘陵面积是吉林省松花江流域主要的地形类别，分别占流域总面积的29.0%和28.3%，其次台地、平原以及洼地面积占流域总面积的26.5%，其余是中山面积，约占流域总面积的16.2%。

吉林省松花江流域为温带大陆性季风气候，冬季严寒漫长，夏季凉爽短促，降水集中于夏季，且降水时空以及年内分布不均，平均降水量维持在400～900mm，呈现出由东南山区向西北台地平原递减的趋势。另外，年内降水集中于7～8月，这两个月的降水量占全年降水量的70%～80%。研究区域年际温差较大，多年平均气温维持在-3～5℃。

（二）社会经济发展

1. 时序演化特征

吉林省松花江流域社会经济发展最早可以追溯到公元前3世纪，部分山东以及河北农民迁徙至东北辽阳和独石口地区。此时期吉林省松花江流域是肃慎、东胡和扶余等部落游猎地区，其经济发展水平尚处于游猎与畜牧阶段。

吉林省松花江流域社会经济在唐代处于兴盛发展时期，中原文化以及移民的涌入促进了流域的开发。但是唐代以后，游牧民族对工农业发展的轻视，导致了原有经济发展基础遭到了重创，流域社会经济发展处于低潮期。

清朝中期以来，随着人口的迅速增长以及山东、河北、河南等地区发生自然灾害，一部分农民突破清政府封禁限制，移居东北地区，促进了东北地区的开发进程。鸦片战争以后，清政府迫于内外压力，取消了封禁制度，东北地区完全开放，农业地区迅速扩展。

19世纪末期至20世纪初期，帝国主义势力入侵东北地区，原有的封建农业体制土崩瓦解，半殖民地性质的经济体制逐渐形成。"九一八"事变之后，东北地区被日军侵占，经济发展发生了重大转变，由以榨油、面粉加工以及酿造等为主的轻工业转向了以钢铁、机械以及化学等为主的重工业。

中华人民共和国成立以后，凭借着资源能源优势和原有发展基础，东北地区成为国家"一五"和"二五"时期重工业生产基地，多项国家重点项目的建设奠定了东北地区的工业体系与产业布局，带动了区域的快速发展。吉林省松花江流域很快形成了以长春市和吉林市为核心的工业基地。其中，长春市重点发展汽车制造、机械装备以及光电子、轻纺等产业；吉林市重点发展石油化工、碳塑制品以及造纸等产业。

由于中华人民共和国成立以来统计资料数据并不完整，长春市和白城市主要经济指标数据从 1987 年以后开始统计，松原市从 1992 年以后开始统计，而吉林市则是在 1949 年以后就已经开始统计，并且吉林市长期作为吉林省的经济与文化中心，也是研究区域社会经济发展的主要贡献者，所以 1949~1992 年以吉林市为样本进行分析，一定程度上也可以代表研究区域的社会经济发展情况。表 3-1 系统梳理了 1949~1992 年吉林市总人口、GDP、第一产业增加值、第二产业增加值、第三产业增加值情况。

表 3-1 1949~1992 年吉林市主要经济发展指标数值

年份	总人口/万人	GDP/亿元	第一产业增加值/亿元	第二产业增加值/亿元	第三产业增加值/亿元	年份	总人口/万人	GDP/亿元	第一产业增加值/亿元	第二产业增加值/亿元	第三产业增加值/亿元
1949	163.75	2.38	1.50	0.42	0.47	1971	331.11	18.12	5.33	9.99	2.81
1950	167.64	2.84	1.68	0.62	0.55	1972	339.66	16.78	3.59	10.51	2.70
1951	165.50	3.11	1.61	0.83	0.68	1973	348.79	18.46	4.78	11.21	2.47
1952	172.42	3.94	1.96	1.15	0.84	1974	352.87	19.21	5.12	11.40	2.62
1953	184.93	4.44	1.82	1.47	1.15	1975	358.79	19.84	5.34	11.72	2.74
1954	188.20	4.75	1.86	1.77	1.12	1976	364.72	19.24	4.51	11.92	2.81
1955	196.04	5.14	2.10	1.86	1.18	1977	369.19	20.36	4.56	12.81	2.99
1956	200.82	5.95	1.98	2.51	1.46	1978	374.90	22.59	5.14	14.18	3.27
1957	205.60	6.47	1.93	2.99	1.55	1979	381.12	22.58	4.10	14.86	3.62
1958	212.40	7.96	2.26	3.98	1.72	1980	101.80	24.27	3.95	16.17	4.16
1959	222.15	9.75	2.34	5.52	1.89	1981	388.81	25.61	5.22	15.82	4.78
1960	238.12	11.27	1.97	6.93	2.37	1982	394.72	28.07	6.59	16.26	5.34
1961	244.66	8.82	2.13	4.46	2.08	1983	393.81	31.81	7.89	17.75	6.17
1962	251.20	8.66	2.27	4.38	2.05	1984	394.37	39.71	9.00	23.19	7.52
1963	261.57	9.73	2.77	5.10	1.89	1985	395.87	44.97	7.92	27.89	9.16
1964	272.05	10.36	2.75	5.74	1.90	1986	397.14	52.90	8.79	32.15	11.97
1965	279.46	11.99	3.24	6.75	2.00	1987	399.88	60.08	8.98	38.93	12.17
1966	286.88	12.65	3.17	7.48	2.00	1988	403.12	73.25	10.71	46.61	15.93
1967	294.41	11.89	3.59	6.22	2.08	1989	406.42	79.76	8.69	51.53	19.54
1968	302.18	10.46	3.51	4.85	2.11	1990	409.45	84.57	14.14	50.66	19.76
1969	310.35	12.02	2.33	7.25	2.44	1991	415.16	95.53	13.97	56.33	25.23
1970	320.73	17.50	5.31	9.69	2.50	1992	416.78	108.30	14.62	61.33	32.35

资料来源：《吉林市社会经济统计年鉴》（1950~1993 年）。

中华人民共和国成立以来，吉林市社会经济发展指标均有长足的进步，其中

GDP、第一产业增加值、第二产业增加值以及第三产业增加值分别由 1949 年 2.38 亿元、1.50 亿元、0.42 亿元及 0.47 亿元上升至 1992 年的 108.30 亿元、14.62 亿元、61.33 亿元及 32.35 亿元，年均增长率分别高达 9.28%、5.44%、12.29%、10.34%。以 GDP（y）代表因变量，以第一产业增加值（x_1）、第二产业增加值（x_2）以及第三产业增加值（x_3）为自变量，做多元回归分析，将回归系数标准化，得到回归方程为 $y = 0.132x_1 + 0.614x_2 + 0.265x_3$（sig.$t$＜0.001），其中 sig.$t$ 为差异性显著的检验值，若 sig.t 小于 0.05，则表示差异显著。由此可见，中华人民共和国成立以来吉林市社会经济发展主要依赖于工业的大力发展，中国石油天然气股份有限公司吉林石化分公司、吉林电极厂（现吉林炭素有限公司）、吉林铁合金厂（现吉林铁合金有限责任公司）以及丰满水电站等大型项目在吉林市落户发展，奠定了吉林重化工业的发展格局。

另外，吉林市社会经济发展基于国家投资驱动，受外部因素扰动作用明显，其社会经济发展可以明显分为 5 个阶段。

第 1 阶段为缓慢发展阶段（1949～1960 年）。中华人民共和国成立以来国家百废待兴，工业基础薄弱，工业部门残缺不全。在这样的背景下，国家审时度势，提出了第一个五年计划，并且在吉林省布置了 11 项国家重点工程，仅吉林市就达到了 7 项。积极恢复与改建原有工业企业，新建和迁入了部分民用工业企业，轻工业得到了一定程度的发展，国民工业企业进一步发展壮大。大型项目外部拉动和本地企业内生作用促进了吉林市的社会经济的发展。

第 2 阶段为波动发展阶段（1961～1969 年）。1963～1966 年经过了 3 年国民经济调整，吉林市工业生产进入了短暂的稳定发展时期，如 1964 年吉林市毛纺织厂和吉林化学纤维厂建成运营，1965 年吉林化学工业公司二期工程建设投产，使大型化工基地的生产技术水平跃上了一个新台阶。但 1966 年以后"文化大革命"运动对国民经济发展产生了较大影响，造成了国民经济比例的严重失调，加之中国与苏联关系的紧张，社会经济发展得不到苏联技术与人才的支持，呈现出波动发展的特征。但吉林市由于前期国家重点投资的拉动，已经具有了部分经济发展基础，虽然外部因素影响了吉林市社会经济发展势头，但总体来说经济逐年增长。

第 3 阶段为稳定发展阶段（1970～1982 年）。此时期政府对前期社会经济发展的错误认识进行了总结，按照"调整、改革、整顿、提高"的方针政策合理安排国民经济，吉林化纤厂（现吉林化纤集团有限责任公司）和长山化肥厂（现中化吉林长山化工有限公司）等中型项目建成，并且对效益不好的企业实行关、停、并、转。特别是十一届三中全会以后，提出了改革开放的政策方针，吉林市经济出现了快速发展的势头。GDP 由 1970 年的 17.50 亿元上升至 1982 年的 28.07 亿元，并且这一时期工业化程度有所增强，第三产业发展程度不断加快。

第 4 阶段为快速发展阶段（1983～1989 年）。经过改革开放前期的孕育发展，此时期坚持以经济建设为中心，大力进行工业化的发展，吉林市社会经济进入了快速发展时期，GDP、第一产业增加值、第二产业增加值以及第三产业增加值年均增长率分别高达 16.56%、1.62%、19.44%以及 21.18%，并且这一时期也加强了企业内部的改革，提升了企业技术水平，加大了能源、建材等工业部门的投资力度，缓解了能源、建材的紧张局面。

第 5 阶段为衰退发展阶段（1990～1992 年）。随着国家投资重点的东移和南移，东北地区经济发展失去了政策与资金优势，加之原有矿产资源的不断锐减，使得东北经济发展失去了资源基础。另外，长时期建立的大量国有企业社会负担和包袱过于沉重，技术发展水平落后，难以适应市场经济的要求，从而造成企业经济效益严重下滑，企业发展步履维艰，"东北现象"广为盛行，也导致了吉林市社会经济呈现出衰退发展趋势。

20 世纪 90 年代以来，流域经济经过了一段时期的缓慢发展后，进入了快速发展时期。"东北现象"的广为发生导致了流域发展进入了低潮期，经济增长乏力，主导产业以及优势产品竞争力不断下降，经济效益下滑明显，社会失业以及生态环境破坏现象严重。2003 年国家提出了东北振兴战略，对于东北地区发展重新给予政策、资金与技术支持，在外部推动作用下，流域经济发展重新焕发了生机。从表 3-2 可知，2003～2014 年吉林省松花江流域 GDP、第一产业增加值、第二产业增加值以及第三产业增加值年均增长率分别高达 14.90%、9.52%、16.06%以及 15.21%。以 GDP（y）代表因变量，以第一产业增加值（x_1）、第二产业增加值（x_2）以及第三产业增加值（x_3）为自变量，做多元回归分析，将回归系数标准化，得到回归方程为 $y = 0.087x_1 + 0.504x_2 + 0.409x_3$（sig.$t<0.001$），虽然此时期流域经济发展仍然依赖于工业化的拉动作用，但与前一阶段相比，第三产业对于经济发展的拉动作用更加明显，第一产业的作用不断弱化，流域经济发展呈现出由单核驱动向双核驱动模式转变。

表 3-2　1993～2014 年吉林省松花江流域主要经济发展指标数值

年份	总人口/万人	GDP/亿元	第一产业增加值/亿元	第二产业增加值/亿元	第三产业增加值/亿元	年份	总人口/万人	GDP/亿元	第一产业增加值/亿元	第二产业增加值/亿元	第三产业增加值/亿元
1993	377.77	115.01	26.44	54.71	33.85	1997	394.17	239.10	59.25	95.19	82.02
1994	380.85	152.82	38.05	69.96	44.81	1998	395.46	273.79	64.02	104.44	98.28
1995	386.44	184.25	43.12	82.32	58.25	1999	398.18	313.51	68.34	124.31	121.64
1996	390.65	220.88	55.39	92.58	70.04	2000	401.00	358.38	63.03	150.48	144.87

续表

年份	总人口/万人	GDP/亿元	第一产业增加值/亿元	第二产业增加值/亿元	第三产业增加值/亿元	年份	总人口/万人	GDP/亿元	第一产业增加值/亿元	第二产业增加值/亿元	第三产业增加值/亿元
2001	403.31	393.55	69.42	167.00	157.13	2008	419.71	1227.44	147.90	614.09	462.91
2002	405.36	490.64	81.65	210.36	193.37	2009	420.55	1400.82	156.17	694.94	549.77
2003	407.62	572.17	90.14	257.81	224.21	2010	421.42	1669.43	180.42	846.38	642.64
2004	408.90	665.11	97.46	312.31	255.38	2011	422.44	2031.67	210.44	1037.50	783.73
2005	410.03	662.75	101.53	307.63	255.58	2012	419.40	2276.90	231.32	1142.72	902.88
2006	412.61	783.48	105.34	382.45	295.78	2013	415.97	2490.86	241.31	1263.16	986.40
2007	415.81	983.28	124.06	497.20	366.21	2014	414.70	2636.80	245.06	1327.31	1064.44

资料来源：《吉林统计年鉴》（1994~2015年）。

通过以上分析可知，研究区域早在"一五"计划体制时期就形成了重型产业结构，随后社会经济发展基本延续了重型产业的总量扩张。研究区域形成的独特的重型产业发展也是承担国家宏观产业布局职能的需要，依赖于国家投资驱动，并且直接面向生产领域，较少面向消费领域，受国家宏观调控以及经济波动影响较大。

研究区域产业发展虽建立在国家投资基础之上，但是也深深根植于当地资源禀赋优势，依赖物质与能源的大量消耗实现产业的规模扩张与总量增长。随着工业化的大力推进，对于资源能源等物质需求增加，但在矿产资源等不断趋紧的情形下，工业发展能力严重受到了"瓶颈"制约，由此决定了研究区域产业的发展既受外部条件扰动，又受内生条件的约束，产业发展速度不可能长时期保持快速发展。同时这种物质消耗型增长不依赖于结构优化的基础，反而会强化陈旧畸形的产业结构，迫使结构性矛盾不断突出，高投入、低产出的粗放式经济运行方式将会在很长一段时期内盛行。

2. 空间分异特征

本部分可用崔王指数和泰尔指数定量测定吉林省松花江流域社会经济空间分异特征。其中，崔王指数是由香港学者崔启源与王友强根据沃尔夫森指数利用"两极分化"和"扩散增加"两个部分排序公理概括得出[202]，定量测度区域经济发展极化现象，具体计算公式如下[203, 204]：

$$\mathrm{TW} = \frac{\theta}{N}\sum_{i=1}^{k}\pi_i\left|\frac{y_i-m}{m}\right|^r \tag{3-1}$$

式中，N 为研究区域总人口数；π_i 为 i 地理区域人口数；k 为地理区域个数；y_i 为 i 地理区域的人均 GDP；m 为 i 地理区域人均 GDP 的中值；θ、r 为常数，通常取 $\theta=1$，$r=0.5$。$TW \in (0,1)$，TW 越趋近于 1，说明区域经济极化现象越明显。

泰尔指数最早在 1967 年由 Theil 和 Henri 首次提出，后来被广泛应用于经济发展及收入分配是否均衡的问题[205]，泰尔指数越大说明区域发展不均衡程度越大。泰尔指数最大优点是可以进行空间分解，即泰尔指数可以分解为区域组间差异和区域组内差异，其可以较好测度组间差异和组内差异对总体差异的贡献程度，具体计算公式如下[206]：

$$T_{zi} = \sum_j \frac{G_{ij}}{G_i} \ln \frac{G_{ij}/G_i}{P_{ij}/P_i} \tag{3-2}$$

$$T_{wi} = \sum_i \frac{G_i}{G} \sum_j \frac{G_{ij}}{G_i} \ln \frac{G_{ij}/G_i}{P_{ij}/P_i} \tag{3-3}$$

$$T_{si} = \sum_i \frac{G_i}{G} \ln \frac{G_i/G}{P_i/P} \tag{3-4}$$

$$T_z = \sum_i \sum_j \frac{G_{ij}}{G} \ln \frac{G_{ij}/G}{P_{ij}/P} = \sum_i \frac{G_i}{G} \sum_j \frac{G_{ij}}{G_i} \ln \frac{G_{ij}/G_i}{P_{ij}/P_i} + \sum_i \frac{G_i}{G} \ln \frac{G_i/G}{P_i/P} = T_{wi} + T_{si} \tag{3-5}$$

式中，i、j 分别为第 i 组以及第 j 地级市；T_z、T_{zi}、T_{wi}、T_{si} 分别为区域差异、第 i 组内差异、组内差异及组间差异；G_{ij}、G_i、G 分别为第 i 组内第 j 地级市的 GDP、第 i 组 GDP 以及研究区域总 GDP；P_{ij}、P_i、P 分别为第 i 组内第 j 地级市总人口、第 i 组总人口以及研究区域总人口。泰尔指数取值介于 0~1，越趋近于 1，说明区域之间经济发展差异性越大，极化现象严重，反之区域之间经济发展差异性越小，区域呈现均衡发展态势。

利用 1994~2014 年这 21 个时间截面数据计算吉林省松花江流域崔王指数和泰尔指数，分析研究区域社会经济发展情况，计算结果见表 3-3 和表 3-4。

表 3-3　1994~2014 年吉林省松花江流域崔王指数

年份	TW	年份	TW	年份	TW
1994	0.5003	1998	0.5934	2002	0.6299
1995	0.5113	1999	0.5191	2003	0.6098
1996	0.5527	2000	0.6069	2004	0.5870
1997	0.5839	2001	0.5922	2005	0.6341

续表

年份	TW	年份	TW	年份	TW
2006	0.6537	2009	0.5662	2012	0.5456
2007	0.6594	2010	0.5492	2013	0.5202
2008	0.6579	2011	0.5632	2014	0.5106

表 3-4 1994~2014 年吉林省松花江流域泰尔指数

年份	T_{zi}				T_{wi}	T_{si}	T_z
	长春市	吉林市	松原市	白城市			
1994	0.0876	0.0721	0.0013	0.0018	0.1628	0.0219	0.1847
1995	0.0434	0.0827	0.0041	0.0015	0.1316	0.0303	0.1619
1996	0.0576	0.0673	0.0067	0.0012	0.1329	0.0256	0.1585
1997	0.0600	0.0559	0.0119	0.0036	0.1315	0.0344	0.1659
1998	0.0692	0.0476	0.0070	0.0030	0.1267	0.0428	0.1695
1999	0.0809	0.0171	0.0086	0.0021	0.1087	0.0467	0.1554
2000	0.1036	0.0151	0.0113	0.0022	0.1322	0.0570	0.1892
2001	0.1166	0.0147	0.0128	0.0036	0.1477	0.0621	0.2098
2002	0.1136	0.0115	0.0113	0.0011	0.1375	0.0664	0.2039
2003	0.0982	0.0151	0.0104	0.0008	0.1246	0.0640	0.1886
2004	0.1058	0.0126	0.0101	0.0013	0.1297	0.0595	0.1892
2005	0.0978	0.0211	0.0219	0.0009	0.1416	0.0412	0.1828
2006	0.0785	0.0225	0.0310	0.0013	0.1333	0.0381	0.1714
2007	0.0718	0.0257	0.0262	0.0011	0.1248	0.0287	0.1535
2008	0.0807	0.0202	0.0210	0.0009	0.1228	0.0235	0.1463
2009	0.0623	0.0178	0.0168	0.0010	0.0980	0.0209	0.1189
2010	0.0576	0.0185	0.0135	0.0007	0.0903	0.0172	0.1075
2011	0.0564	0.0178	0.0128	0.0007	0.0877	0.0156	0.1033
2012	0.0538	0.0160	0.0109	0.0006	0.0812	0.0151	0.0963
2013	0.0623	0.0150	0.0091	0.0007	0.0871	0.0152	0.1023
2014	0.0705	0.0145	0.0085	0.0008	0.0943	0.0135	0.1078

由图 3-1 可以看出，吉林省松花江流域崔王指数经历了波动上升到波动下降的过程，区域经济极化态势呈现出由逐渐增大到相对缩小的过程。不同时期，吉林省松花江流域区域经济差异变化不同，可以明显分为 3 个阶段：1994～1998 年，这一时期崔王指数不断上升，极化态势不断增大，极化现象突出；1999～2007 年，这一时期崔王指数呈现谷—峰—谷—峰—谷—峰的变化趋势，但总体呈现波动上升趋势，这表明研究区域极化现象有加重趋势；2008～2014 年，这一时期崔王指数显著下降，由 2008 年的 0.6579 降至 2014 年的 0.5104，年均递减率为 4.14%。

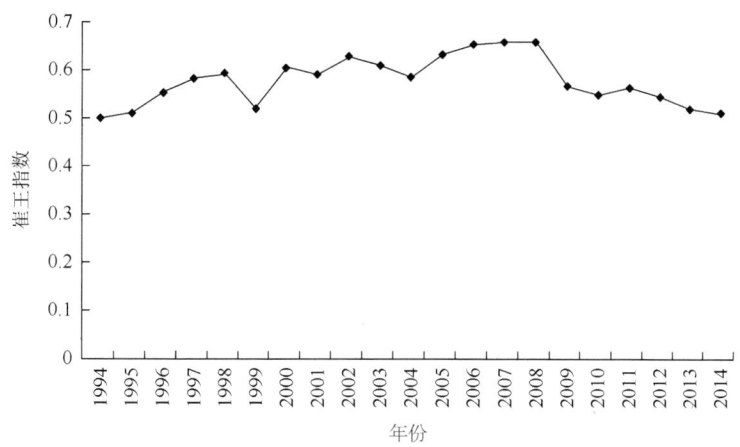

图 3-1　1994～2014 年吉林省松花江流域崔王指数

长春市和吉林市长期作为吉林省经济发展的核心，汇聚了区域发展所需的要素，是区域发展的增长高地。而 20 世纪 90 年代中期以后产生的"东北现象"以及"新东北现象"阻碍了经济发展势头。2003 年以后随着东北振兴战略的提出与不断实施，产业结构不断优化升级，区域整体发展水平逐步提升。按照增长极理论，区域经过一段时期集聚发展阶段之后开始进入扩散发展阶段，涓滴效应开始出现，长吉区域与周围区域之间的关系不再是剥夺与被剥夺的关系，逐渐成为相互联系的紧密整体，促使区域之间的差距不断缩小。

利用泰尔指数对 1994～2014 年吉林省松花江流域区域经济总体差异进行测定（图 3-2）。由于现行统计数据以行政单元为基础，基于数据可获得性、行政单元完整性以及可比性等因素，特将吉林省松花江流域经济差异划分为长春市、吉林市、松原市及白城市 4 个地级市之间差异以及 4 个地级市各自内部差异。

由图 3-2 可知，长春市和吉林市组内差异最为明显，但 2002 年以后长春市组内差异呈现逐年缩小的趋势，而 1999 年以后吉林市组内差异呈现较小的态势。松原市组内差异呈现先上升后下降的发展特征，白城市组内差异长期稳定在较低水平。以上分析说明了长春市和吉林市极化现象较为突出，但经历了一段集聚发展之后开始进入了扩散发展阶段，周围地域获得了发展良机，如松原市组内差异整体呈现出与长春市组内差异相似的发展特征，而白城市地处边缘地带，区域发展水平相对较低。

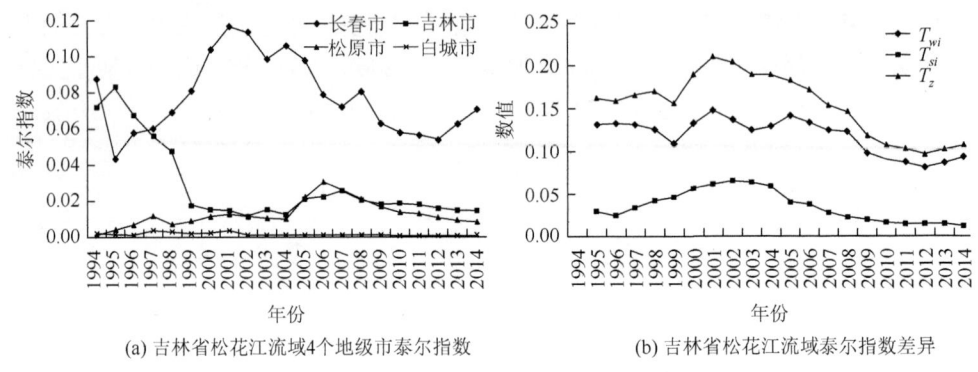

(a) 吉林省松花江流域4个地级市泰尔指数　　　(b) 吉林省松花江流域泰尔指数差异

图 3-2　1994～2014 年吉林省松花江流域泰尔指数

结合表 3-4 和图 3-2 可知，1994～2014 年吉林省松花江流域组间差异呈现出先上升后下降的变化过程，T_{si} 指数由 1994 年的 0.0219 上升至 2002 年的 0.0664，年均增长率高达 14.87%，随后下降至 2014 年的 0.0135，年均递减率为 12.43%。组间差异对流域整体差异的贡献率也由 2002 年的 85.95%下降至 2014 年的 55.05%。

与组间差异有所不同，组内差异呈现先下降后上升再波动下降的趋势，T_{wi} 指数由 1994 年的 0.1628 下降至 1999 年的 0.1087，随后上升至 2001 年的 0.1477，其后降至 2014 年的 0.0943。就各组差异对组内的差异贡献度分析而言，从平均贡献程度来看，长春市对组内差异贡献程度最大，吉林市次之，白城市最小；从贡献程度演化来看，吉林市对组内差异贡献程度不断变小，松原市和白城市贡献程度不断增加，长春市贡献程度相对变化程度不大。对吉林省松花江流域而言，长春市以及吉林市等中上游地区泰尔指数较大，而松原市以及白城市等下游地区泰尔指数较小，说明上游地区经济差异较大，而下游地区经济差异相对较小。另外，从上中下游地区经济发展态势而言，流域之间的经济差异程度不断缩小。

总体而言，1994～2014 年吉林省松花江流域区域组内差异与组间差异与整个流域经济差异的变化趋势基本相同，对流域整体差异（T_z）分别与组内差异（T_{wi}）以及组间差异（T_{si}）进行偏相关分析，T_z 与 T_{wi} 以及 T_{si} 的相关系数分别为 0.912 和 0.86，均通过了显著性检验，组内差异远大于组间差异，组内差异是整体流域呈现波动变化的主要原因，其主导地位经历了先不断减弱后不断增强的变化过程。

第二节 吉林省松花江流域产业环境系统的演化及现状特征

一、演化特征

(一) 产业环境系统演化的理论模式

产业环境系统与自然生态系统类似,存在着系统进化与渐变的动态演化特征,系统内部存在着由低级到高级、由简单到复杂、由无序到有序的不断演进过程,由此可见,产业环境系统的演化过程具有明显的阶段性特征。

产业环境系统形成初期,环境资源禀赋优越,并且产业运行方式对于环境系统的干扰相对较轻,加之此时期环境容量较大,低效的产业运行方式对于环境系统的影响微乎其微。简单地说,产业环境系统初期阶段是依靠消耗环境资源实现产业运行的线性生产方式,主要特征是企业数量少,且企业规模普遍弱小,产业行业门类单一,企业内部、行业内部以及产业与环境系统之间缺乏物质与能量的流动,依赖系统自身各自为战、独立发展,由此势必带来资源浪费以及生态环境破坏等问题的发生与恶化。

随着生产力水平的提高以及科学技术的进步,人类改造自然与利用自然的能力不断加强,产业环境系统初期形成的单向线性产业运行方式带来了更大的资源环境问题,一种更为复杂的产业环境系统形态应运而生,促使产业环境系统演化进入中期阶段。与产业环境系统初期阶段相比,此时期产业环境系统内部组成成分相对复杂,其结构与功能相对有序,并且系统内部已经形成简单的物质与能量的流动网络,主要通过物质利用效率的提高以及末端治理水平的改进,使资源投入量以及废物排放量减少从而降低产业运行成本,相对延长了系统内部物质能量的流动时间。但此时期并没有进行产业运行方式的根本性变革,因此产业环境系统中期阶段亦不具有可持续性。

产业环境系统向高级化、生态化方向演进,最终促使产业环境系统进入后期阶段,此时期产业环境系统开始通过改进生产工艺水平,加强企业之间与生产环节之间的横向与纵向联系,实现系统内部物质能量闭路循环流动。一个企业产生的废物可以是另一个企业的生产原料,对系统内部而言,没有完全的废物,只有尚未利用的资源。此时期产业环境系统结构稳定,功能更加复合,系统弹性与适应性均较强。但应该指出的是,系统内部完全实现物质能量的流动是理想层面的,也是产业环境系统最终演化发展的目标。

(二)吉林省松花江流域产业环境系统演化特征

流域发展依托于江河通道,以流域沿线城市为载体,系统研究其结构功能、时空演化过程与格局以及调控管理措施,最终追求目标是实现流域系统组成要素的综合协调可持续性发展。由此可见,随着周围区域工业化与城镇化的阶段性演进,流域发展呈现出动态发展特征,导致流域产业环境系统的形成与发展也具有明显的阶段性特点。

1. 协调发展时期(1898年之前)

松花江流域开发时间较晚,清末以前虽有移民进入,但由于清政府封禁政策的严格制约,清末以前松花江流域人口规模不大、开发强度较低,森林广布,草野茫茫,支流纵横,水网密集,物种资源极其丰富,生态环境长期保持着原始状态[207]。清朝封禁政策解除以后,随着关内移民大量涌入松花江流域开垦农业,流域农业发展得到促进,集中程度及地位优势相对突出,流域内形成了部分居民点体系。由于此时期交通条件以及工商业发展的限制,虽然农产品剩余较多,但其销路也仅限于自给自足以及简单交换,尚未形成跨地区或者跨国界的商品农业。总体而言,此时期产业基本以农业开发为主,产业结构较为单一,处于自给自足的封建经济时代,且环境系统保育较好,农业生产方式对于环境的干扰程度较轻,二者处于低水平协调发展阶段。

2. 拮抗发展时期(1898~1930年)

1898年中东铁路开始修建,中东铁路经过我国植被覆盖率最高、森林资源最为丰富的地区,包括大兴安岭、小兴安岭和牡丹江森林密集区,以及松花江和长白山森林带,这直接加剧了东北地区森林资源被掠夺式开发的进程。据统计,俄国每年采伐原木668.7万根,枕木120.8万根,直接掠夺黑龙江、吉林两省的木材价值达1亿银元[208]。铁路沿线许多地段以前被森林所覆盖,仅仅几年之后,几乎被砍伐殆尽[208]。随后松花江上游木材成为沙俄的觊觎对象,早在1901年,俄国已经开始到松花江中上游的舒兰以及永吉等县市购买木材,每天至少有50艘木排自松花江吉林段运往哈尔滨方向。至1910年,松花江上游以下流域的森林已砍伐净尽。日俄战争爆发之后,日本取代了俄国,成为吉林省松花江流域开发的主体力量,其通过修筑吉长、吉会、吉敦铁路,大规模砍伐以及外运木材,永吉县成为木材重点砍伐区域。据统计,1929年仅吉敦铁路沿线就有十几个森林砍伐队,并且一个冬季就能运出两三万车皮木材。森林的大规模砍伐造成了吉林省松花江流域湿地萎缩,水量锐减,江岸冲刷侵蚀严重[208]。

另外，20世纪20年代出现的第二次移民浪潮，虽然促使松花江流域成为具有国际意义的商品粮生产基地[209]——以农产品生产与加工为中心，形成了油坊、面粉以及酿酒三大加工工业，并逐渐成为民族工业中的三大支柱产业，但是其对松花江流域的开发方式也是盲目的、缺少规制以及掠夺式的，从而造成了流域生态环境的退化现象。

总体而言，此时期工商业已经开始得到快速发展，按照工商业承办的主体可以将工商业分为两种类型：一是由于松花江流域农业的发展，围绕农业生产，大批传统民族手工业不断兴起并逐渐发展，如油坊、磨坊、酿酒、棉具制造、粮栈、当铺、杂货店、农业器具制造和生活日用品生产等。1910年长春使用石油发动机的新式油坊有2家，旧式油坊有二三十家。1912年长春市新式油坊信泰公司以及福通栈油坊已经开始了机械化生产。1914年裕昌源、天兴福等面粉厂在长春市成立，此时期长春市面粉厂共拥有15台机器，平均每天生产面粉1200袋。1914年吉林市有商业企业1670家，榆树县（现榆树市）有商业企业169家，德惠县（现德惠市）有商业企业124家，长岭县有商业企业87家，农安县有商业企业675家，扶余县（现扶余市）有商业企业735家。1923年吉林市有3家新式油坊，共有螺旋式榨油机75台。据《长春县志》记载，截至1930年，长春市拥有20多个手工行业门类，共667户手工业作坊。二是日俄开办的工业企业，如俄国人开办了亚乔辛制粉业公司，1905年中国和日本联合开办了日清火柴股份公司，1906年日本在长春市设立了满洲制粉株式会社，日产面粉超过4800袋，1911年日本仅在长春就分别设立了金属制造、纺织印刷、电器生产、裁缝公司以及火柴制造等多个类型公司。另外，日俄还兴办了煤气厂、火力发电厂、砖瓦厂以及建筑材料制造厂。

3. 军工产业发展时期（1931~1949年）

"九一八"事变之后，东北地区被日军侵占，日本开始了对东北地区掠夺式的开发，在吉林省松花江中上游长春市和吉林市等重要城市兴办了采矿、发电、煤炭开采、军械、农机制造、采金、煤气以及食品加工等相关企业，由于这些企业是以掠夺东北地区资源为目的，超负荷地开采各种资源，无节制地向流域内排放各种工业废弃物，对流域内生态环境造成了空前的影响。例如，日本侵略者力图将吉林市打造成化工城市，将工业区沿江分布，并且居住区紧邻工业区，生活污水以及工业废水对松花江水质产生了严重干扰。日伪时期，"产业统制"政策盛行，日伪当局对基础产业、煤炭钢铁、石油电力等重工业以及军需工业实行绝对垄断经营，并且在1937年扩大了"产业统制"范围，毛棉麻纺织业、面粉制造业、酿酒业、制糖业、造纸业以及水泥制造业等也包含在其中，大量殖民工业陆续开工建设，如大同洋灰水泥株式会社、丰满水电站、满洲电气化学株式会社、吉林人造石油株式会社、东洋精麻加工业株式会社和满洲特殊制纸株式会社[210]。如图3-3所示，吉林市主要工业集中分布于松花江流域。

随着中国抗日战争的全面爆发，日本加快了殖民工业的发展速度，为满足军需的要求，强行推行拆除轻工业补重工业的政策，并且采取"金属献纳"与"一般物件收回"等方式，由此导致了轻工业以及民族工业由于生产资料的匮乏而纷纷倒闭。随着日本侵略战争的节节败退，日本在生产、消费以及流通领域加紧了殖民统治，导致了流域经济走向了崩溃的边缘，多数工厂企业破产倒闭，为数不多仅存的企业完全成为殖民性质的附属工业[212]。

此时期，吉林省松花江流域产业结构发生了巨大变化，主要表现为殖民地工业的快速畸形发展，并逐渐占据了主流垄断地位，中小民族工商业受到了严重的冲击，石油化工、煤气水电以及机械建材等工矿重工业成为基础与主导产业，轻工业比重不断萎缩，产业结构失衡。殖民工业的发展奠定了吉林省松花江流域工业发展的基本方向，成为重工业发展集聚区。由于产业发展直接服务于殖民侵略，因此产业发展与布局均严重忽视了对于生态环境的影响，尤其是上游城市吉林市化工产业沿江分布，缺少相应的污水处理设施及排水设施，对沿江流域生态环境造成了严重破坏。

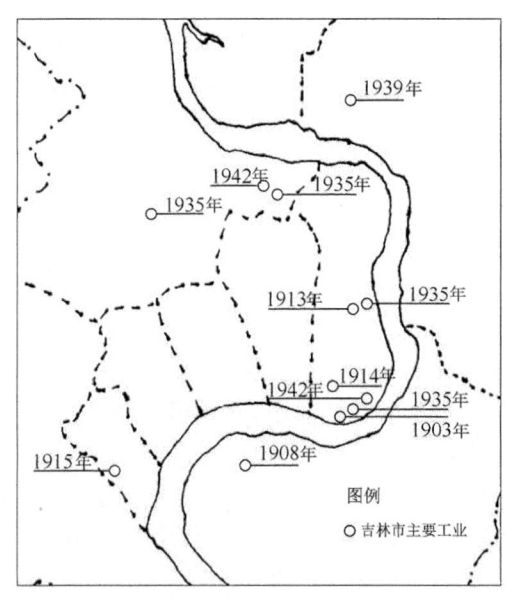

图 3-3　吉林市主要工业分布示意图

资料来源：文献[211]

4. 激化发展时期（1950~1979 年）

中华人民共和国成立以后，东北地区工业基础十分薄弱，国家集中力量进行经济建设，恢复建设了造纸业、纺织业、医药工业、煤炭产业以及交通邮电运输业，企业数量不断增加，截至1952年，吉林市国营工业企业已达263家，是中华人民共和国成立初期的2倍。"一五"时期与"二五"时期，出于重工业优先发展的需要，国家对重工业进行了大规模投资，国家156个大型重点项目，仅吉林省就达到11项，且集中分布于松花江中上游的长春市与吉林市。国家在松花江中上游地区集中布局了中国石油天然气股份有限公司吉林石化分公司、吉林电极厂（现吉林炭素有限公司）、吉林铁合金厂（现吉林铁合金有限责任公司）以及丰满水电站等大型项目，奠定了吉林省松花江流域重型工业的发展格局。另外，1964年吉林毛纺织厂和吉林化学纤维厂建成运营，1965年吉林化学工业公司二期工程建设投产，以及随后吉林化纤厂（现吉林化纤集团有限责任公司）和长山化肥厂（现中化吉林长山化工有限公司）等中型项目的建成，加重了流域资源型产业以及重型化传统产业的发育程度，推动了吉林省松花江流域中上游吉林市与长春市开始由消费型城市向工业型城市的过渡。表3-5梳理了1948～1979年吉林市主要工业建厂时间，从表3-5可以看出，该时期吉林市工业型城市特征较为突出。

表3-5 1948～1979年吉林市主要工业建厂时间统计

年份	名称	年份	名称	年份	名称
1948	吉林市陶瓷厂	1957	吉化电石厂	1961	吉林市水泵厂
1948	江城造纸厂	1957	吉化肥料厂	1962	吉林市制药厂
1949	吉林重型机器厂	1958	吉林热电厂	1966	第一汽车制造厂标准件厂
1954	吉林市木器厂	1958	吉林市钢厂	1969	吉林锗厂
1955	吉林炭素厂	1958	吉林市砖厂	1973	吉林市钢管厂
1956	吉林铁合金厂	1959	吉化染料厂	1975	吉林市毛皮厂
1957	吉林市联合化工厂	1960	沈阳铁路局吉林砖厂	1979	吉化炼油厂

资料来源：根据吉林市统计局资料整理。

此时期，由于工业发展以重工业为主导，长春市成为综合性生产城市，而松花江上游城市吉林市成为化工城市，石油化工、冶金电力、机械建材等产业成为支柱产业，并且重工业建厂选址仍是基于日伪时期修建工厂的基础发展壮大的，主要沿江分布，如图3-4所示。随着吉林省松花江流域产业的快速发展以及城市规模的扩张，产业发展对环境系统的干扰作用越来越强，工业污水以及废弃物排放量剧增，对松花江流域环境的影响愈加突出。70年代末期以后，吉林省松花江流域水质受到严重污染，水污染事件接连发生，吉林市以下松花江域段鱼虾几乎绝迹，生态环境遭到严重破坏。

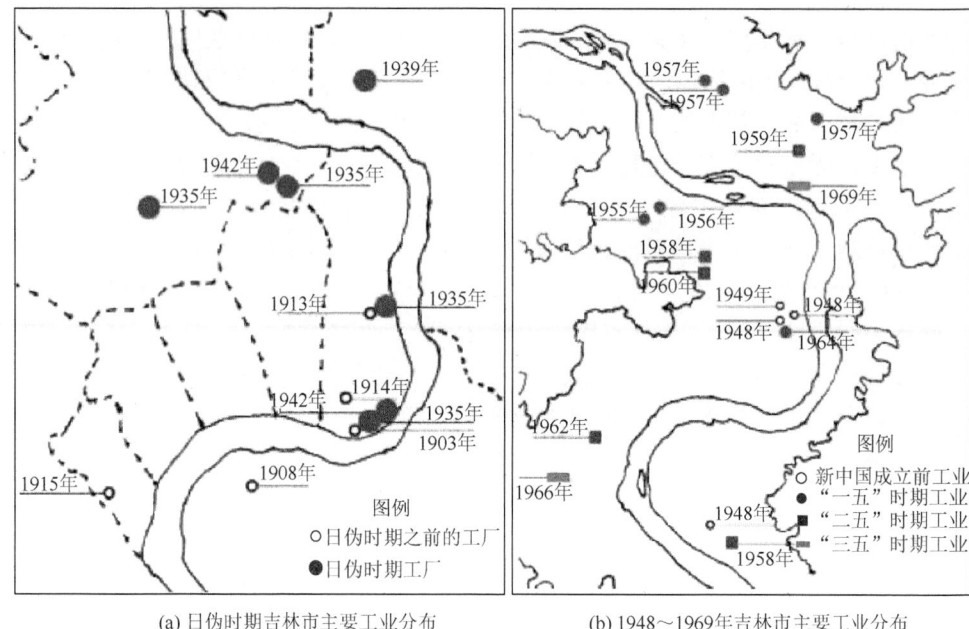

(a) 日伪时期吉林市主要工业分布　　(b) 1948～1969年吉林市主要工业分布

图 3-4　吉林市主要工业分布演化图

资料来源：文献[213]

5. 缓和发展时期（1980 年至今）

改革开放以来，市场经济体制逐渐建立，吉林省松花江流域产业门类不断发生变化，逐渐形成了光电子、石油化工、机械建材、生物医药、农副食品加工、纺织服装以及汽车与零部件制造等轻重工业占比比较合理的产业结构体系，资源型产业以及重型产业比重有所降低，产业结构不断向"清"型与"轻"型方向演进。另外，区域之间以及区域产业之间的合作已经逐步增强，如 1988 年吉林市与通化市、浑江市（现白山市）以及延边朝鲜族自治州（简称延边州）共同组成了长白山经济协作区，开展了区域之间全面的联合协作。同时以中国第一汽车集团有限公司为核心的长春汽车产业开发区、以中国第一汽车集团有限公司吉林汽车有限公司为核心的吉林汽车工业园区，已经与以中国石油天然气股份有限公司吉林石化分公司为核心的吉林化工园区/以长春大成实业集团有限公司为核心的长春生物产业园区形成了互动协作关系，相对实现了长吉地区汽车-石化产业的协作发展。围绕长吉二市主导产业已经形成了产业集群化发展，如形成了长春汽车产业集群、吉林汽车产业集群、长吉生物化工集群和吉林化工产业集群，如图 3-5 所示。吉林省松花江流域产业规模效应不断发挥，企业之间纵向与横向联系加强，加之人们环境意识的提高、政府环境监管措施的增强以及清洁型产业的不断发育，产业系统与环境系统之间的矛盾不断得到缓和。

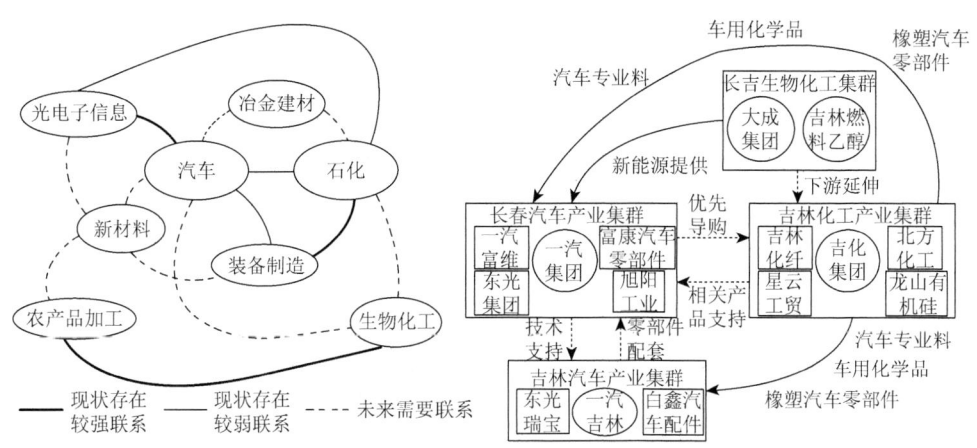

图 3-5 吉林省松花江流域产业关联示意图

大成集团为长春大成实业集团有限公司；吉林燃料乙醇为吉林燃料乙醇有限责任公司；一汽集团为中国第一汽车集团有限公司；一汽富维为长春一汽富维汽车零部件股份有限公司；东光集团为吉林东光集团有限公司；富康汽车零部件为长春富康汽车零部件有限公司；旭阳工业为长春旭阳工业（集团）股份有限公司；吉化集团为中国石油天然气股份有限公司吉林石化分公司；吉林化纤为吉林化纤集团有限责任公司；星云工贸为吉化集团吉林市星云工贸有限公司；北方化工为吉化北方化工有限公司；龙山有机硅为吉林龙山有机硅集团；一汽吉林为中国第一汽车集团有限公司吉林汽车有限公司；东方瑞宝为吉林市东方瑞宝有限责任公司；白鑫汽车配件为吉林白鑫汽车部件有限公司

20 世纪 90 年代以后，随着"退二进三"政策的不断实施，市中心污染性企业以及占地面积较大的企业逐渐迁移到城市外围地区，产业园区、工业集中区成为产业发展的主要载体地域，产业"解密外疏"的发展战略促进了产业空间集聚集群化发展。另外，1990 年以后经济开发区相继成立并快速发展，产业发展逐步由分散走向集中，产业发展空间不断优化，并且随着科学技术不断进步以及信息产业的不断兴起，产业结构发生了巨大改变，工业所占比重不断降低，第三产业所占比重逐渐增加，第三产业作为服务型产业和清洁产业的双重集合体，不仅促进了生产工艺的改善，而且也促进了生态效率的提高，由此不断促进产业系统与环境系统矛盾由对立走向缓和发展。

二、现状特征

2014 年吉林省松花江流域地区生产总值为 10 547.23 亿元，其中第一产业增加值为 980.24 亿元，第二产业增加值为 5309.22 亿元，第三产业增加值为 4257.77 亿元，三次产业结构比重为 9.29∶50.34∶40.37，呈现出明显的"二三一"的产业结构。虽然吉林省松花江流域产业结构略优于吉林省的 11.04∶52.79∶36.17，然而与全国的 9.17∶42.64∶48.19 的产业结构相比，研究区域第二产业所占比重明显较高，而第三产业所占比重却低于全国平均比重的近 8 个百分点，由此反映出研究区域产业结构不合理，存在较大的优化空间。

另外，根据统计数据计算得出第二产业内部工业增加值所占比重均高达 80%，工业的大力发展是吉林省松花江流域经济快速发展的重要带动力量。而工业结构内部，尤以交通运输设备制造业、农副产品加工业以及化工原料和化学制品制造业所占比重较高[214]，加上区内原有重型化产业如石化、黑色金属冶炼及压延加工业、炼焦业、化学纤维制造业以及汽车制造等产业，构成了第二产业的主体内容，这一方面反映出吉林省松花江流域过度依赖区域重型化支柱产业的带动作用，另一方面也说明了第二产业"一业独大"，第三产业发育严重滞后。长期以来，吉林省松花江流域经济的发展形成了对汽车、石化两大支柱产业的过度依赖，产业体系呈现出两分天下的格局。产业结构不合理，势必造成区域产业结构应对外界的适应能力弱化，系统脆弱性以及不稳定性增加，抵御风险能力严重不足，产业体系有待完善。

第三节 吉林省松花江流域产业环境系统的发育情况评价

一、环境系统发育情况评价

环境系统是产业系统发育的物质载体以及空间场所，环境系统的发育水平直接决定了产业系统发展规模以及调整方向，由此可见，对产业环境系统重要组成部分环境系统进行评价时，重点要评估环境系统环境水平、压力程度以及治理效率。

（一）指标体系构建

构建科学合理的指标体系是对松花江流域环境系统发育状况做出客观评价的基础和前提。遵循科学性、代表性、可比性以及可获得性的原则，参考相关研究成果[215-218]，在环境系统各因素相互影响、相互作用基础上设计出松花江流域环境系统综合评价指标体系（表 3-6）。

表 3-6 吉林省松花江流域环境系统综合评价指标体系

系统层	准则层	指标层	权重
环境系统综合指数	环境水平（E_1）（0.1599）	人均公共绿地面积（E_{11}）	0.0293
		建成区绿化覆盖率（E_{12}）	0.0057
		人均耕地面积（E_{13}）	0.0612
		人均水资源量（E_{14}）	0.0637

续表

系统层	准则层	指标层	权重
环境系统综合指数	环境污染（E_2）（0.2939）	人均工业废水排放量（E_{21}）	0.1377
		人均工业 SO_2 排放量（E_{22}）	0.0352
		人均工业废气排放量（E_{23}）	0.1210
	环境治理（E_3）（0.0357）	工业废水排放达标率（E_{31}）	0.0111
		生活垃圾无害化处理率（E_{32}）	0.0170
		工业固体废弃物综合利用率（E_{33}）	0.0076
	环境效率（E_4）（0.5105）	万元 GDP 能耗（E_{41}）	0.3086
		万元 GDP 电耗（E_{42}）	0.0608
		万元 GDP 水耗（E_{43}）	0.1411

其中，用人均公共绿地面积、建成区绿化覆盖率、人均耕地面积以及人均水资源量表示环境水平；用人均工业废水排放量、人均工业 SO_2 排放量和人均工业废气排放量表示环境污染；用工业废水排放达标率、生活垃圾无害化处理率以及工业固体废弃物综合利用率表示环境治理；用万元 GDP 能耗、万元 GDP 电耗以及万元 GDP 水耗表示环境效率。本书研究数据主要来自 2001~2015 年《吉林统计年鉴》、2001~2014 年吉林省环境质量报告书以及 2001~2014 年吉林市、长春市、松原市以及白城市国民经济和社会发展统计公报中的相关数据。

(二) 研究方法

熵值法可以有效克服指标之间信息重叠以及人为赋权的主观性，适合多元指标的综合评价分析。熵最早源于热力学，后来由香农引入信息论中，现在广泛应用于多个领域的研究。就其本质而言，熵是系统无序程度的度量，值越小，表征某项指标值变异程度越大，该指标提供的信息量越大，其权重越大，反之，权重越小。由此而言，熵值法能够深刻刻画出指标信息熵值的效用程度，计算得出的权重具有更高的可信程度，主要计算步骤如下[219, 220]：

第一，构建原始指标矩阵：构建指标数据矩阵 $X = \{x_{ij}\}_{m \times n}$，其中，$m$ 为评价方案个数，n 为评价指标个数，x_{ij} 为第 i 个评价方案的第 j 项指标。

第二，数据标准化处理：由于指标之间数量级以及量纲各异，需要对数据进行标准化处理。当指标对于系统发展为正功效时，采用正则化计算公式，$x'_{ij} = x_{ij}/\max x_j$；当指标对系统发展为负功效时，采用负向化计算公式，$x'_{ij} = \min x_j/x_{ij}$，并重新构建经过标准化的指标矩阵 $Y = \{y_{ij}\}_{m \times n}$，其中 $y_{ij} = x'_{ij} / \sum x'_{ij}$。

第三，计算评价指标的熵值：$T_j = -k \sum y_{ij} \ln y_{ij}$，其中 $k = 1/\ln m$，由此可得，$T_j = (-1/\ln m) \sum y_{ij} \ln y_{ij}$。

第四，计算评价指标的差异性系数：$V_j = 1 - T_j$，则 $V_j = 1 + (1/\ln m) \sum y_{ij} \ln y_{ij}$。

第五，计算单个指标权重：$w_j = V_j / \sum V_j$。

第六，计算样本评价值：$s_{ij} = w_j \times x_{ij}'$。

（三）流域环境系统发育状况

1. 指标权重分析

由指标权重分析可知，对环境系统发育水平影响较大的指标分别为万元 GDP 能耗（0.3086）、万元 GDP 水耗（0.1411）、人均工业废水排放量（0.1377）以及人均工业废气排放量（0.1210），而建成区绿化覆盖率（0.0057）、工业固体废弃物综合利用率（0.0076）、工业废水排放达标率（0.0111）以及生活垃圾无害化处理率（0.0170）对其影响较小，说明工业化的大力发展对研究区域环境系统的发育产生了重要的影响。现阶段吉林省松花江流域正处于工业化大力发展的中期阶段，依赖于物质要素的刚性投入，高耗能、高污染以及高排放的"三高"线性发展模式仍占据主流地位，经济发展的规模扩张和总量增长对生态环境产生了高强度压力，而环境治理水平仍然低下，导致环境系统的支撑能力不断降低。

2. 准则层分析

从图 3-6 可以看出，长春市环境水平综合得分呈现出波动上升的发展态势，由 2001 年的 0.0341 上升至 2014 年的 0.0546，年均增长率为 3.69%。吉林市环境

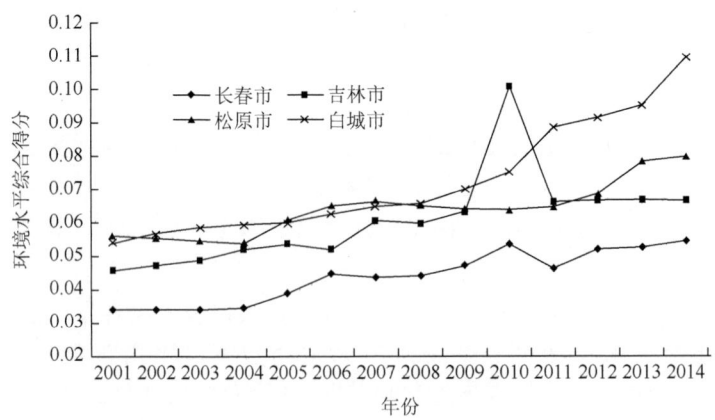

图 3-6　吉林省松花江流域环境水平综合得分演化图

水平综合得分可以显著分为两个阶段，2001～2010 年环境水平综合得分不断上升，2010 年以后呈现缓慢下降的趋势，主要是 2010 年长吉一体化的实施导致了新一轮产业发展热潮，其对环境水平的影响也不断增大。松原市和白城市环境水平综合得分呈现逐步上升趋势，年均增长率分别为 2.77%和 5.56%，主要是 2001 年吉林省生态建设规划西部区域为草原湿地保护以及绿色产业生态经济区[221]，促使两市环境水平不断提升。

从图 3-7 可以看出，长春市环境污染综合得分呈现出阶段性发展特征，2001～2004 年不断降低，2004～2012 年不断上升，2012 年之后则不断下降，但总体而言呈现波动上升趋势，年均增长率为 3.77%。吉林市环境污染综合得分呈现出"一枝独秀"的发展特征，环境污染综合得分数值均远远高于其他三个地级市，并且在 2005 年以及 2009 年分别出现了峰值。2003 年国家提出了东北振兴战略，对东北地区的发展给予政策、资金以及技术支持，吉林市作为传统重化工业基地，其产业发展焕发了新的生机，并且 2008 年国家出台了第二轮东北振兴战略，同时刺激了吉林市传统高耗能产业的发展，导致吉林市环境污染综合得分出现了峰值。松原市和白城市环境污染综合得分总体呈现出波动上升的发展态势，年均增长率分别为 4.26%和 5.10%，均高于长春市和吉林市，主要是两市经济快速发展对环境产生了一定程度干扰。

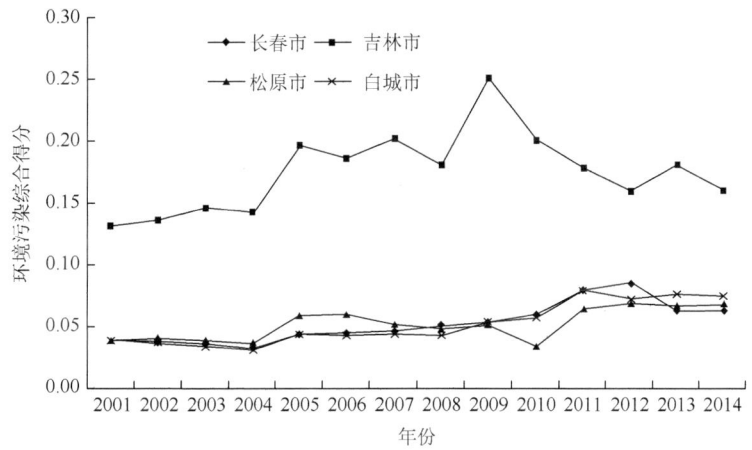

图 3-7 吉林省松花江流域环境污染综合得分演化图

从图 3-8 可以看出，长春市环境治理呈现出波动起伏发展态势，其综合得分总体维持在较高水平。吉林市环境治理综合得分呈现出阶段性发展特征，即 2001～2012 年不断上升，年均增长率为 2.63%，2012 年之后迅速下降，年均递减率高达 9.99%；松原市环境治理综合得分总体呈现出不断攀升的发展势头。白城市环境治理综合得分则呈现出显著的阶段性变化，2001～2007 年迅速上升，

2007~2014年呈现"峰—谷—峰—谷—峰—谷"震荡变化特征。另外,环境治理综合得分呈现出由长春市＞吉林市＞松原市＞白城市逐渐演化为长春市＞松原市＞白城市＞吉林市,长春市作为研究区域增长极城市,其长期经济发展的增长惯性导致环境治理的资金与技术储备丰富。吉林省松花江流域上游城市吉林市在强劲"经济发展型"特征的驱动下,表现出了一定的环境滞后性,而下游城市松原市与白城市环境状况不断趋于好转。

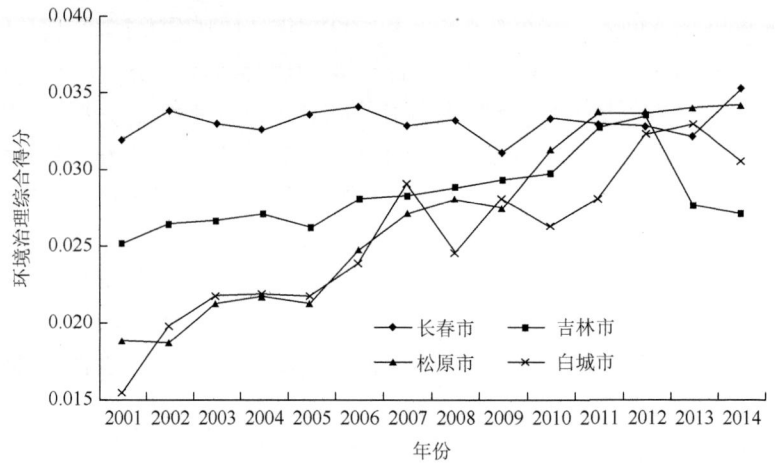

图 3-8 吉林省松花江流域环境治理综合得分演化图

从图 3-9 可以看出,长春市环境效率综合得分呈现出不断上升的发展态势,吉林市环境效率综合得分呈现出下降—上升—再下降—再上升的发展态势,但总体上其环境效率综合得分数值是降低的发展趋势,反映出吉林市经济发展仍依赖于物

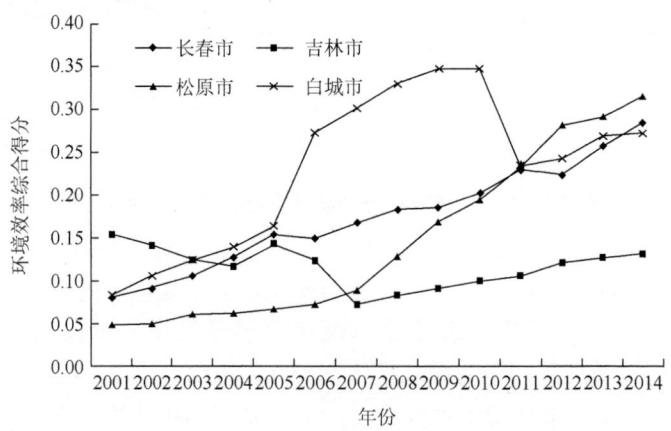

图 3-9 吉林省松花江流域环境效率综合得分演化图

质资本的硬性投入，科学技术等"软性"要素发育程度不足。松原市环境效率综合得分呈现出不断上升的发展态势，并且从 2006 年开始呈现迅速攀升的态势，年均增长率高达 15.63%。白城市环境效率综合得分除 2010～2011 年呈下降趋势外，其余年份均呈现不断上升的演变过程。通过以上分析可以看出，东北振兴以来吉林省松花江流域中上游城市长春市和吉林市环境效率综合得分较低，经济发展模式仍处于要素驱动阶段，尚未向创新驱动转变。另外，对整个研究区域而言，环境效率综合得分数值普遍较低，说明吉林省松花江流域环境效率提升之路漫长而艰巨。

3. 系统层分析

从图 3-10 可以看出，长春市环境系统综合得分呈现出不断上升的发展态势，由 2001 年的 0.1851 升至 2014 年的 0.4385，年均增长率高达 6.86%。吉林市环境系统综合得分总体呈现出波动徘徊的发展趋势，由 2001 年的 0.3557 仅升至 2014 年的 0.3855，年均增长率仅为 0.62%。并且经过一段时间发展之后，吉林市环境系统综合得分显著低于其他三市，反映出吉林市环境系统不断退化，支撑与本底作用不断减弱。松原市环境系统综合得分变化特征与长春市较为类似，均呈现出快速上升趋势，且其数值由 2001 年的 0.1626 升至 2014 年的 0.4798，年均增长率高达 8.68%。白城市环境系统综合得分呈现波动上升的发展态势，其数值由 2001 年的 0.1908 升至 2014 年的 0.4871。白城市处于西部"三化"环境脆弱区，注重环境修复与保护，同时大力发展环境友好型产业，目前已经形成了"多业并举、齐头共进"的发展格局，多种因素共同作用促使环境支撑作用不断增强。

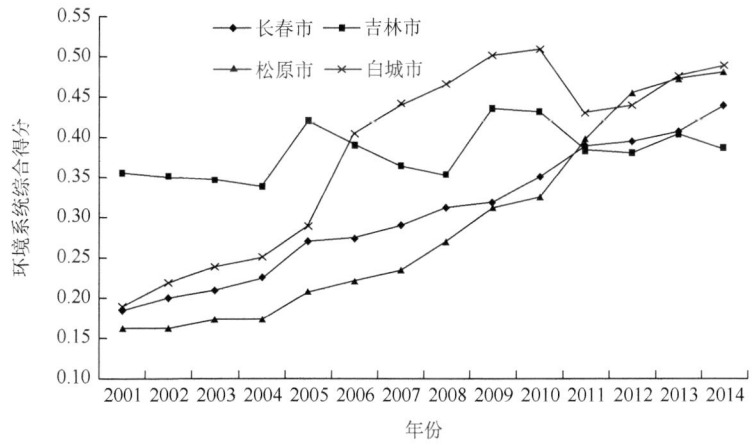

图 3-10　吉林省松花江流域环境系统综合得分演化图

从全流域尺度分析，吉林省松花江流域环境系统综合得分由吉林市＞白城市＞长春市＞松原市，逐步演化为白城市＞松原市＞长春市＞吉林市，并且区域之间差异程度不断缩小。吉林市、长春市、松原市以及白城市分别作为松花江流域上中下游城市，其环境系统综合得分逐渐呈现出由流域特征不明显到由流域自上而下依次增高的特征，由此反映了流域环境系统受到多种因素制约，并不一定完全呈现流域特征。

二、产业系统发育情况评价

产业系统是联结经济系统与环境系统的重要桥梁，在经济系统方面，产业系统是各种生产要素的"资源转换器"，在环境系统方面，产业系统是各种污染物类型和规模的"控制体"[19,20]，由此可见，对产业系统的研究是产业环境系统研究的主体内容，对产业系统重要组成部分进行评价研究时，重点要评估产业系统规模结构、发展效率以及抗干扰作用能力。

（一）指标体系构建

构建产业系统发育情况评价指标体系应该遵循可比性、可操作性、科学性以及数据可获得性等原则，基于产业结构、产业规模、产业效率以及产业外向度等准则层要素系统构建吉林省松花江流域产业系统综合评价指标体系（表3-7）。

表 3-7　吉林省松花江流域产业系统综合评价指标体系

系统层	准则层	指标层	权重
产业系统综合指数	产业结构（I_1）（0.0624）	产业系统结构熵（I_{11}）	0.0006
		第二产业增加值/GDP（I_{12}）	0.0430
		第三产业增加值/GDP（I_{13}）	0.0057
		第二产业增加值/第三产业增加值（I_{14}）	0.0131
	产业规模（I_2）（0.3597）	人均GDP（I_{21}）	0.0758
		人均工业总产值（I_{22}）	0.1401
		第二、第三产业增加值总额（I_{23}）	0.1438
	产业效率（I_3）（0.3244）	产业系统运行状况指数（I_{31}）	0.1330
		产业结构高级化系数（I_{32}）	0.0517
		第三产业产业化系数（I_{33}）	0.0087
		产业系统结构转换率（I_{34}）	0.1310
	产业外向度（I_4）（0.2535）	外商合同投资额/GDP（I_{41}）	0.1285
		实际利用外资/GDP（I_{42}）	0.1250

产业结构主要指各行业的比例关系，选取产业系统结构熵、第二产业增加值/GDP、第三产业增加值/GDP 以及第二产业增加值/第三产业增加值表示产业结构属性，其中产业系统结构熵计算公式为

$$I_{11} = -\sum_{i=1}^{n} P_i \times \ln P_i \tag{3-6}$$

式中，P_i 为第 i 产业所占比重；n 为产业种类。

产业规模主要表征某一产业的总量特征，选取人均 GDP、人均工业总产值以及第二、第三产业增加值总额表示产业规模属性。

产业效率主要指产业发展的效用程度，选取产业系统运行状况指数、产业结构高级化系数、第三产业产业化系数以及产业系统结构转换率，其中产业系统运行状况指数用规模以上工业企业成本费用利润率/规模以上工业企业负债率表征，产业结构高级化系数用信息传输、计算机服务和软件业单位从业人员数以及交通运输、仓储和邮政业单位从业人员数总和与制造业和采矿业单位从业人员总和的比值表征，第三产业产业化系数用第三产业从业人员比重与第三产业产值占 GDP 比重的乘积表征，产业系统结构转换率计算公式为

$$I_{34} = \sqrt{\sum_{i=1}^{n} \frac{(N_i - G)^2 \times K_i}{G}} \tag{3-7}$$

式中，N_i 和 G 分别为第 i 产业和 GDP 的年均增长率；K_i 为第 i 产业产值占 GDP 的比重。

产业外向度主要是指产业依赖外部因素的程度，选取外商合同投资额/GDP、实际利用外资/GDP 表征。

本书采用熵值法求出各指标权重，然后依据综合评价法求出准则层以及系统层得分。本书研究数据主要来自 2001~2015 年《吉林统计年鉴》、2001~2014 年《吉林省环境质量报告书》以及 2001~2014 年吉林省各地级市国民经济和社会发展统计公报中的相关数据。

(二) 流域产业系统发育状况

1. 指标权重分析

对产业系统影响较大的是第二、第三产业增加值总额（0.1438）、人均工业总产值（0.1401）、产业系统运行状况指数（0.1330）、产业系统结构转换率（0.1310）、外商合同投资额/GDP（0.1285）以及实际利用外资/GDP（0.1250），而产业系统结构熵（0.0006）、第三产业增加值/GDP（0.0057）以及第三产业产业化系数（0.0087）对其作用不明显，这说明了吉林省松花江流域产业系统发展深受"内源力"和"外

向力"双重扰动作用,其中,"内源力"主要来自产业系统应对外界发展环境变化的自我调整能力和学习能力,而第二产业"一业独大"的发展现实反映了该地区产业系统自适应性以及自组织能力较差,致使产业系统运行状况不佳。另外,"外向力"也对产业系统的发展施加重要影响,以上分析说明了吉林省松花江流域产业发展依赖于能源资源以及资本拉动,相对具有"指令性"经济的性质,产业效率低下。

2. 准则层分析

从图3-11可知,长春市产业结构综合得分总体呈现出波动上升的发展态势,但波动幅度不大,由2001年的0.0132上升至2014年的0.0145,年均增长率仅为0.73%。吉林市产业结构综合得分可以显著分为两个阶段,2001~2007年不断上升,2007年以后呈现波动下降的趋势,但总体呈现出波动上升的发展趋势,年均增长率为0.77%。另外,长春市产业结构综合得分与吉林市产业结构综合得分具有极强的相关性,Pearson系数为0.911,通过了显著性检验,说明二者产业发展之间具有内在关联性。松原市产业结构综合得分明显具有阶段性特征,2001~2006年迅速上升,2007~2014年不断下降,主要是因为以石油、化工、建材、制药为主体产业的松原市2006年以来加大了对产业的调控力度,充分发挥农业资源以及旅游资源的优势,大力发展了第三产业,并且第二产业不断向精细化方向发展,生物化工、农畜产品深加工以及旅游等产业不断兴起并快速发展,产业结构不断趋向能源节约型以及清洁生产型发展,工业重型化特征得以缓解。白城市产业结构综合得分总体呈现波动上升的发展特征,由2001年的0.0109上升至2014年的0.0146,年均增长率为2.27%。

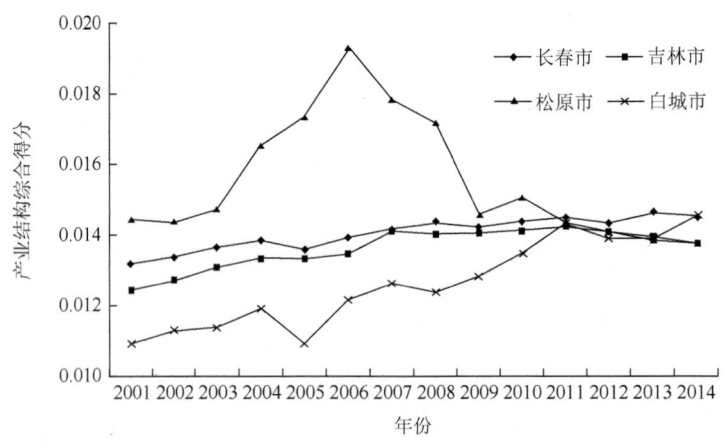

图3-11 吉林省松花江流域产业结构综合得分演化图

从图3-12可知,吉林省松花江流域上中下游城市吉林市、长春市、松原市和白城市产业规模综合得分均呈现出不断上升的发展态势,并且经历了2001~2006年缓慢上升,2007~2014年快速上升的演化历程,但总体上产业规模发展速度较快,4市产业规模综合得分的年均增长率分别为16.39%、15.54%、21.66%及20.97%,反映了东北振兴以来吉林省松花江流域产业发展迅速扩张。另外,从产业规模综合指数得分分析,长春市处于第一层级,吉林市和松原市处于第二层级,而白城市处于第三层级,具有清晰的层次性。长春市作为吉林省省会城市,长期作为经济增长中心,承担着区域发展规则的制定者以及裁判员的角色;吉林市和松原市在石油化工产业具有较强的互补性,产业规模相关性系数高达0.995,通过了95%水平下的显著性检验,说明振兴以来吉林市重化工业规模化发展刺激了松原市产业发展;白城市作为区域边缘城市、西部生态环境脆弱地区,虽然产业呈现一定的规模化发展特征,但是与其他城市的差距不断增大,可能陷入被边缘化和孤立化发展的深渊。

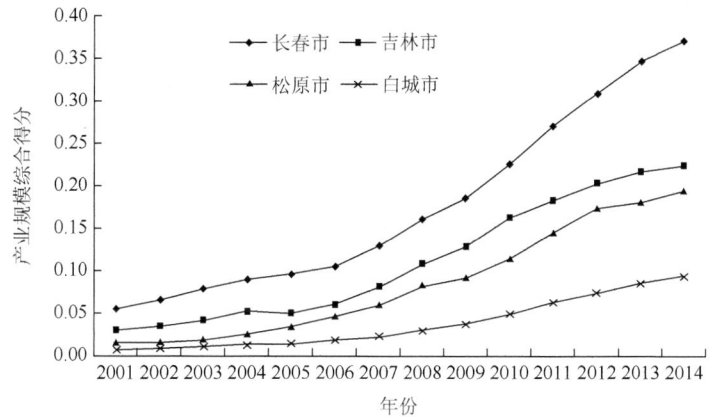

图3-12 吉林省松花江流域产业规模综合得分演化图

从图3-13可知,长春市产业效率综合得分呈现波动下降的发展趋势,由2001年的0.0830降至2014年的0.0583,年均递减率为2.68%。吉林市产业效率综合得分总体呈现倒"U"形特征,2006年之后波动下降。松原市产业效率综合得分总体经历了下降—上升—再下降—再上升的演化过程,但总体上产业效率综合得分数值变化幅度不大,年均递减率仅为0.86%。白城市产业效率综合得分率变化幅度较为明显,经历了大起大落的过程,主要是因为白城市尚未形成区域独大的支柱产业,以及尚未形成区域品牌优势与区域产业核心竞争力,导致产业发展受外部的扰动作用明显。同时也应清晰看出,吉林省松花江流域产业效率综合得分普遍较低,侧面反映了目前研究区域产业发展尚处于规模扩张与总量增长的阶段,相对忽视了产业发展效率的提升。

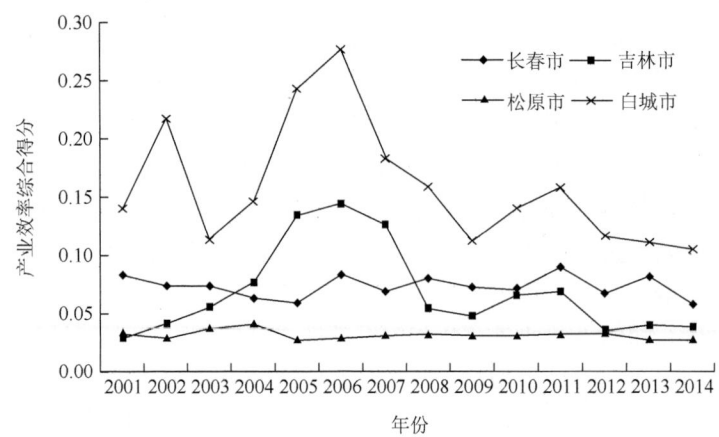

图 3-13 吉林省松花江流域产业效率综合得分演化图

从图 3-14 可知，长春市产业外向度综合得分经过上升—下降—上升—下降阶段之后，进入了平稳发展时期。吉林市产业外向度综合得分总体呈现波动下降的发展趋势，年均递减率高达 4.25%。2004 年以后松原市产业外向度综合得分呈现波动后平稳上升的变化特征，且总体而言，其数值由 2001 年的 0.0112 升至 2014 年的 0.0372，年均增长率高达 9.67%。白城市产业外向度综合得分经历了 2001~2003 年和 2009~2011 年不断下降之后，其他年份均处于上升阶段，年均增长率高达 3.84%。经过以上分析可以看出，虽然吉林省松花江流域上游城市仍是投资的重点区域，但经过时间的推移，外商投资的重点已经开始向该地区的中下游地区转移，松原市和白城市迎来了发展的良机。

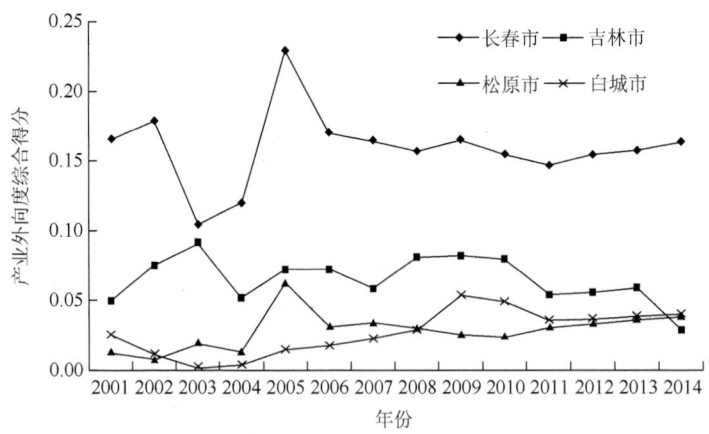

图 3-14 吉林省松花江流域产业外向度综合得分演化图

3. 系统层分析

从图 3-15 可知，长春市产业系统综合得分经过短暂回落之后，2003 年以后呈现出不断上升的发展态势，由 2001 年的 0.3187 升至 2014 年的 0.6054，年均增长率高达 5.06%。吉林市产业系统综合得分总体呈现出波动上升的发展趋势，虽然年均增长率高达 7.29%，但 2007 年之后与长春市的差距不断扩大，主要是因为重化工业的产业结构虽然仍然呈现出规模化发展趋势，但产业发展效率不高，产业发展的外部投资驱动不足。松原市产业系统综合得分呈现出快速上升趋势，且其数值由 2001 年的 0.0621 升至 2014 年的 0.2725，年均递增率高达 12.05%。白城市产业系统综合得分经历了上升—下降—再上升—再下降的发展历程之后，进入了平稳发展时期，其数值由 2001 年的 0.1827 升至 2014 年的 0.2517，年均增长率仅为 2.50%，侧面反映出了白城市产业发展速度缓慢，产业规模化发展不足，区域缺乏竞争力。

从全流域尺度分析，产业系统综合得分由长春市＞白城市＞吉林市＞松原市，逐步演化为长春市＞吉林市＞松原市＞白城市，并且长春市与其他城市的差距不断扩大，另外 3 个城市之间的差距不断缩小，由此反映出松花江流域上游城市吉林市产业发展不足，资源型产业仍占据较大比重，重型化产业结构尚未得到有效调整，产业发展重点已经开始向松花江流域中下游地区转移。

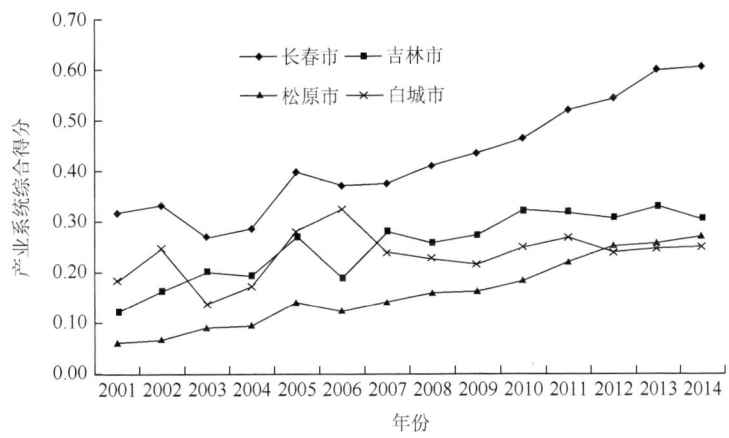

图 3-15　吉林省松花江流域产业系统综合得分演化图

三、产业环境系统耦合发育情况评价

（一）研究方法

产业系统是环境系统的承载内容，为环境系统的发育提供必要的要素支撑；

环境系统是产业系统的承载载体，为产业系统的发育提供物质空间支撑，产业系统与环境系统二者之间相互作用、相互影响，由此可以构建产业环境系统耦合度模型，定量评价二者之间的耦合状况，计算公式如下[222]：

$$C = (I^k \times E^k) / (\alpha I + \beta E)^{2k} \tag{3-8}$$

式中，C 为产业系统与环境系统耦合度函数；I 和 E 分别为产业系统和环境系统评价指数；α 和 β 为待定系数，且 $\alpha + \beta = 1$；k 为调节系数，通常为 2。基于产业系统与环境系统同等重要的地位，本书 α 和 β 分别选定 0.5。$C \in (0,1]$，C 趋于 0，表示两个系统趋于失调，失配性趋大；C 趋于 1，表示两个系统趋于协调，适配性趋大。虽然 C 可以表征系统间耦合程度，但不能区别低水平耦合和高水平耦合，故引入耦合发展度函数，公式如下[222]：

$$D = \sqrt{C \times (\alpha I + \beta E)} \tag{3-9}$$

式中，D 为产业系统与环境系统耦合发展度函数，$D \in (0,1]$，D 越大，表征两个系统协调性越佳；反之，其失调性越大，系统趋于退化。借鉴相关研究成果[223, 224]，将产业系统与环境系统耦合发展度划分为五个阶段：低水平协调时期（$0 \leq D < 0.19$）、拮抗时期（$0.20 \leq D < 0.39$）、磨合时期（$0.40 \leq D < 0.59$）、高级均衡时期（$0.60 \leq D < 0.79$）、系统优化时期（$0.80 \leq D \leq 1.00$）。

另外，可以利用障碍度模型定量测度影响吉林省松花江流域产业环境系统耦合发展度的阻力因素。障碍度模型主要采用因子贡献度（w_j）、指标偏离度（O_j）以及障碍度（I_j）3 个指标进行分析诊断，通过障碍度数值大小排序进而确定各因素的主次关系及其对耦合发展度的影响程度，计算公式为[225]

$$I_j = O_{ij} \times w_j \Big/ \sum_{j=1}^{n} O_{ij} \times w_j = (1 - y_{ij}) \times w_j \Big/ \sum_{j=1}^{n} (1 - y_{ij}) \times w_j \tag{3-10}$$

$$U = \sum I_j \tag{3-11}$$

式中，U 为单个子系统对耦合发展度的障碍度；O_{ij} 为单项指标对耦合发展度的障碍度；y_{ij} 为单项指标标准化数值；w_j 为对应指标权重；n 为指标个数。

（二）地级市产业环境系统耦合协调性演变特征

由图 3-16(a)可知，长春市产业环境系统耦合度经过了 2001～2003 年快速上升时期，2004～2014 年波动下降时期。吉林市和松原市总体均呈现波动上升的发展特征，年均增长率分别为 2.76%和 1.59%。白城市在 2001～2007 年则呈现"下降—上升—下降—上升"的发展特征，2008～2014 年则维持在较高水平，并且耦合度总体是上升的，年均增长率为 0.40%。对 4 个地级市而言，2001 年产业环境系统耦合度呈现白城市＞松原市＞吉林市＞长春市，而 2014 年则呈现松原市＞白城市＞吉林市＞长春市，耦合度流域特征经历了由明显到不明显的过程，随着对石化产业以及能源产业的资本与技术的投入，流域产业结构重型化特征一定程度上得以缓解，资源型城市松原市以及吉林市耦合度不断提升反映了产业结构优化升级效果明显。而东北振兴以来，长春市作为省会城市，得到了国家拨付的大部分资金和项目，加之现今仍处于工业化加速发展的中期阶段，产业系统得分年均增长率以及环境系统得分年均增长率分别为5.06%、6.86%，并且产业系统与环境系统二者之间差距不断扩大，在强劲经济发展型特征的驱动下，长春市表现出了一定的环境滞后性。白城市地处西部"三化"严重地区，环境承载能力较弱，另外产业以汽车零部件生产和纺织服装为主，产业规模弱小，对环境系统的影响相对较小，尚处于低水平发展阶段。

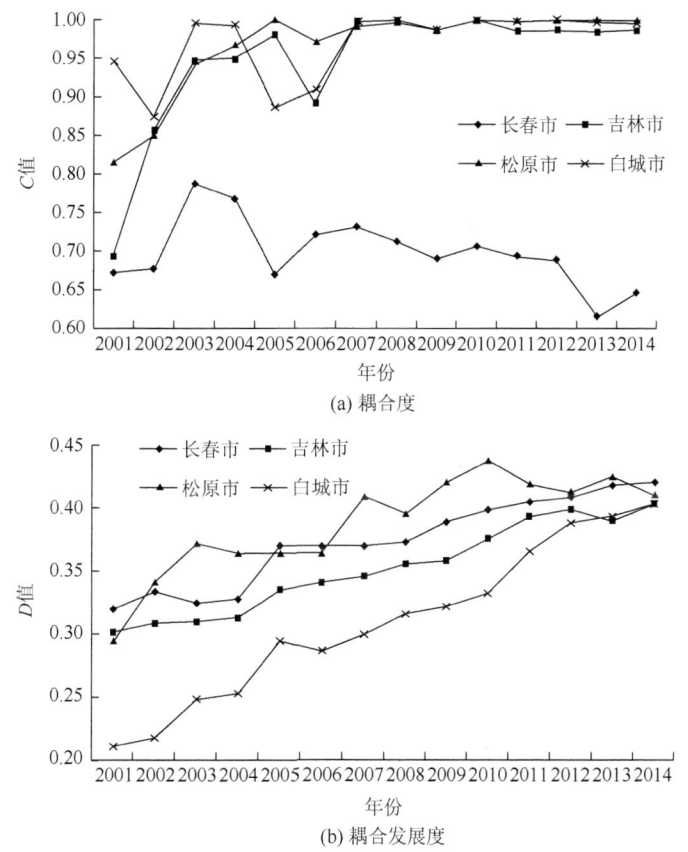

图3-16 地级市产业环境系统耦合度与耦合发展度演变

由图3-16可知，长春市产业环境系统耦合发展度呈现2001～2003年平稳发展，2004～2014年不断上升的发展态势；吉林市呈现稳步攀升趋势，年均增长率为 2.29%；松原市总体呈现波动上升的发展特征；白城市耦合发展度上升速度最快，年均增长率高达 5.14%。从耦合发展度阶段划分可知，长春市经过了 2001~2009 年拮抗阶段之后进入了磨合阶段，吉林市则 2001~2010 年属于拮抗阶段，2011~2014 年进入了磨合阶段，松原市则 2001~2006 年处于拮抗阶段，2007~2014 年处于磨合阶段，白城市则 2001~2012 年处于拮抗阶段，2013~2014 年处于磨合阶段。另外，从耦合发展度增长幅度分析，增长幅度存在白城市（0.1932）>松原市（0.1161）>吉林市（0.1030）>长春市（0.1004）的特征，并且耦合发展度得分区域差距不断缩小，反映了资源型城市产业环境系统耦合状况不断趋佳，产业生态化得到一定程度发展。

（三）流域产业环境系统耦合协调性演变特征

由图 3-17 可知，流域产业系统与环境系统耦合度大体呈现出先上升后下降再上升再下降演变特征，如 2001 年耦合度水平为 0.9797，2004 年首次达到峰值 0.9957，但 2005 年陡降为 0.9563，而后在 2009 年再次达到峰值 0.9902，随后呈现逐渐走低趋势。分析流域产业系统与环境系统耦合度发展变化的"M"形曲线过程，可以反映出产业环境耦合度发展历程带有明显的经济烙印。

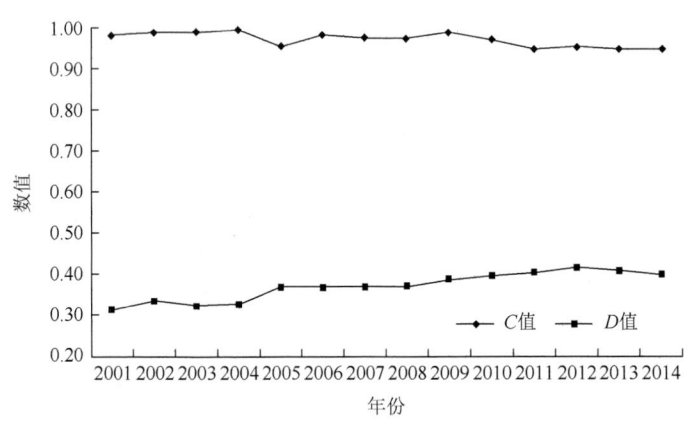

图 3-17 流域产业系统与环境系统耦合度和耦合发展度演变

21 世纪初"东北现象"的普遍发生阻碍了经济增长的势头，对环境干扰作用严重的重化工业以及有色金属冶炼业等污染性较重的产业发展举步维艰，经济发展对环境干扰作用一定程度上得以降低。2003 年以后东北振兴战略的实施，国家加大了对东北地区资本的投资，扶持了一批重化工业的发展，但因为滞后期的存在、粗放型投资拉动增长方式以及 2005 年松花江流域重大水污染事件的共同作用,该地环境承载力严重下降。2006年以后随着松花江流域环境状况的好转、生态城市建设的不断推进、新兴工业化道路的加快实施以及绿色GDP概念和节能减排等不断深入人心,经济发展对环境压力不断降低。但2011年产业环境系统耦合发展度有所反弹,可能与"后东北现象"有关,由此反映出区域产业环境系统耦合度并不一定随着经济发展水平的提升而呈现逐渐递增过程,也可能出现倒退或者跳跃前进的现象。由图3-17可知,流域产业系统与环境系统的耦合发展度总体呈现升高的趋势,总体反映出流域产业系统对环境系统的胁迫作用不断减弱,环境系统对产业系统的支撑作用不断增强。从耦合发展度阶段划分可知,2001~2009年属于拮抗阶段,2009年以后属于磨合阶段,但流域尚未进入高级均衡以及优化完善时期,且2014年产业环境系统耦合发展度为0.4005,比2001年0.3168提高了0.0837,年均增长率仅为1.82%,说明了流域产业环境系统耦合发展之路漫长而艰巨。

(四)流域产业环境系统耦合发展度障碍度诊断

对2001~2014年各地级市排名前5位的障碍指标进行频度分析,发现在26项影响因子中,存在具有普遍影响作用的障碍因子,其中人均工业总产值(I_{22}),第二、第三产业增加值总额(I_{23}),产业结构高级化系数(I_{32}),产业系统结构转换率(I_{34}),外商合同投资额/GDP(I_{41}),实际利用外资/GDP(I_{42}),人均耕地面积(E_{13}),人均水资源量(E_{14}),人均工业废水排放量(E_{21})以及人均工业废气排放量(E_{23})的频数分别为40、43、9、33、25、17、19、11、39以及29,10项障碍指标的均值分别为0.0838、0.0913、0.0635、0.0785、0.0774、0.0624、0.0635、0.0671、0.0912及0.0786,由此可见,第二、第三产业增加值总额以及人均工业废水排放量是影响产业环境系统耦合发展度的首要障碍指标,原因是吉林省松花江流域已经形成以化工冶金、造纸制革、石油煤炭、机械建材、纺织服装以及食品酿造业为主的产业门类体系,产业结构的重型化特点突出。并且其目前正处于工业化加速发展的中期阶段,经济发展仍以总量增长和规模扩张等外延式和粗放式发展方式为主,相对片面地强调速度的提高,忽视了质量的提升,工业废水无节制排放问题愈加凸显,加上监管的缺失、配套机制的匮乏以及污水处理技术的滞后,以上对产业环境系统耦合发展度障碍作用较为突出。

值得注意的是,人均水资源量(E_{14})以及外商合同投资额/GDP(I_{41})对产业环境系统耦合发展度的障碍作用愈加突出,原因是松花江流域(吉林省段)属于资源性、工程性以及结构性缺水并存区,人均水资源量低于全国平均水平。随着人们生产生活用水量的增加,河川径流衰减现象明显,加之在空间分配以及时间序列上,水资源呈现出显著的失衡性以及非可持续性特征,并且水资源利用效率很低。随着压缩型城镇化以及工业化的加快推进,水资源供需矛盾将会日益凸显。

另外，吉林省松花江流域普遍存在国有经济比重偏大，国有企业改制重组以及产业结构优化升级效果不明显，体制机制僵化滞后、市场经济发育不完善以及经济体制并轨效果不突出。外商投资可以给地方工业企业带来先进的技术和资本支持，对产业轻型化、高级化以及生态化发展具有一定的积极意义。但2005年以后流域外商合同投资额/GDP呈现波动下降趋势，年均下降率达11.33%，已成为产业环境系统耦合发展度提升的严重制约因素。

子系统障碍度大小排序为产业结构＞产业规模＞产业效率＞环境污染＞环境水平＞环境治理＞产业外向度＞环境效率，障碍度均值分别为21.83%、21.52%、16.52%、15.34%、9.13%、7.34%、6.22%以及4.38%，由此可见，影响吉林省松花江流域产业环境系统耦合发展度的首要障碍因子是产业结构与产业规模，作为东北老工业基地之一，松花江流域资源型产业较为发育，工业尤其是重工业所占比重较高，经济发展仍以工业规模扩张和总量增长为主，工业总产值/GDP比重由2001年的0.6898上升至2014年的1.4828，由此导致产业结构重型化特征尤为突出，今后需加大政策、资金与技术的支持力度，大力推进产业结构优化升级，促进产业向生态化、轻型化以及高级化方向发展；其次是产业效率与环境污染，二者障碍度相差不多，已成为制约产业环境系统耦合发展度的潜在障碍子系统，应该引起足够重视，加大科技投入，加强自主知识产权技术创新，提升传统产业技术装备水平和科技含量，促进企业经营管理电子化、生产流程自动化、产品设计智能化、信息服务社会化。另外，加大环境治理力度，实行严格的环境监管制度，预防为主，防治结合，将环境治理与政府绩效挂钩；环境水平、环境治理、产业外向度以及环境效率对产业环境系统耦合发展度的障碍作用较小，但仍需积极吸引外资，加大环境保护力度，减轻产业发展对环境造成的干扰，加强技术投入，提升环境效率，最终实现产业系统与环境系统耦合共生、协同共赢。

本 章 小 结

第三章主要对吉林省松花江流域产业环境系统的演化特征与现状特征进行了分析，研究区域产业发展既建立在国家投资基础之上，又深深植根于区域资源禀赋优势，依赖于物质能源的大量消耗实现产业的规模扩张与总量增长，而这种物质消耗型增长不依赖于结构优化的基础，反而会强化陈旧畸形的产业结构，迫使结构性矛盾不断突出。另外，从时序演化分析，研究区域产业环境系统总体经历了协调发展—拮抗发展—恶化发展—激化发展—缓和发展时期。从现状特征分析，重度污染型企业集中分布于长吉二市，且沿江集聚发展的空间布局模式对松花江水体产生了严重干扰，增加了流域产业环境系统脆弱性程度。最后本章利用耦合发展度以及障碍度模型对流域产业环境系统耦合特征及阻力因素进行了定量分析。

第四章 吉林省松花江流域产业系统环境适应性评价

第一节 基于适应性要素的产业系统环境适应性评价

一、评价体系的建立与数据收集

评价指标是反映评价对象特征的抽象概括,也是刻画与描述评价系统属性的主要标度。影响产业系统环境适应性的因素多种多样,由此决定可供选择的指标众多。一般而言,评价指标越多,越能反映评价对象的特征属性,研究结果越准确。但如果指标过多,又不能清晰反映评价指标对系统属性的贡献作用与程度,难以确定关键性影响因子。因此,对流域产业系统环境适应性进行指标设计时,必须找出影响系统属性的关键性影响因子,用尽可能少的评价指标反映流域产业系统环境适应性的本质特征。

(一)指标体系设计原则

根据流域产业系统环境适应性内涵以及研究区域产业生态系统实际发展水平与现状特征,参考相关研究成果[58, 76, 192, 226-228],本书认为吉林省松花江流域产业系统环境适应性评价体系构建应该遵循的原则有以下几点。

一是科学性原则。在构建流域产业系统环境适应性指标体系时,遵循科学性是第一位,所选的指标能够真实、客观地反映流域产业系统环境适应能力的强弱变化。通过咨询专家学者,结合实际情况与实践情况,各项指标经过充分论证以后,采用先进的数据采集技术,剔除一些相关性大、没有实际意义的评价指标,避免形式化和唯误差性大的评价指标存在,必须遵循科学性的原则来建立评价指标体系。

二是系统性原则。在对流域产业系统环境适应性进行综合评价时,由于流域产业生态系统是一个开放复杂的巨系统,所选指标涉及人口、经济、社会、空间、生态、体制机制衍生出来的各项指标。因此,建立流域产业系统环境适应性评价指标体系时,必须从系统性角度考虑,既要从系统自身属性出发选择适当指标,又要充分考虑系统与周围环境的相互作用筛选指标。

三是可获得性与可比性原则。吉林省松花江流域产业系统环境适应性评价指标的选择必须遵循数据可获得性原则，数据可获得性能保证评价指标体系可以测度与评价，也是对吉林省松花江流域产业系统环境适应性继续深入研究的基础保证。同时评价指标的可比性也是指标体系构建的另一重要原则，评价指标的选择必须保证具有一致的统计口径与统一的标准，这样才能保证评价指标具有相对可比性，以此来评价出流域真实的产业系统环境适应能力。

（二）指标体系构建

构建科学合理的评价指标体系是对吉林省松花江流域产业系统环境适应性做出客观评价的基础和前提。遵循上述评价指标体系构建原则，在产业系统环境适应性内涵的基础上设计出吉林省松花江流域产业系统环境适应性评价指标体系（表4-1）。其中，第一层为目标层，即产业系统环境适应性，反映产业系统与环境系统适应性耦合的总体特征。第二层为系统层，包括产业系统适应性和环境系统适应性，反映子系统的适应性水平。第三层为准则层，包括敏感性、稳定性以及响应3个可以反映系统适应性的要素，其中敏感性是指系统来自内外发展环境变化扰动的敏感程度，通常情况下适应性与敏感性成反比例关系；稳定性是指内外发展环境发生变化时，系统能够保持原有状态的能力，是系统的固有属性，稳定性大小与系统自身因素息息相关，主要包括系统要素的相互关系以及系统结构的复杂程度；响应是指系统应对外界变化时所形成的适应与反馈效应，表征系统具有吸收干扰和重组的能力，反映了系统的学习能力、重组能力以及创新能力等主要特征。第四层为指标层，共有30项具体指标，其中多数指标可以直接通过统计资料获取，部分指标需要经过简单计算，其中体制结构状态指数用国有单位在岗职工与集体单位在岗职工人数占在岗职工人数比值表征；市场组织结构指数用工业总产值与工业企业总数的比值表征；民营经济发展指数用城镇私营和个体从业人员数占在岗职工人数比值表征。

产业综合发展指数，计算公式为

$$X_{12} = 1 / \sum |X_{im} X_{in}| \quad (4-1)$$

式中，X_{im}为i城市第m个产业部门产值比重；X_{in}为i城市第n个产业部门产值比重。

环境质量指数，计算公式为

$$X_{25} = \sqrt[3]{D \times R \times E} \quad (4-2)$$

式中，D、R、E分别为工业固体废物综合利用率、污水处理厂集中处理率以及生活垃圾无害化处理率。

而产业系统结构熵、产业系统运行状况指数、产业结构高级化系数、第三产业产业化系数以及产业系统结构转换率计算公式详见第三章第三节部分。

表 4-1 吉林省松花江流域产业系统环境适应性评价指标体系

系统层	准则层	指标层	权重	系统层	准则层	指标层	权重
产业系统适应性	敏感性（X_1）	产业系统运行状况指数（X_{11}）	0.0047	环境系统适应性	敏感性（Y_1）	人均工业废水排放量（Y_{11}）	0.0458
		第二产业产值比重/第二产业就业比重（X_{12}）	0.0055			人均工业SO_2排放量（Y_{12}）	0.0187
		三次产业产值比重变化率绝对值之和（X_{13}）	0.0261			人均工业废气排放量（Y_{13}）	0.0335
		体制结构状态指数（X_{14}）	0.0143			人均水资源量变化率（Y_{14}）	0.1281
		实际利用外资额/GDP（X_{15}）	0.0363			人均耕地面积变化率（Y_{15}）	0.0660
	稳定性（X_2）	产业系统结构熵（X_{21}）	0.0134		稳定性（Y_2）	人均公共绿地面积（Y_{21}）	0.0222
		产业系统结构转换率（X_{22}）	0.0428			建成区绿化覆盖率（Y_{22}）	0.0132
		产业结构高级化系数（X_{23}）	0.0300			人均耕地面积（Y_{23}）	0.0325
		第三产业产业化系数（X_{24}）	0.0110			人均水资源量（Y_{24}）	0.0308
		市场组织结构指数（X_{25}）	0.0316			环境质量指数（Y_{25}）	0.0229
	响应（X_3）	民营经济发展指数（X_{31}）	0.0140		响应（Y_3）	废气治理设施数（Y_{31}）	0.0426
		产业综合发展指数（X_{32}）	0.1059			万元GDP能耗（Y_{32}）	0.0025
		科学技术和教育财政支出比例（X_{33}）	0.0331			万元GDP电耗（Y_{33}）	0.0052
		每万人在校大学生数（X_{34}）	0.0548			万元GDP水耗（Y_{34}）	0.0075
		人均固定资产投资（X_{35}）	0.0384			三废综合利用产品产值（Y_{35}）	0.0666

流域产业系统敏感性主要是指产业系统内部面对政策、市场等外界发展环境扰动的敏感性程度，选取主要指标是产业系统运行状况指数、第二产业产值比重/第二产业就业比重、三次产业产值比重变化率绝对值之和、体制结构状态指数以及实际利用外资额/GDP。其中产业系统运行状况指数反映了产业发展受到的风险程度，第二产业产值比重/第二产业就业比重反映了工业化发展的程度，三次产业产值比重变化率绝对值之和反映了产业系统发展敏感性强弱，体制结构状态指数反映了产业发展受到的体制政策的制约程度，实际利用外资额/GDP 反映了产业系统对外资的依赖程度。

流域产业系统稳定性主要是指外界环境发展变化时，产业系统所能保持原有状态的能力，产业系统稳定性主要取决于产业系统自身状况，产业系统结构越复杂，其稳定性越强，由此选取主要指标为产业系统结构熵、产业系统结构转换率、产业结构高级化系数、第三产业产业化系数以及市场组织结构指数。其中，产业系统结构熵反映了产业系统的整体发育程度，产业系统结构转换率反映了产业系统的调整能力，产业结构高级化系数反映了产业系统优化升级程度，第三产业产业化系数反映了产业系统中第三产业发展情况，市场组织结构指数反映了产业系统规模化发展程度。

流域产业系统响应主要是指产业系统应对外界发展环境扰动时所反映出产业系统的应对能力，选取主要指标为民营经济发展指数、产业综合发展指数、科学技术和教育财政支出比例、每万人在校大学生数以及人均固定资产投资。其中，民营经济发展指数反映了产业系统发展的市场化程度，产业综合发展指数反映了产业系统发展的多元化情况，科学技术和教育财政支出比例以及每万人在校大学生数主要反映了产业系统发展的科技支撑，人均固定资产投资主要反映了对于产业发展的物质输出程度。

流域环境系统敏感性主要是指环境系统应对内外扰动作用的反应能力或敏感程度，主要用资源消耗程度或污染物排放量以及变化率表征环境系统的敏感程度，由此选取人均工业废水排放量、人均工业 SO_2 排放量、人均工业废气排放量、人均水资源量变化率以及人均耕地面积变化率 5 项指标表征。

流域环境系统稳定性主要是指环境系统应对外界干扰所能保持自身原有状态的能力，是环境系统与生俱来的自我调节能力。一般而言，植被覆盖率越高、区域开发程度越低以及区域开发多元化与综合化程度越高，环境系统的稳定性也越强，由此选取指标为人均公共绿地面积、建成区绿化覆盖率、人均耕地面积、人均水资源量以及环境质量指数。

流域环境系统响应主要是指环境系统面对外界干扰的应对能力，一般而言，资源利用效率越高以及环境监管与治理水平越好，环境系统响应能力越强，由此选取废气治理设施数、万元 GDP 能耗、万元 GDP 电耗、万元 GDP 水耗以及三废综合利用产品产值 5 项指标表征。其中，废气治理设施数反映了环境治理水平，万元 GDP 能耗、万元 GDP 电耗与万元 GDP 水耗反映了环境系统物质利用效率水平，三废综合利用产品产值反映了废物再资源化水平。

（三）数据来源

本书研究数据主要来自 2001～2015 年《吉林统计年鉴》、2001～2014 年《吉林省环境质量报告书》、2001～2015 年《中国城市统计年鉴》以及 2001～2014 年吉林省各地级市国民经济和社会发展统计公报中的相关数据。

二、评价方法的确定与模型构建

本部分主要选取方法为熵值法，主要计算步骤详见本书第三章第三节部分。依据熵值法计算步骤，首先对 2001～2014 年吉林省松花江流域 30 项指标，共计 1680 项数据统一进行标准化处理。为了消除指标量纲对研究结果的影响，本书采用极差法进行标准化处理，并设定当指标为正功效时，$y_{ij} = (x_{ij} - \min x_j)/(\max x_j - \min x_j)$，反之，$y_{ij} = (\max x_j - x_{ij})/(\max x_j - \min x_j)$，式中，$x_{ij}$、$\min x_j$、$\max x_j$ 分别为指标 j 的实际统计值、最小值以及最大值。在此基础上，求出 30 项指标的差异性系数 g_j，进而得出各指标的权重 w_j，最后运用公式：$D_j(w) = \sum w_j \times y_{ij}$，求出准则层中敏感性、稳定性以及响应得分。而敏感性、稳定性以及响应是适应性的关键参数，由此适应性数值大小可以用以下函数关系予以度量：

$$AD = \sqrt{ST \times RE} / SE \tag{4-3}$$

式中，AD 为产业系统（或环境系统）适应力；ST 为稳定性；RE 为响应；SE 为敏感性。

另外，在产业系统环境适应性评价分析中，虽然具体指标权重对最终结果正确与否起着重要作用，但是指标体系中系统层（AD）指标的权重也起着至关重要的作用，为提高测度结果的客观性，采用均方差赋权法计算系统层的指标权重[229]，根据系统层标准化得分以及权重综合求出产业系统环境适应性数值。

三、吉林省松花江流域产业系统环境适应性评价特征

（一）指标权重分析

通过分析指标权重（表 4-1）可知，对产业系统适应性指标影响较大的是产业

综合发展指数（0.1059）、每万人在校大学生数（0.0548）、产业系统结构转换率（0.0428）、人均固定资产投资（0.0384）以及实际利用外资额/GDP（0.0363），而第二产业产值比重/第二产业就业比重（0.0055）以及产业系统运行状况指数（0.0047）对其作用不明显，这说明了吉林省松花江流域产业系统的发展深受"内源力"和"外向力"双重扰动作用，其中"内源力"主要来自产业系统应对外界发展环境变化的自我调整能力和学习能力，而吉林省松花江流域资源型产业较为发育，产业结构重型化特征相对突出，并且第二产业"一枝独秀"的事实反映了研究区域产业系统自适应性以及自组织能力较差，由此也导致了产业系统运行状况不佳。另外，"外向力"也对产业系统的发展产生了重要影响，"外向力"主要包括政府投资、吸引外资以及科技支撑条件等。吉林省松花江流域产业发展依赖于投资拉动，相对具有政府投资驱动以及"指令性"经济的性质。

对环境系统适应性指标影响较大的是人均水资源量变化率（0.1281）、三废综合利用产品产值（0.0666）、人均耕地面积变化率（0.0660）以及人均工业废水排放量（0.0458），而万元 GDP 水耗（0.0075）、万元 GDP 电耗（0.0052）以及万元 GDP 能耗（0.0025）对其作用不明显，侧面反映了对环境扰动作用最大的是工业化的大力发展，同时也说明了目前工业发展依赖于资源的高消耗以及高投入，工业运行效率低下，工业发展对耕地的蚕食作用进一步加剧，在历史和现实双重路径作用下，未来对环境的干扰作用势必增强。

（二）适应性要素分析

图 4-1（a）表示产业系统敏感性，图 4-1（b）表示环境系统敏感性。由图 4-1（a）可知，长春市产业系统敏感性呈现波动上升的趋势，而吉林市、松原市以及白城市均呈现波动下降的趋势，其中吉林市又可细分为 2001~2008 年波动下降阶段，2008~2014 年稳步下降阶段。由图 4-1（b）可知，4 个地级市环境系统敏感性均显著呈现阶段性发展特征，其中 2001~2008 年，长春市呈现波动升高趋势，2009~2013 年，则呈现倒"V"形；2001~2008 年，吉林市呈现"上升—下降—上升—下降"的演变趋势，2008~2014 年，则呈现倒"V"形；2001~2010 年，松原市呈现先降后增再减的趋势，2010~2014 年，快速上升之后进入了平稳发展时期；2001~2010 年，白城市呈现波动上升趋势，2010~2012 年，则呈现倒"V"形。对比数据发现人均工业 SO_2 排放量以及人均工业废气排放量是环境系统敏感性呈现阶段性特征的重要原因，说明现阶段工业化的大力发展对环境造成了相当程度上的干扰。吉林市作为松花江（吉林省段）的源头，其产业结构以石化产业为主，尤其对水环境的干扰相对较强，同时生产以及生活用水的需求导致向下游流经的水资源不断减少，加之伊通河水质较差，汇入干流之后势必对下游地区产生严重干

扰，导致下游地区环境系统敏感性指数演化特征均呈现与吉林市环境系统敏感性指数相似的特征。

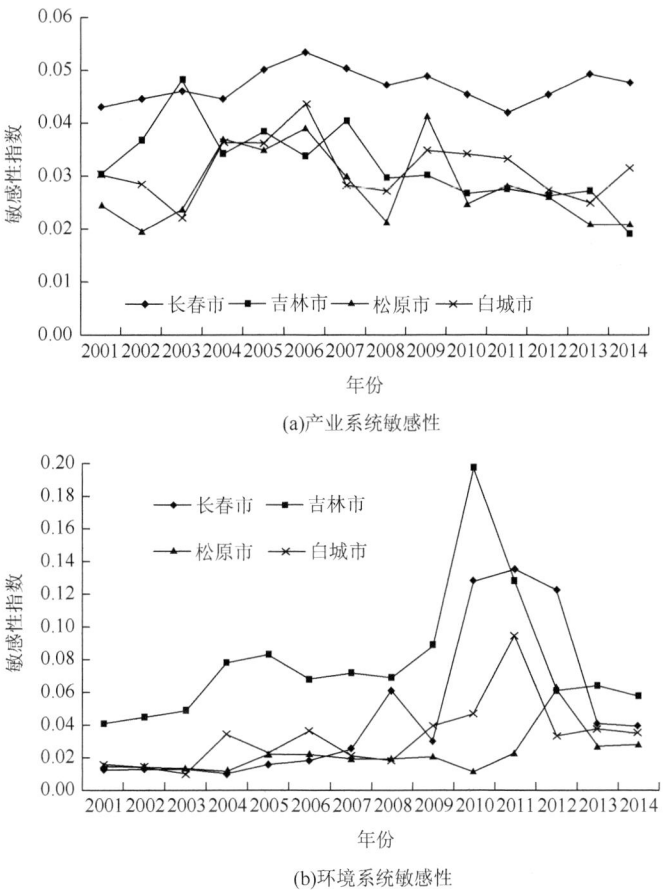

图 4-1 吉林省松花江流域产业系统与环境系统敏感性指数

另外，长春市、吉林市、松原市和白城市产业系统敏感性以及环境系统敏感性平均得分分别为 0.0470、0.0320、0.0279、0.0313 以及 0.0470、0.0783、0.0214、0.0321，侧面说明了产业系统与环境系统具有非线性耦合关系，产业发展并不一定是导致环境恶化的根本原因。

图 4-2（a）表示产业系统稳定性，图 4-2（b）表示环境系统稳定性。由图 4-2（a）可知，产业系统稳定性区域特性鲜明，长春市呈现阶段性变化特征，2001~2010 年阶段基本维持不变，而 2010~2013 年阶段则逐步提高，2013 年以后稍有回落。吉林市呈现波动起伏状态，松原市则呈"U"形变化特征，而白城市变化特征最为复杂，

总体经历了上升—下降—上升—波动下降的发展历程。产业系统稳定性主要来自产业系统自身内源力作用,产业的多样化以及产业结构优化升级促进了产业系统稳定性的提高。由图 4-2(b)可知,环境系统稳定性总体呈现上升趋势,但 2010 年以后长春市和吉林市环境系统稳定性有所下降,主要是因为 2010 年长吉一体化的提出促使了新一轮产业发展热潮的产生,对环境的干扰作用不断增强。而 2001 年吉林省生态建设规划西部区域为草原湿地保护和绿色产业生态经济区,促使松原市以及白城市环境系统稳定性不断提升。

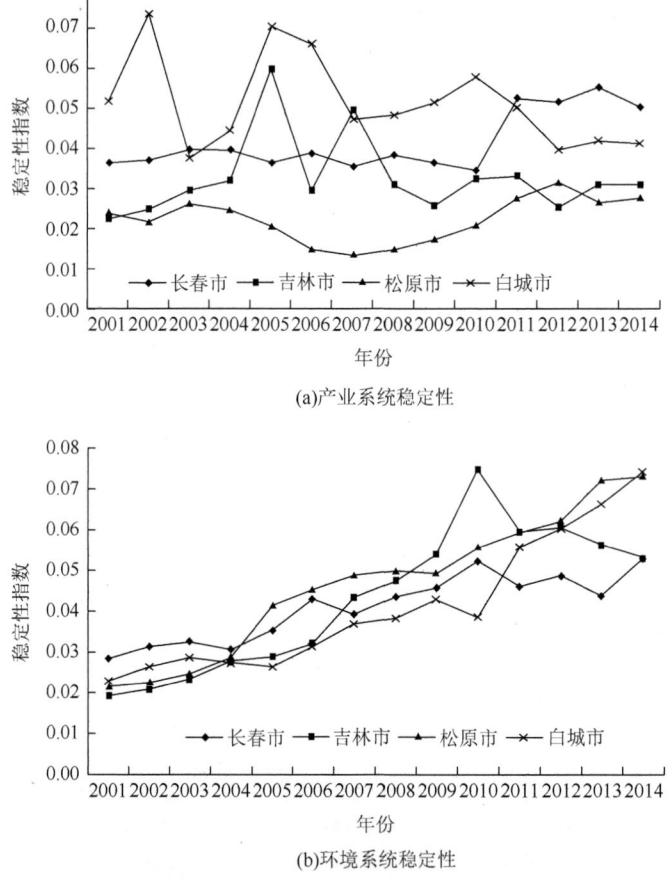

图 4-2 吉林省松花江流域产业系统与环境系统稳定性指数

产业系统响应受市场力、内源力、科技条件以及政府投资等方面的作用,由此导致了区域产业系统响应的差异性。图 4-3(a)表示产业系统响应,图 4-3(b)表示环境系统响应。由图 4-3(a)可知,长春市产业系统响应呈现稳步提升的态势，与其市场条件较好、产业结构优化升级、科技支撑雄厚以及政府大力投资直接相关。吉林市则波动起伏，松原市则先下降后上升，白城市则整体呈现不断下降趋势。环境系统响应与产业发展效率以及环境治理情况等条件有关，由图4-3（b）可知，长春市环境系统响应整体呈现递增趋势，吉林市呈"几"字形发展特征，而松原市和白城市2001~2013年响应指数基本保持不变，长期维持在较低水平，而2013年之后迅速上升，主要是因为民营经济发展指数以及人均固定资产投资增加引起了松原市和白城市响应指数的快速上升。

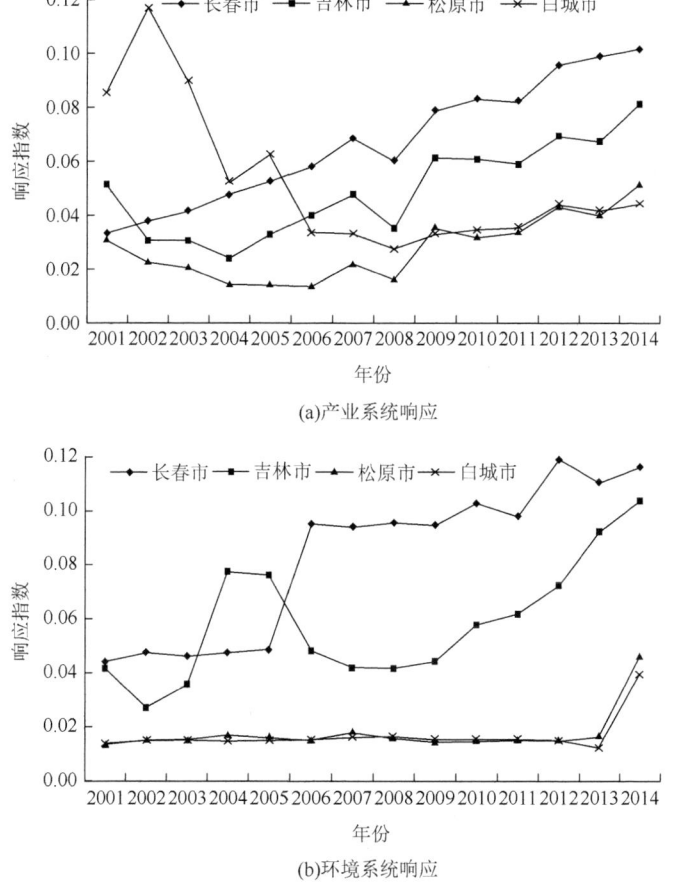

图4-3 吉林省松花江流域产业系统与环境系统响应指数

适应力大小直接受系统的稳定性、响应以及敏感性等适应性要素影响，图4-4（a）表示产业系统适应力，图4-4（b）表示环境系统适应力。图4-4（a）显示长春市产业系统适应力稳步提升，吉林市和松原市则先降低后波动上升，白城市呈先增加后降低再波动上升趋势。长春市已经形成汽车工业、绿色食品业、光电子以及生物制药四大主导产业，并且产业结构不断优化升级，第三产业比重长期稳定在40%以上，产业发展自组织性以及自我调整能力强。吉林市以及松原市产业发展严重依赖于石化产业、冶金以及电力产业等重型工业，以油为主、"一业独大"的现状使得产业发展不稳定性增加。白城市农副产品加工、汽车配套、纺织业、能源、皮革、建材以及机械加工等均有一定的发展优势，已经形成了"多业并举"的发展格局，任何一种产业的变化都对整个产业系统适应力产生一定影响。

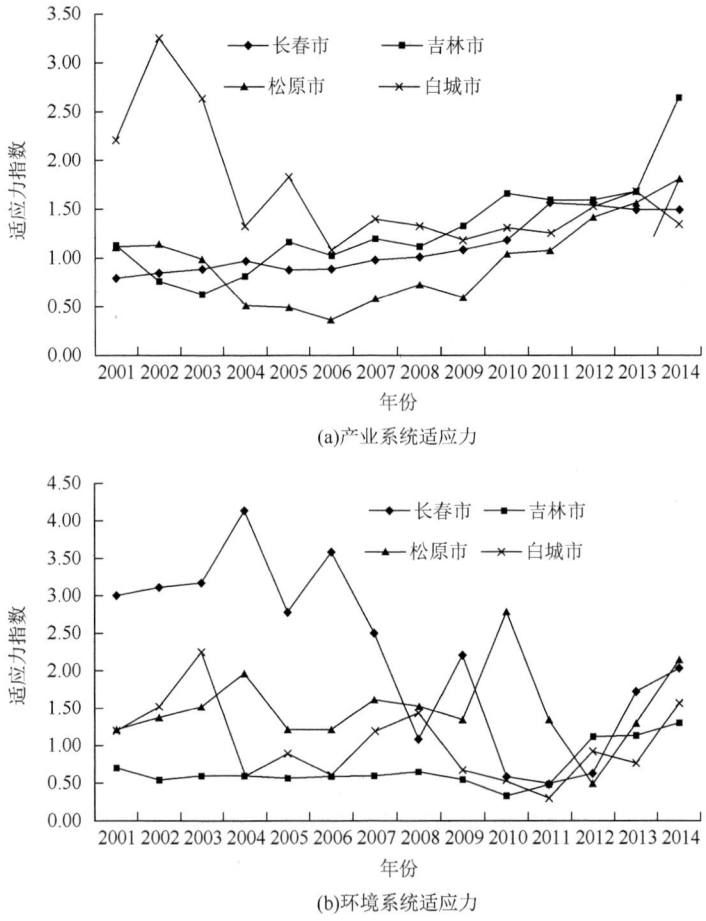

图4-4 吉林省松花江流域产业系统与环境系统适应力指数

由图4-4（b）可知，长春市环境系统适应力呈现钟摆震荡且不断下降的趋势，吉林市则平稳发展后急剧递增，松原市呈现波动变化发展趋势，白城市环境系统适应力与产业系统适应力具有相对一致的变化趋势。以上结果说明了产业系统适应力与环境系统适应力变化趋势并非完全一致,二者具有非线性变化关系。同时一定程度上也表明吉林省松花江流域上游城市吉林市的发展情况对整个流域的动态变化情况息息相关。

产业系统环境适应性指数中,长春市、松原市以及白城市产业系统环境适应性指数与环境系统适应力具有相对一致的变化趋势,而吉林市则先降低后不断上升(图4-5),由此可见,现阶段生态环境对产业系统环境适应性的提高具有重大影响作用,吉林省松花江流域产业结构呈现重型化特征,产业清洁化以及产业轻型化速度相对迟缓,在这种情况下生态环境的治理与改善相对产业结构的调整而言,较为容易,从而印证了生态环境作为产业系统的本底作用与载体功能。

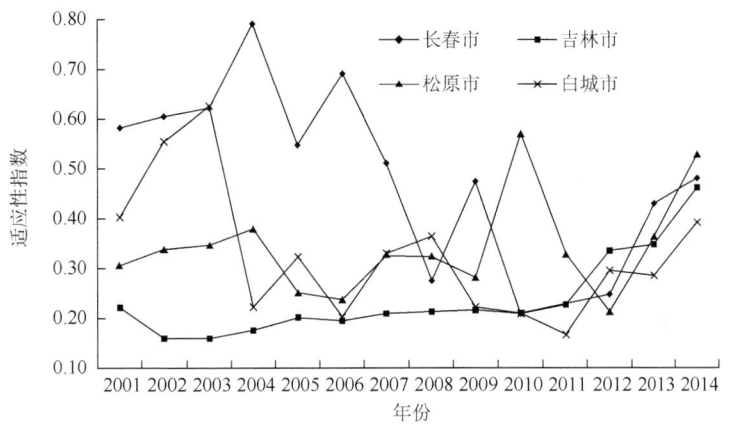

图 4-5 吉林省松花江流域产业系统环境适应性指数

总体而言,产业系统环境适应性指数由长春市>白城市>松原市>吉林市,逐渐演化为松原市>长春市>吉林市>白城市,并且区域之间差异程度不断缩小。吉林市、长春市、松原市以及白城市作为吉林省松花江流域依次流经的城市,其产业系统环境适应性总体呈现出由流域自上而下依次降低到中心-外围特征逐渐形成的过程。另外,这也说明了长春市辐射功能作用不断增强,同时反映了流域产业系统环境适应性并非一定完全呈现流域的特征,流域内中心性城市功能的发挥也可以影响并且改变其演化发展趋势。

从产业系统环境适应性指数年均增长率可以看出,长春市和白城市总体数值降低,年均递减率分别为1.43%和0.26%,但递减原因不同,长春市主要是因为环境系统的支撑作用不断减小,其反映了长春市在强劲经济增长驱动下环境发展的滞后性,白城市主要是产业发展的驱动所致,反映了白城市经济实力弱小,产业规模较弱,集群化与规模化发展不足。而吉林市和松原市均呈现出递增态势,年均增长率分别为5.82%和4.24%,反映了资源型城市产业生态化有了一定程度的发展。

四、吉林省松花江流域产业系统环境适应性类型划分

吉林省松花江流域各个城市因为生态环境与产业结构特征各异，对系统内外发展环境变化扰动作用时所做出的转型能力、学习能力以及创新能力存在显著差异，由此造成了研究区域不同城市产业系统环境适应性呈现不同的发展特征。根据研究区域城市产业系统、环境系统适应能力以及产业系统环境适应能力演变特征，概括出研究区域产业系统环境适应性类型，揭示吉林省松花江流域产业系统环境适应能力的类型分异特征，为流域因地制宜制定产业生态系统的适应能力措施提供依据与指导。

第一类：高适应能力，产业优先发展类型，即长春市。长春市作为研究区域的绝对核心城市、区域发展的增长极核、各种要素流的汇聚场所，自 2003 年东北振兴以来，经济保持了快速的发展势头，2003～2014 年长春市年均 GDP 增长率高达 13.41%。但长春市经济发展严重依赖工业化的发展，自 2007 年以来，第二产业占 GDP 比重长期稳定在 50% 以上，并且东北振兴以来，其第二产业占 GDP 比重平均为 50.37%，经济发展模式仍属于牺牲环境资源换取经济规模化发展的粗放外延式的模式，导致了对环境系统的干扰作用不断增强，环境系统敏感性不断上升，年均增长率高达 9.50%。

第二类：中适应能力，产业优先发展类型，即吉林市。吉林市作为研究区域的增长次级核心，吉林省松花江流域的上游城市，受国家宏观项目布局的深刻影响，吉林市区域发展严重依赖于石化产业发展，资源型产业较为发育，区域产业"清"和"轻"型化速度迟缓，产业结构单一，产业门类不全，战略性新兴产业与现代服务业发育不完善，增加了流域产业系统结构脆弱性。目前经济发展依赖于物质与能源的大量消耗实现产业的规模扩张与总量增长。但这种物质消耗型增长没有以产业结构优化作为基础，因此这会更加强化陈旧畸形的产业结构，从而迫使结构性矛盾不断突出，高投入低产出的粗放式经济运行方式将会在很长一段时期内盛行，进而对流域环境系统将会产生深远的影响。

第三类：中适应能力，基本协调发展类型，即松原市。松原市作为新的增长次级核心城市，自东北振兴以来，经济长期保持了高速发展态势，2003～2014 年松原市年均 GDP 增长率高达 20.34%，素有"中国北方经济增长四小龙"之一的美誉，并且其直接接受省会城市长春市辐射，同时 2006 年以来以石油、化工、建材、制药为主体的松原市增加了对产业的调控力度，充分发挥了农业资源以及旅游资源的优势，大力发展第三产业，并且第二产业不断向精细化方向发展，生物化工、农畜产品深加工以及旅游等产业不断兴起并快速发展，产业

结构不断趋向能源节约型以及清洁生产型，工业重型化特征得以缓解，产业发展对环境的扰动作用不断降低。

第四类，低适应能力，产业优先发展类型，即白城市。白城市产业多样化发展现象相对突出，虽然区域尚未形成优势明显的主导性产业，但已经形成了"多业并举"的发展格局，农副产品深加工、汽车零部件生产、纺织服装、能源建材、皮革以及机械加工等均有一定的发展优势，区域产业结构轻型化现象相对明显，2003年以来第二产业产值占GDP比重平均仅为41.31%。但白城市作为西部环境脆弱区，以及吉林省松花江流域下游城市和研究区域边缘性城市，无论是经济体量、产业发展规模以及发展效益，均无法与长吉二市相提并论。另外，受制于区域脆弱的环境本底因素，由此决定了区域产业发展规模以及发展强度。以上多种因素共同作用下导致了白城市产业系统环境适应性整体不高，有待于进一步优化提升。

第二节 基于适应性目标的产业系统环境适应性评价

一、生态效率内涵释义

如前文所述，产业系统环境适应性分析就是要改变传统的产业系统与生态环境系统之间简单的物质以及能量的传递与流动的线性关系，最终目的是建立起二者之间物质以及能量循环流动与不断重复利用的网络组织共生关系。产业系统环境适应性究其本质而言，其最终追求的是建立产业系统与环境系统协调发展、和谐共生的产业生态系统。推进经济发展模式的转变，实现物质减量化发展是产业系统环境适应性的追求目标，核心是生态效率的提高。

生态效率作为经济发展与资源环境利用关系的集中反映，可以用来综合考量资源环境的利用程度以及其内部各领域的协调程度。它不仅可以用来衡量资源利用效率，而且可以用来确定和控制污染物排放的优先顺序，由此提供了一个了解和认识生态环境进程的有效工具[18]，其一经提出，便受到广泛关注。对于生态效率的研究最早可以追溯到20世纪50年代资源利用系数以及技术效率的提出[230]，并且1990年德国学者Schaltegger和Sturm首次提出了生态效率的概念，认为生态效率是产业增加值与环境影响增加值的比值，并且对生态效率进行了量化研究[231]。随后1996年世界企业永续发展委员会（World Business Council for Sustainable Development，WBCSD）对生态效率进行了全面阐述，认为生态效率的形成，需要在提供价格上具有竞争力的产品和服务以满足人们需求，提高生活质量的同时，在商品和服务的整个生命周期内将其对环境的影响及自然资源的耗用逐渐降低到地球能负荷的程度。欧洲环境署认为生态效率可以度量产业生态化发展进程，以最小的资源投入获取最大的经济产出，从而实现资源消耗和污染排放与经济发展的脱钩。

由此而言，生态效率主要包括以下层面含义：一是强调经济效益与环境效益的双赢，即以最小的物质消耗得到最大的福利，并且整个产业运行周期内对环境的影响降至最低，最终形成质优价廉、竞争力强的产品与服务；二是强调单位产品或服务对环境的干扰程度，侧重于增强产品的经济属性，将工商业的发展置于社会可持续发展大框架下演化进程之中，为工商业的可持续发展提供了有效的分析方法。生态效率作为区域产业生态化以及经济可持续发展的度量标尺，一方面强调了产业生态系统的投入产出能力，以最小成本投入达到产业生态系统经济环境效益的帕累托最优。另一方面强调资源消耗少、环境影响小的生态效率产品，符合产业系统环境适应性转型以及可持续发展的要求。

生态效率反映了经济规模增长与环境压力的双向演化关系，是产业系统环境适应能力的重要体现。运用生态效率测度模型开展产业系统环境适应性的研究，将外部环境成本纳入区域产业发展系统，实现产业发展外部成本内部化，有利于客观体现与评估产业发展真实成本，符合市场条件下资源最优化配置理论。同时，生态效率可分解为资源效率、清洁生产效率以及末端治理效率，直接与产业运行紧密联系，利用生态效率测度模型更加有利于识别产业生态化发展的制约因素，增强建议措施的科学性与合理性。

二、评价模型构建

（一）生态效率测度模型

生态效率具体是指单位生态环境负荷下产品或服务价值的产出，强调经济效益与资源环境效益的有机统一，追求的是以最小的资源消耗与环境代价换取最大的经济效益。世界经济合作与发展组织（Organization for Economic Cooperation and Development，OECD）提出的生态效率概念模型是生态效率＝产品或服务价值/生态负荷。式中，产品或服务价值可用总人口、地区生产总值以及工业总产值等指标衡量，主要测度产业系统的经济绩效；生态负荷包括资源负荷以及环境负荷，反映资源利用效益以及污染物排放情况，可用水污染物、废气污染物以及固体废弃物等指标表征，主要测度产业系统的生态绩效。综上所述，生态效率概念模型可分解为

$$\mathrm{EI} = \sum \lambda_i S_i \Big/ \Big(\sum \mu_r R_r + \sum v_p E_p \Big) \tag{4-4}$$

式中，EI 为生态效率；S_i 为第 i 种产品或服务的价值；R_r 为第 r 种资源投入量；

E_p 为第 p 种污染物排放量；λ_i、μ_r、ν_p 分别为第 i 种产品或服务、第 r 种资源、第 p 种污染物的权重值。

另外，在对生态效率内涵充分诠释的基础上，生态效率（EI）可具体分解为资源效率（RE）和环境效率（EE），分别可用单位资源投入量的产品或服务价值以及单位污染物排放量的产品或服务价值表示，计算公式如下：

$$\mathrm{RE} = \sum \lambda_i S_i \Big/ \sum \mu_r R_r \tag{4-5}$$

$$\mathrm{EE} = \sum \lambda_i S_i \Big/ \sum \nu_p E_p \tag{4-6}$$

将环境效率进一步分解为

$$\mathrm{EE} = \sum \lambda_i S_i \Big/ \sum \nu_p E_p = \Big(\sum \lambda_i S_i \Big/ \sum \mu_r R_r\Big) \times \Big(\sum \mu_r R_r \Big/ \sum \gamma_p E'_p\Big) \times \Big(\sum \gamma_p E'_p \Big/ \sum \nu_p E_p\Big) \tag{4-7}$$

式中，E'_p 为第 p 种污染物产生量，表示相应污染物产生量的权重值，其他指标指示意义同上。环境效率分解式 $\Big(\sum \lambda_i S_i \big/ \sum \mu_r R_r\Big)$、$\Big(\sum \mu_r R_r \big/ \sum \gamma_p E'_p\Big)$、$\Big(\sum \gamma_p E'_p \big/ \sum \nu_p E_p\Big)$ 分别为源头消减效率（即资源效率）、清洁生产效率以及末端治理效率，分别用 α、β 以及 ε 表示，则将环境效率分解式带入生态效率测度模型之中，化简整理得

$$\mathrm{EI} = (\alpha \times \beta \times \varepsilon)/(1 + \beta \times \varepsilon) \tag{4-8}$$

从式（4-8）可以看出，生态效率（EI）是源头消减效率（α）、清洁生产效率（β）以及末端治理效率（ε）的函数。分别对 α、β 以及 ε 求偏导，可得 $\partial \mathrm{EI}/\partial \alpha = \beta \times \varepsilon/(1 + \beta \times \varepsilon) > 0$，相应可求得 $\partial \mathrm{EI}/\partial \beta > 0$，$\partial \mathrm{EI}/\partial \varepsilon > 0$，由此可见，生产的每一环节都可以通过降低环境负荷来提高生态效率，但并不能完全实现预期的环境目标。源头消减效率、清洁生产效率以及末端治理效率三者之间存在着相互联系、相互影响的关系，同时彼此之间又存在着一定的独立性，只有三者之间协调共进、协同发展，才能共同组成产业生态系统的完整链条，成为真正促进生态效率大幅度提高的"三驾马车"[76]。另外，处于前端生产环节的生态效率对消减下一环节污染物的产生发挥着直接作用，同时次级环节需要投入比上一环节更大的成本才能消除同样的环境影响，因此，在提高产业系统生态效率方面，不同的生产环节表现出一定的优先次序，具体表现为源头消减＞清洁生产＞末端治理。

（二）产业生态系统可持续发展评价模型

产业系统生态效率衡量的是社会经济发展过程中利用资源的始端投入与终端产出的数值比例关系，产业系统环境适应性不仅表现为产业生态系统结构功能的适应性、发展目标的适应，更表现为产业生态系统的可持续发展。产业生态系统可持续发展要求以最小的资源投入换取最大的效益产出，由此可见，产业生态系统可持续性可以用生态效率予以度量。借鉴相关研究成果[232, 233]，以 S 代表社会

服务量，I 代表生态负荷，EI 代表生态效率，设 W_1 为区域 t 时期发展状态，W_2 为 $(t+\Delta t)$ 时期发展状态，由此可以根据 W_1 和 W_2 所处不同位置判定区域产业生态系统可持续发展类型（表 4-2 和图 4-6）。

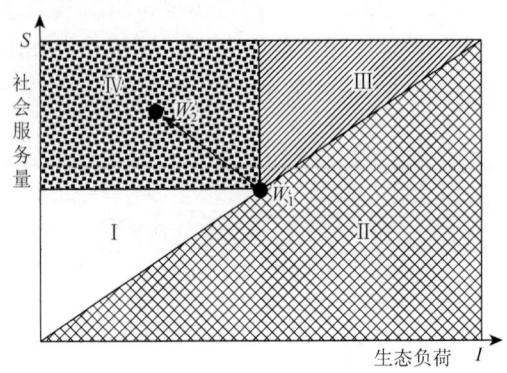

图 4-6　产业生态系统可持续性评价模型

表 4-2　产业生态系统可持续性判定模型解释

区域	判定依据	表征意义	可持续类型
I	$EI(t)<EI(t+\Delta t)$, $S(t)>S(t+\Delta t)$, $I(t)>I(t+\Delta t)$	社会服务量和生态负荷同时降低	次增强型
II	$EI(t)>EI(t+\Delta t)$, S、I 大小不固定	资源环境消耗快于社会服务量提高	减弱类型
III	$EI(t)<EI(t+\Delta t)$, $S(t)<S(t+\Delta t)$, $I(t)<I(t+\Delta t)$	社会服务量和生态负荷同时增加	次增强型
IV	$EI(t)<EI(t+\Delta t)$, $S(t)<S(t+\Delta t)$, $I(t)>I(t+\Delta t)$	社会服务量增加且生态负荷降低	增强类型

三、评价体系的建立与数据收集

遵从数据典型代表性、科学性、可获取性以及可比性等原则，由于统计数据资料限制，本部分选取 2002～2014 年数据进行定量分析。借鉴相关研究成果，结合研究区域实际情况，主要选取工业生产总值（2002 年不变价格消除价格因素影响）表示产业系统产品或服务价值，选取工业生产总值表示产业系统产品或服务价值，为消除价格影响，统一将工业生产总值折算为 2002 年不变价。以综合能源消费量表示产业系统运行的资源负荷，以工业二氧化硫、工业烟尘、工业粉尘、工业废水中化学需氧量 4 类污染物的环境影响表征产业系统运行的环境负荷，定量分析吉林省松花江流域产业系统生态效率时空演变特征。本书研究数据主要来源于 2003～2015 年《吉林统计年鉴》、2002～2014 年《吉林省环境质量报告书》以及 2003～2015 年《中国城市统计年鉴》。

四、吉林省松花江流域产业系统生态效率评价特征

(一) 不同环节生态效率演变特征

根据公式计算不同生产环节的生态效率,不同生产环节的生态效率差异性显著,除源头消减效率4个地级市呈现出稳步提升态势外(图4-7),清洁生产效率及末端治理效率均呈现出不同的演变特征(图4-8和图4-9)。对比4个地级市不同生产环节的生态效率变异系数可以发现,长春市呈现源头消减效率>末端治理效率>清洁生产效率,吉林市则呈现清洁生产效率>源头消减效率>末端治理效

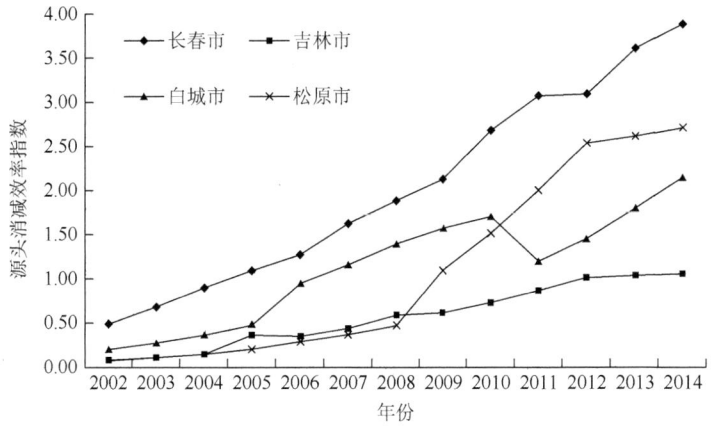

图4-7 吉林省松花江流域源头消减效率演变图

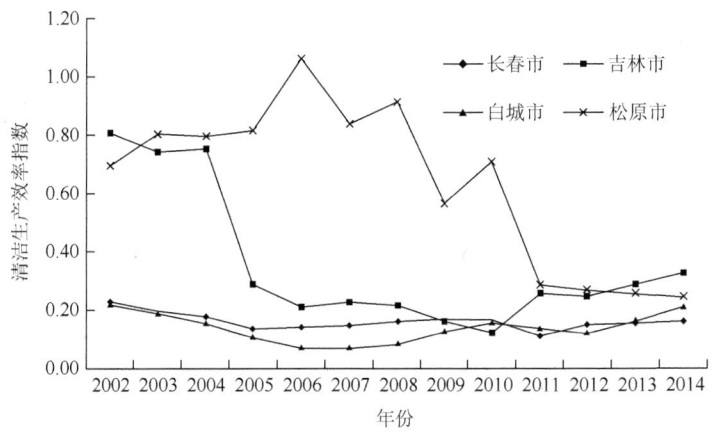

图4-8 吉林省松花江流域清洁生产效率演变图

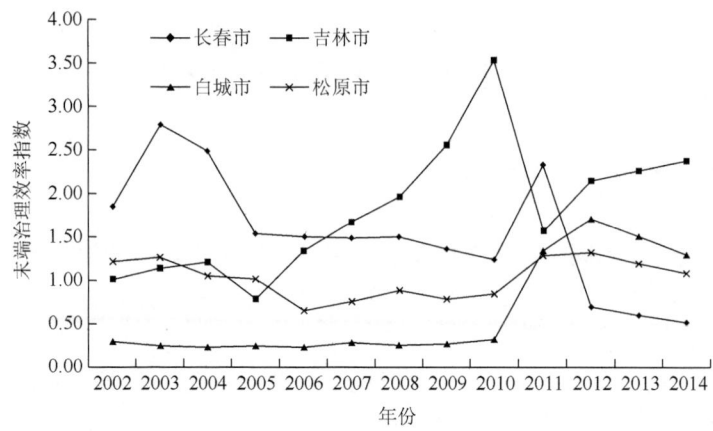

图 4-9 吉林省松花江流域末端治理效率演变图

率，白城市则呈现末端治理效率＞源头消减效率＞清洁生产效率，而松原市则呈现源头消减效率＞清洁生产效率＞末端治理效率，以上分析反映了长春市侧重于提高资源要素的利用效率从而达到使产业变"轻"的目的；吉林市侧重于中间清洁生产环节效率，从而减轻末端治理的压力，最终达到使产业变"清"的目的；而白城市和松原市分别侧重于末端治理效率和源头消减效率的提高。

由于不同城市在规模、体量以及处于流域的位置不同，其发展路径具有显著的差异性，区域综合性城市长春市呈现出低投入、低消耗以及低排放的发展特征，资源性城市吉林市以及松原市呈现出高投入、高利用以及高排放的特征，地方性城市白城市呈现高投入、低利用以及低排放的特征。由此可见，不同的城市产业发展的侧重点不同，要因地制宜选择适合区域产业特点的产业组合形式和发展模式，盲目追求从传统产业发展模式直接进入循环可持续产业发展模式是片面的和不正确的。

由图 4-10 可以看出，除 2010～2011 年外，吉林省松花江流域环境效率在其他研究时段内均呈现持续增长特征，但不同生产环节的效率均表现出明显的差异性，并且在发展趋势和变化幅度等方面也呈现出鲜明的特点。具体而言，清洁生产效率指数波动幅度最小，并且其数值也低于其余二者，而源头消减效率指数波动幅度最大，末端治理效率指数次之。另外，在 2005～2008 年阶段，三者数值呈现末端治理效率＞源头消减效率＞清洁生产效率，侧面反映出清洁生产在投资拉动战略下以及产业迅速发展进程中等情境下表现出一定的滞后性。而在 2009～2014 年阶段，三者数值呈现源头消减效率＞末端治理效率＞清洁生产效率，这说明吉林省松花江流域在推进产业系统生态效率的具体实践中，已经开始由以末端治理为主向以源头预防为主的模式转变，资源减量化成为优先选择，其次是末端治理，最后为清洁生产，具有清晰的层次性和次序性。同时也映衬了流域产业发展水平不高，产业发展层次有待进一步提升。

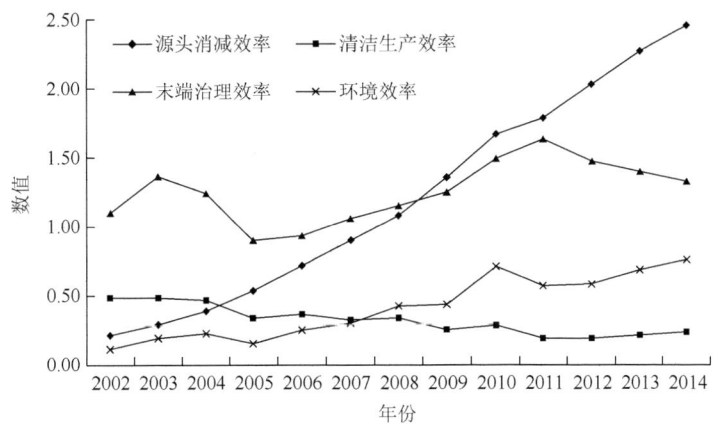

图 4-10　吉林省松花江流域不同生产环节生态效率演变对比

(二) 产业系统生态效率演变特征

从横向时间序列分析，除 2004~2005 年和 2011~2012 年长春市产业系统生态效率呈下降趋势外，其余年份均呈现持续增长态势。吉林市和白城市均呈现稳步增长特征。松原市在 2002~2010 年呈现迅速攀升趋势，在 2010~2014 年呈现波动发展特征。而吉林省松花江流域呈现波动上升演变特征。对 4 个地级市而言，2002 年其生态效率呈现长春市＞吉林市＞松原市＞白城市，而 2014 年则呈现松原市＞白城市＞吉林市＞长春市，由此反映出处于流域下游的松原市和白城市发展速度较快，而长春市处于吉林市的下游地区，其生态效率的提升受到吉林市干扰作用较为严重。而目前吉林市仍处于高投入、高污染以及高排放的发展阶段，加之 2010 年长吉一体化的提出，在强劲"经济发展型"特征的驱动下，长春市表现出了一定的环境滞后性。

从图 4-11 可以看出，研究时限内吉林省松花江流域各市产业系统生态效率发展水平波动幅度存在明显的分异特征，增长幅度存在白城市＞松原市＞吉林市＞松花江流域＞长春市，由此可以反映出其产业系统生态效率具有显著的流域特征。另外，增长幅度最大的白城市其波动幅度较小，而增长幅度较小的长春市其波动幅度最大，其他地区的波动幅度介于二者之间。

从不同生产环节对生态效率的贡献率分析，对吉林市松花江流域而言，源头消减效率基本发挥正向驱动力作用，2002~2014 年平均贡献率高达 273.99%。清洁生产效率作用发挥不显著，并且 2002~2014 年平均贡献率仅为 30.59%。而不同时期末端治理效率发挥功效各异，2010 年以前基本发挥了正向驱动力作用（2002~2010 年平均贡献率为 375.68%），但 2010 年以后则产生了负向驱动力

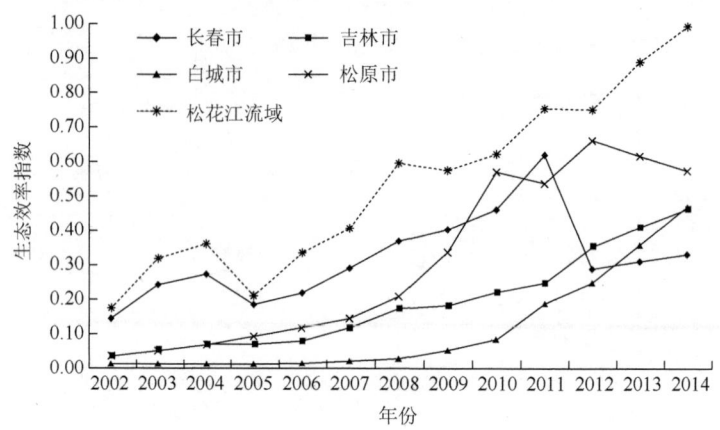

图 4-11　吉林省松花江流域生态效率演变图

（2010~2014 年平均贡献率为-373.41%）。由此可见，对研究区域而言，资源减量化以及末端治理是生态效率变化的决定性因素。

（三）产业生态系统可持续发展特征

生态效率值直接关联区域产业生态系统可持续发展类型，根据产业生态系统可持续发展判定模型可得表 4-3。由表 4-3 可知，不同地域的产业生态系统可持续发展类型空间分异现象明显，其中长春市总体经历了从可持续增强到次增强的演变过程，且其主要处于可持续次增强类型，即产业不断发展的同时，其环境压力也在不断增加。吉林市总体经历了可持续增强—次增强—再增强类型的演变过程，说明吉林市已经开始注意从"三高"产业线性发展模式向兼顾社会发展和资源环境保护的可持续性发展模式的转变。但也应该注意的是，吉林市也仅为近两年处于可持续再增强类型，仍需注意清洁型产业以及轻型产业的培育和发展。白城市主要经历了从可持续次增强类型到可持续增强类型的演变过程。松原市整体属于可持续次增强类型和可持续增强类型。从波动幅度分析，资源型城市产产业生态系统可持续发展类型演变的波动幅度最大，而综合型城市波动幅度较小。

表 4-3　2003~2014 年吉林省松花江流域产业生态系统可持续性类型

地区	2003 年	2004 年	2005 年	2006 年	2007 年	2008 年	2009 年	2010 年	2011 年	2012 年	2013 年	2014 年
长春市	Ⅳ	Ⅲ	Ⅱ	Ⅲ	Ⅲ	Ⅲ	Ⅲ	Ⅲ	Ⅳ	Ⅱ	Ⅲ	Ⅲ
吉林市	Ⅳ	Ⅲ	Ⅱ	Ⅲ	Ⅳ	Ⅳ	Ⅲ	Ⅲ	Ⅲ	Ⅳ	Ⅳ	Ⅲ

续表

地区	2003年	2004年	2005年	2006年	2007年	2008年	2009年	2010年	2011年	2012年	2013年	2014年
白城市	Ⅲ	Ⅲ	Ⅱ	Ⅲ	Ⅳ	Ⅲ	Ⅳ	Ⅳ	Ⅳ	Ⅳ	Ⅳ	Ⅳ
松原市	Ⅳ	Ⅲ	Ⅲ	Ⅲ	Ⅲ	Ⅲ	Ⅳ	Ⅳ	Ⅱ	Ⅳ	Ⅱ	Ⅱ
松花江流域	Ⅳ	Ⅲ	Ⅲ	Ⅲ	Ⅲ	Ⅲ	Ⅲ	Ⅳ	Ⅱ	Ⅳ	Ⅲ	Ⅲ

注：Ⅱ表示再增强，Ⅲ表示次增强，Ⅳ表示增强。

以上分析反映了流域产业生态系统可持续发展类型有不断增强的趋势，但区域之间可持续发展类型演变态势分异现象明显，可持续性发展类型演变规律性较差侧面印证了区域产业之间缺乏有效的分工与联系，产业联动发展模式尚未形成。从吉林省松花江流域整体分析，流域在研究期限内整体属于可持续性次增强（Ⅲ）和可持续性增强（Ⅳ）的发展类型，但波动发展态势较为明显。对比分析知，2002~2007年，长春市和吉林市的产业发展对其作用较为明显，而2008~2014年单个城市的作用均不明显，属于混合作用类型。由此可以看出，吉林省松花江流域产业生态系统可持续发展的流域特征更加鲜明，已经开始从单个城市主导型向多个城市混合作用型转变。

第三节　基于适应性效率的产业系统环境适应性评价

一、适应性效率的内涵释义

产业系统环境适应性最终追求产业系统与生态环境的协调共进、耦合共生的互动关系，反映了产业系统在生态环境有限条件制约下的学习能力、转型能力与创新能力。从经济学投入产出角度而言，产业系统环境适应性追求的是最佳的适应性效率，即以最小的资源环境投入获取系统最大的效益。与产业生态系统演化类似，适应性效率也发生着从简单到复杂、从低级到高级的演进过程，但其演化依附于产业生态系统。

在产业生态系统发展初始阶段，由于生产力水平低下，产业规模弱小，不同产业之间几乎不发生横纵向联系，并且产业与环境之间也是一种剥夺与被剥夺的资源—产品—废物简单的单向线性生产模式。随着企业类型以及数量的不断增多，产业生态系统各组成成分的关系不断趋于复杂，并且相互之间作用程度不断增强。此阶段虽然对资源利用程度增加，但清洁生产技术相对落后，加之末端治理效率不高，此时期仍然属于高投入、高排放的单向资源流动生产模式，从而增加了产业生态系统的脆弱性。科学技术的不断进步加快了清洁生产技术的不断应用与快速推广,静脉产业以及环保意识的增强促使产业生态系统向网络化、生态化以及技术化方向演化,产业生态系统内部已经组成了复杂的网络共生关系,区域之间已经形成了废物与副产品相互交换利用,资源在产业生态系统内部无限循环流动,这一阶段也是适应性效率演化的高级阶段。

从以上分析可以看出,适应性效率不仅是产业生态系统利用资源以及对环境影响程度的度量尺度,而且也是衡量产业生态系统演化阶段的客观反映。通过适应性效率的测度进而明晰产业生态系统发展的现实情况,为产业生态系统的适应性调整与转型重构提供参考与借鉴。

二、评价方法的确定与模型构建

本部分主要采用数据包络分析法(data envelopment analysis,DEA)评估吉林省松花江流域产业生态化运行效率、资源配置效率以及技术效率等问题。数据包络分析法最早由美国著名统计学家 A. Charnes 和 W. W. Cooper 等提出,主要用来评估同类型多投入产出决策单元(decision making unit,DMU)是否同时获得规模与技术相对有效,测度规模报酬不变条件下的综合技术效率,即 C^2R 模型:

$$\begin{cases} \min\left[\theta - \varepsilon(e_1^T S^- + S^+)\right] \\ \text{s.t.} \sum_{j=1}^{n} \lambda_j X_j + S^- = \theta X_0 \\ \sum_{j=1}^{n} \lambda_j Y_j - S^+ = Y_0 \\ \lambda_j \geq 0, S^+ \geq 0, S^- \geq 0, X_j \geq 0, Y_j \geq 0 \end{cases} \quad (4-9)$$

式中,θ 为 DMU 综合技术效率,$\theta \in (0,1]$,综合技术效率越趋近于 1,表示系统运行效率越高,适应性越强,反之,适应性越弱;S^- 和 S^+ 为松弛变量,分别表示投入冗余度和产出冗余度;ε 为非阿基米德无穷小,一般取值为 10^{-6};X、Y分别为投入量和产出量;λ 为系数。但 C^2R 模型有其固有缺陷,即并不是每一个决策单元都保持规模报酬不变,由此 Banker 等除去了 C^2R 模型中规模报酬不变约束条件,研究了生产技术条件可变情况下决策单元的最适合生产规模,区分了生产过程中的纯技术效率与规模效率,即 BC^2 模型。BC^2 模型与 C^2R 模型类似,虽然仅多加入了约束条件 $\sum \lambda_j = 1$,但可以将综合技术效率分解为规模效率与纯技术效率。

通过上述模型计算出决策单元综合技术效率(θ^*)、纯技术效率(σ^*)以及规模效率（S^*），设最优解为 λ^*、S^{*-}、S^{*+}、θ^*、σ^*，则有以下结论：①当 $\theta^*=1$，且 $S^{*-}=0$，$S^{*+}=0$ 时，决策单元、纯技术效率以及规模效率有效；②当 $\theta^*<1$ 时，决策单元无效，若此时存在 $\sum\lambda_j=1$，决策单元为技术效率有效；③当 $\theta^*<1$ 时，决策单元无效，但可以通过相对有效决策单元的平面投影改进无效决策单元；④综合技术效率、纯技术效率以及规模效率之间关系为 $\sigma^*=\theta^*/S^*$。

本书采用基于投入导向生产规模报酬可变的 VRS 模型[234,235]，考察决策单元综合技术效率、纯技术效率以及规模效率的变化情况，模型结构为

$$\begin{cases} \max \theta_j = 1 \\ \text{s.t.} \sum_{j=1}^{n+1}\lambda_j X_j \leqslant \lambda_j \\ \sum_{j=1}^{n+1}\lambda_j Y_j \geqslant Y_j\theta_j \\ \sum \lambda_j \leqslant 1, \lambda_j \geqslant 0, j=1,2,\cdots,n+1 \end{cases} \quad (4\text{-}10)$$

三、指标选取与数据收集

产业生态系统主要研究产业（或经济）发展与资源环境相互作用、相互影响的互动关系，产业发展通过资源输入与废弃物排放直接影响生态环境，生态环境的负反馈机制反作用于产业发展。按照适应性效率评价指标的科学性、可比性以及可获得性等原则，结合产业生态系统运行特点，选取投入产出指标。另外，运用 DEA 模型时一般将成本型指标作为投入指标，该类指标特点是越小越好，而将收益型指标作为产出指标，该类指标特点是越大越好。同时 DEA 模型要求决策单元数必须是投入产出指标总个数的 2 倍以上。根据以上分析，本书选取指标如下。

投入指标方面本书主要选取了工业二氧化硫排放量以及全社会用电量，其中工业二氧化硫排放量反映了产业发展对生态环境的污染程度，全社会用电量反映了产业发展对资源环境的消耗程度；产出指标方面本书主要选取了人均 GDP 以及污水处理厂集中处理率，其中人均 GDP 反映了区域经济发展情况，污水处理厂集中处理率反映了对环境的治理情况。

本部分主要以吉林省松花江流域县域单元为研究对象，由于统计年鉴是按市辖区与外围县进行统计，长春市辖区包括南关区、宽城区、朝阳区、二道区、绿园区、双阳区；吉林市辖区包括昌邑区、龙潭区、船营区、丰满区；松原市辖区与白城市辖区分别是宁江区与洮北区。囿于统计数据，作者将长春市辖区与吉林市辖区作为完整区进行处理，分析吉林省松花江流域县（市、区）产业生态系统适应性效率的时空分异特征。本书所需的资源环境及经济发展数据均来源

于 2014 年、2015 年《吉林统计年鉴》以及 2014 年、2015 年《中国县域统计年鉴》，本书研究时限为 2 年，主要是因为 2013 年以前的《吉林统计年鉴》并没有县域单元尺度下资源环境消耗以及生态环境影响的统计数据。

四、吉林省松花江流域产业生态系统适应性效率评价特征

借助于 DEA 软件 Deap2.1 将吉林省松花江流域 2013 年和 2014 年各县（市、区）的投入指标和产出指标代入上述运算模型，可以得出综合技术效率（CRSTE）、纯技术效率（VRSTE）和规模效率（SCALE），详细结果见表 4-4 和表 4-5。

（一）效率现状特征

表 4-4　2013 年吉林省松花江流域各县（市、区）效率值及规模报酬

县（市、区）	综合技术效率	纯技术效率	规模效率	规模报酬	县（市、区）	综合技术效率	纯技术效率	规模效率	规模报酬
九台市	0.310	0.311	0.996	irs	前郭尔罗斯蒙古族自治县	0.222	1.000	0.222	drs
农安县	0.242	0.258	0.939	irs	长岭县	1.000	1.000	1.000	—
榆树市	0.376	0.479	0.784	drs	乾安县	1.000	1.000	1.000	—
德惠市	0.414	0.442	0.937	irs	扶余市	0.988	1.000	0.988	drs
长春市辖区	0.546	1.000	0.546	drs	宁江区	0.908	0.912	0.996	drs
永吉县	0.794	1.000	0.794	drs	镇赉县	0.812	0.819	0.992	irs
蛟河市	1.000	1.000	1.000	—	通榆县	1.000	1.000	1.000	—
桦甸市	0.463	0.552	0.839	drs	洮南市	0.318	0.360	0.884	irs
舒兰市	1.000	1.000	1.000	—	大安市	0.850	0.913	0.931	irs
磐石市	0.225	0.367	0.615	drs	洮北区	0.651	0.925	0.704	irs
吉林市辖区	0.753	0.943	0.798	drs	平均值	0.661	0.775	0.855	

注：2014 年九台市撤县设区，现为九台区；长春市辖区指南关区、宽城区、朝阳区、二道区、绿园区、双阳区；吉林市辖区指昌邑区、龙潭区、船营区、丰满区；irs 表示规模报酬递增，drs 表示规模报酬递减，—表示规模报酬不变。

由表 4-4 可知，2013 年吉林省松花江流域综合技术效率一般，尚未达到理想状态，有 47.62%的县（市、区）未超过综合技术效率平均值 0.661。其中，仅有蛟河市、舒兰市、长岭县、乾安县以及通榆县 5 个县市为 DEA 有效，仅占吉林省松花江流域的 23.81%，其余 16 个县（市、区）均为 DEA 无效，其中前郭尔罗斯蒙古族自治县和磐石市综合技术效率较低，分别仅为 0.222 和 0.225，说明在给定

的资源投入与环境影响下,仅有少数县(市、区)实现了产出的最大化,多数县(市、区)的实际产出与最佳前沿面之间仍有相当程度的差距。

另外,纯技术效率有效的县(市、区)为9个,说明有42.86%的县(市、区)处于纯技术效率前沿,显著高于综合技术效率有效的县(市、区)(5个)。但纯技术效率平均值仅为0.775,并且纯技术效率标准差为0.284,纯技术效率最大值是最小值的3.88倍,说明吉林省松花江流域各县(市、区)纯技术效率差距较大,有较大的提升空间。同时规模效率有效的县(市、区)有5个,与综合技术效率有效的县(市、区)完全一致,并且呈现规模报酬不变的特征,说明这5个县(市、区)已经达到规模最优,对资源的有效利用率较高。虽然长春市辖区、永吉县以及前郭尔罗斯蒙古族自治县均为纯技术效率有效,但因规模效率未能达到有效,从而导致各自的综合技术效率无效,因此规模效率成为影响综合技术效率的主要因素。有12个县(市、区)规模效率高于平均值0.855,标准差为0.199,说明各县(市、区)规模效率存在较为明显的空间差异性。但总体而言,吉林省松花江流域各县(市、区)规模较小,资源尚未有效利用,规模效率不理想,存在资源浪费与低效利用问题,发展不成熟。

由表4-5可知,2014年吉林省松花江流域有13个县(市、区)超过综合技术效率平均值0.694,占流域县(市、区)的61.9%,仍有38.1%的县(市、区)处于平均值以下,反映流域综合技术效率整体与理想状态之间尚有一定差距。蛟河市、乾安县、通榆县以及扶余市均为DEA有效,仅占流域总县(市、区)的19.05%,其余县(市、区)均为DEA无效。这一方面反映了流域各县(市、区)综合技术效率存在显著的空间差异性;另一方面也说明了东北老工业基地随着资源趋于枯竭,经济发展迟缓,在现有技术得不到大幅度改进以及缺少资金政策扶持情况下,流域各县(市、区)产出效益达不到帕累托最优。

表4-5 2014年吉林省松花江流域各县(市、区)效率值及规模报酬

县(市、区)	综合技术效率	纯技术效率	规模效率	规模报酬	县(市、区)	综合技术效率	纯技术效率	规模效率	规模报酬
九台市	0.326	0.328	0.994	irs	前郭尔罗斯蒙古族自治县	0.217	1.000	0.217	drs
农安县	0.338	0.380	0.889	drs	长岭县	0.968	1.000	0.968	drs
榆树市	0.346	0.476	0.726	drs	乾安县	1.000	1.000	1.000	—
德惠市	0.335	0.345	0.972	irs	扶余市	1.000	1.000	1.000	—
长春市辖区	0.933	1.000	0.933	drs	宁江区	0.868	0.929	0.934	drs
永吉县	0.818	0.864	0.946	irs	镇赉县	0.816	0.817	0.998	irs
蛟河市	1.000	1.000	1.000	—	通榆县	1.000	1.000	1.000	—

续表

县（市、区）	综合技术效率	纯技术效率	规模效率	规模报酬	县（市、区）	综合技术效率	纯技术效率	规模效率	规模报酬
桦甸市	0.630	0.888	0.710	drs	洮南市	0.325	0.368	0.882	irs
舒兰市	0.904	0.976	0.926	irs	大安市	0.736	0.761	0.968	irs
磐石市	0.320	0.331	0.968	drs	洮北区	0.734	0.909	0.808	irs
吉林市辖区	0.958	1.000	0.958	drs	平均值	0.694	0.780	0.895	

注：长春市辖区指南关区、宽城区、朝阳区、二道区、绿园区、双阳区；吉林市辖区指昌邑区、龙潭区、船营区、丰满区；irs 表示规模报酬递增；drs 表示规模报酬递减；–表示规模报酬不变。

2014 年纯技术效率有效的县（市、区）为 8 个，仅占流域县（市、区）的 38.1%，与 2013 年相比，纯技术效率有效的县（市、区）有所减少，反映了长期东北振兴战略尚未改变体制与结构性矛盾，技术效率未能得到根本性提升，并且 2014 年以来东北地区再次衰落，面临再振兴的发展局面。规模效率有效的县（市、区）有 4 个，超过规模效率平均值的县（市、区）有 15 个，且与纯技术效率相比，规模效率平均值显著高于纯技术效率，由此反映出吉林省松花江流域各县市尚处于规模扩张与总量增长阶段，并且仍有众多县（市、区）尚未达到最优规模阶段，在未来一段时间内，规模集聚仍是产业或经济发展的主流。

（二）效率时序演化特征

从效率平均值变化特征分析，2013 年和 2014 年吉林省松花江流域效率值有所提升，但提升幅度不大，综合技术效率、纯技术效率以及规模效率增长率分别仅为 4.99%、0.65% 以及 4.68%，由此反映出吉林省松花江流域产业生态化发展迟缓，产业规模扩张仍是效率提升的关键所在，科学技术尚未发挥出其应有作用。

另外，对综合技术效率而言，有 11 个县（市、区）有所上升，而有 7 个县（市、区）有所下降；对纯技术效率而言，有 6 个县（市、区）有所上升，而有 8 个县（市、区）处于下降状态；对规模效率而言，处于上升和下降状态的县（市、区）分别为 8 个和 9 个。以上分析反映了研究区域产业发展状态不佳，区域发展极化现象有所增强，一方面因为在目前经济发展阶段下，研究区域仍然依赖于出口和投资的拉动作用，内生驱动作用不足；另一方面东北老工业基地长期形成的重型化产业结构，资源型产业较为发育，产业发展的"轻"与"清"型化并不突出，导致了产业生态化发展举步维艰。

另外，根据边际报酬递减规律，通过要素投入驱动经济增长的潜力是有限的，而研究区域资源不断趋于枯竭，也会直接影响产业高级化与生态化发展。同时生态经济若缺少规模支撑，也会直接影响资源利用效率与废物资源化。由此可见，提升研究区域技术水平，增强产业发展的核心竞争力，进而提高研究区域技术效率与规模效率是吉林省松花江流域产业系统环境适应性调整的关键所在。

本 章 小 结

通过阐述产业系统环境适应性内涵，构建了基于适应性要素、适应性目标以及适应性效率的产业系统环境适应性测评体系。适应性要素分析：吉林省松花江流域产业系统的发展深受"内源力"和"外向力"双重扰动作用，以油为主、"一业独大"的产业发展现实导致了产业系统运行状况不佳，同时产业发展依赖于投资拉动，相对具有"指令性"经济的性质。另外，将研究区域划分为4类产业系统环境适应性类型。适应性目标分析：不同生产环节生态效率时空分异特征显著。综合性城市侧重于源头消减效率的提高使产业变"轻"，呈现低投入、低消耗以及低排放的特征，资源型城市侧重于清洁生产效率的提高使产业变"清"，呈现高投入、高利用以及高排放的特征。资源减量化以及末端治理是吉林省松花江流域生态效率变化的决定性因素，提高资源利用效率以及加强污染物治理水平是流域亟须解决的关键问题。适应性效率分析：吉林省松花江流域综合技术效率一般，尚未达到理想状态，多数县（市、区）的实际产出与最佳前沿面之间仍有相当程度的差距。吉林省松花江流域各县（市、区）尚处于规模扩张与总量增长阶段，规模集聚仍是产业或经济发展的主流。

第五章　吉林省松花江流域产业系统环境适应性机制

吉林省松花江流域作为东北老工业基地发展缩影的典型代表，曾为中国经济发展做出了举足轻重的贡献，但在新时期错综复杂的外在环境影响下以及内在重型产业结构制约下，吉林省松花江流域产业生态系统面临着日益严峻的适应性问题。对流域而言，不仅面临着受流域城市产业发展政策与生态环境治理措施的影响，而且面临着流域整体产业生态系统发展策略的统一性与延续性，同时也面临着全球经济一体化、国有经济市场化以及科学技术信息化等环境的不断演化。究其实质而言，流域产业系统环境适应性就是流域产业生态系统通过战略与结构调整降低系统脆弱性与敏感性，增强系统响应与稳定性的过程。产业系统环境适应性的重要内容之一是探寻影响增强适应能力的影响因素，即对产业系统环境适应性机制研究。

提高流域产业生态系统适应能力与促进流域良性协调科学发展是开展流域产业系统环境适应性研究的最终目的。在环境日趋复杂与多变的条件下，产业生态系统只有不断根据发展环境的变化，调整产业生态系统的结构与功能，才能适应环境并最终走向科学发展道路。没有任何一种模式与路径可以完美地适应发展环境的变化，特别对流域而言，流域产业生态系统必须具备不断调整的能力。而这种适应性调整的能力与系统自身结构功能息息相关，主要取决于敏感性、稳定性以及响应能力。如果系统结构简单、功能单一，则系统敏感性增强、稳定性降低以及响应能力不足，系统适应能力较弱，反之，系统适应能力较强。基于适应性影响因素，结合吉林省松花江流域具体实情，本书认为研究区域产业系统环境适应性机制主要包括内生动力机制、外部推动机制与引导调控机制3个方面（图5-1）。

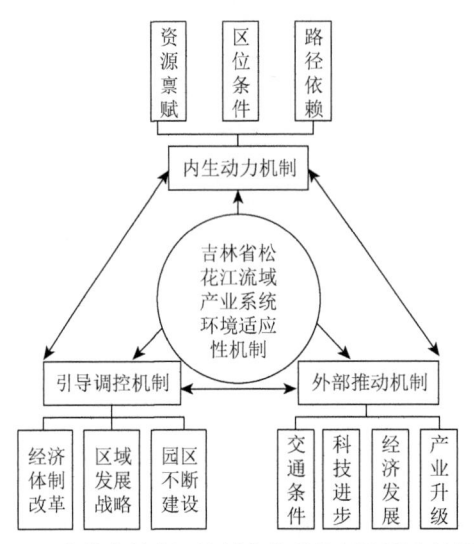

图 5-1　吉林省松花江流域产业系统环境适应性机制

第一节　吉林省松花江流域产业系统环境
适应性的内生动力机制

增强产业系统环境适应性主要目的之一是增强产业生态系统的可持续性，产业系统环境适应性内生驱动机制主要是指影响产业生态系统科学发展的内生机制，是推动产业生态系统适应性演化的根本驱动力。总体来看，吉林省松花江流域产业系统环境适应性内生驱动机制主要包括资源禀赋、区位条件与路径依赖。

一、资源禀赋

资源禀赋又称要素禀赋，主要是指一国拥有的资源、劳动力以及资本等各种生产要素的丰歉程度。吉林省松花江流域主要包括吉林市、长春市、松原市以及白城市等市域范围，其中吉林市与松原市均为资源型城市，由此决定了矿产资源丰裕程度，并直接制约了产业系统环境适应性演化发展状态与水平。另外，资源型城市存在着生命周期性演化发展特征，即随着矿产资源的周期性开发，资源型城市存在着由初始期、成长期、成熟期、衰退期（或新生期）逐次更替演化的"S"形曲线发展特征。

中华人民共和国成立以后，由于东北地区资源禀赋条件优越，国家156个大型重点项目，仅吉林省就达到11项，且集中分布于松花江中上游的长春市与吉林市。国家在松花江中上游地区集中布局了中国石油天然气股份有限公司吉林石化分公司、吉林电极厂（现吉林炭素有限公司）、吉林铁合金厂（现吉林铁合金集团有限责任公司）以及丰满水电站等大型项目，奠定了吉林省松花江流域重型工业的发展格局。另外，1964年吉林市毛纺织厂和吉林化学纤维厂建成运营，1965年吉林化学工业公司二期工程建设投产，以及随后吉林化纤厂（现吉林化纤集团有限责任公司）和长山化肥厂（现中化吉林长山化工有限公司）等中型项目的建成，加重了流域资源型产业以及重型化传统产业的发育程度，推动了吉林省松花江流域中上游的吉林市与长春市开始由消费型城市向工业型城市过渡。由于工业发展以重工业为主导，因此长春市成为综合性生产城市，而吉林市成为化工城市，石油化工、冶金电力、机械建材等产业成为其支柱产业。随着产业快速发展以及城市的规模扩张，产业发展对环境系统的干扰作用越来越强，工业污水以及废弃物排放量剧增，对松花江流域环境的影响愈加突出。如图5-2所示，1949~1980年，吉林市重工业发展迅速，重工业产值占全市GDP的比重上升幅度明显，与此相反的是，轻工业发展较为迟缓，轻重工业发展由相对协调逐渐转变为严重失调状态。

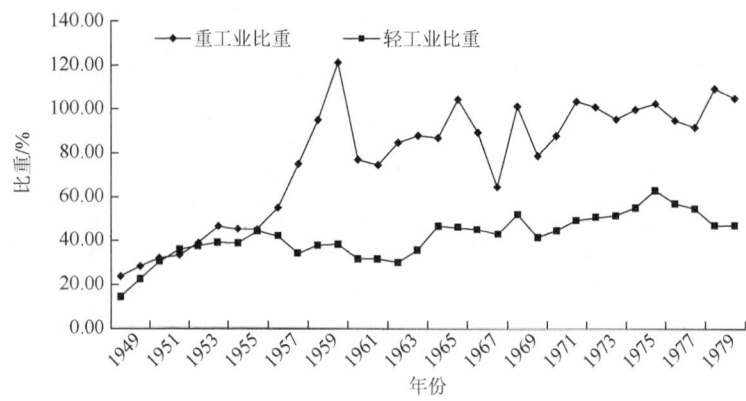

图 5-2　吉林市轻工业比重与重工业比重演化图（1949～1980 年）

注：轻工业比重与重工业比重分别指轻工业产值占全市 GDP 比重与重工业产值占全市 GDP 比重

资料来源：《吉林统计年鉴》《吉林市社会经济统计年鉴》

进入 20 世纪 80 年代以来，改革开放进程不断推进以及市场经济逐渐发育，促进了经济的快速发展，但此时期经济发展依然呈现规模扩展与总量增长，长期经济增长的结构模式仍然没有得到转变，产业结构重型化特点尤为突出，资源型产业依然占据较大的比重，轻重工业比重严重失调，以追求经济快速发展为目标的单一线性发展模式尤为盛行，资源过量投入与高度消耗、废弃物大量产生与肆意排放仍然是产业生态系统的发展特征，产业系统与环境系统之间呈现出严重的对立矛盾。如图 5-3 所示，1980～1991 年，吉林市重工业处于绝对主导地位，轻工业发展则徘徊不前，甚至略有降低，轻重工业发展严重失调。

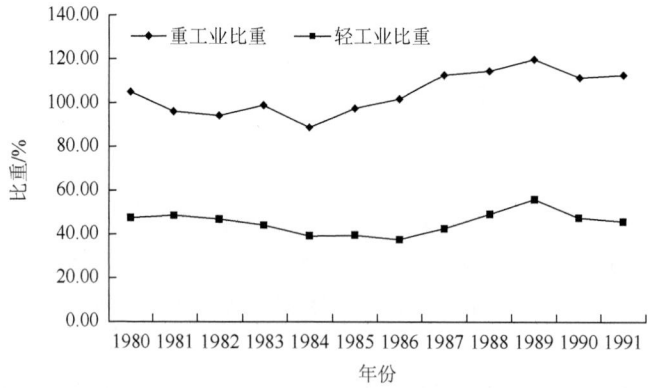

图 5-3　吉林市轻工业比重与重工业比重演化图（1980～1991 年）

注：轻工业比重与重工业比重分别指轻工业产值占全市 GDP 比重与重工业产值占全市 GDP 比重

资料来源：《吉林统计年鉴》《吉林市社会经济统计年鉴》

20世纪90年代以来，随着可持续发展思想逐步深入人心以及国有企业体制改革与优化重组，产业结构不断优化升级，资源型产业以及重型产业比重有所降低，产业结构不断向"清"型与"轻"型方向演进。但长时期的结构惯性发展模式导致了90年代末期"东北现象"的广为发生。国家审时度势提出了东北振兴战略，促使吉林省松花江流域产业门类不断发生着变化，逐渐形成了光电子、石油化工、机械建材、生物医药、农副食品加工、纺织服装以及汽车与零部件制造等轻重工业比较合理的产业结构体系，不断促进产业系统与环境系统矛盾由对立走向缓和发展。但同时也一定程度上扶持了本地区国有企业以及重型产业的发展。吉林市与松原市城市发展依赖于长期的矿产资源开发，导致了二市发展深受国家投资战略以及经济发展形势的影响，地区传统产业的继续发展增强了对外界环境的干扰程度。

二、区位条件

区位条件是指一个地区所处的地理位置与交通信息条件，区位因素是区域发展的前提条件，直接影响区域第二产业以及第三产业的发展与空间布局情况，由此区位因素的差异成为产业系统环境适应性的重要影响因素。一般而言，地理位置与交通信息条件优越的区域，易于形成以加工工业为主的中轻型产业结构，其产业结构主要特点往往以中轻型产业结构为主，其产业逐渐向高、精、尖方向发展，同时区域之间经济联系比资源密集型地域密切，大部门系统内部的生产联系比部门间的生产联系密切。

长春位于东北亚经济圈几何中心，东北地区交通主干线京哈大动脉和图乌公路十字交通要道，吉林省省域几乎所有公路，如长吉、长白、长伊、长农、长双等都在长春市汇聚，使长春市成为地区性交通枢纽，是东北地区"丰"字形城市空间发展格局的重要节点城市。另外，长春市作为吉林省的中心城市，是吉林省中部城市群的龙头，是长吉图区域发展的动力引擎，是长吉一体化的先导区。同时城市区域腹地的拓展和区域城市发展框架的建构，将大大增强长春市在吉林省城镇体系的发展作用，提升长春的城市竞争力。目前长春市光电子产业、生物医药产业、汽车工业以及农副产品深加工业等成为主导产业，产业结构相对轻型化，产业发展对环境的影响程度不断减弱。白城深居东北内陆地区，交通不便，且地处吉林省西部"三化"严重地区，由此决定了产业发展规模弱小，难以形成集聚经济与规模经济，产业生态系统发育程度相对不足，区域发展可能走向"孤立发展"与"被边缘化"的深渊。

另外，研究区域上游长吉地区已经形成了汽车、石油化工、冶金建材、农产品加工、光电子、装备制造、新材料以及生物医药八大新型产业，并且八大新型产业不断由规模扩张向内涵提升方向发展，由要素驱动向投资驱动与创新驱动方向发展，不断促进产业向高级化、高端化以及生态化方向发展，不断促进长吉地区由加工区向制造区、创造区乃至服务区方向的转变，不断推动长吉地区由工业经济向知识经济转变。由此可见，区位发展条件的差异直接带来经济发展模式、产业发展类型以及经济地域发展阶段的不同，直接影响不同地区产业生态系统的形成与演化发展。

三、路径依赖

路径依赖是指人类社会在技术演进或制度变迁过程中，一旦进入某种路径，就可能对这种路径产生依赖。路径依赖最早发现于生物学领域，生物学中物种进化路径依赖现象直接影响物种间相互作用机制[41]。随后路径依赖被引入经济学领域，该领域认为路径依赖是一个连续渐变的过程，具有正负反馈双重作用机制。阿瑟研究了技术演进过程中的路径依赖现象，认为新技术的运用具有报酬递增效应，易于实现正反馈、自我增强的良性循环；反之，更为优良的新技术可能因为迟到一步，容易陷入恶性循环，甚至锁定在某种被动无效状态之中[236]。路径依赖既是一种有效率或无效率的"锁定"状态，又是一种非遍历性的随机动态过程，路径依赖强调了系统正负反馈的时间"滞后"作用因素。路径依赖也在不断发生着演化，其演化路径可归结为给定条件、启动机制、形成状态与退出锁定等过程（图5-4）。

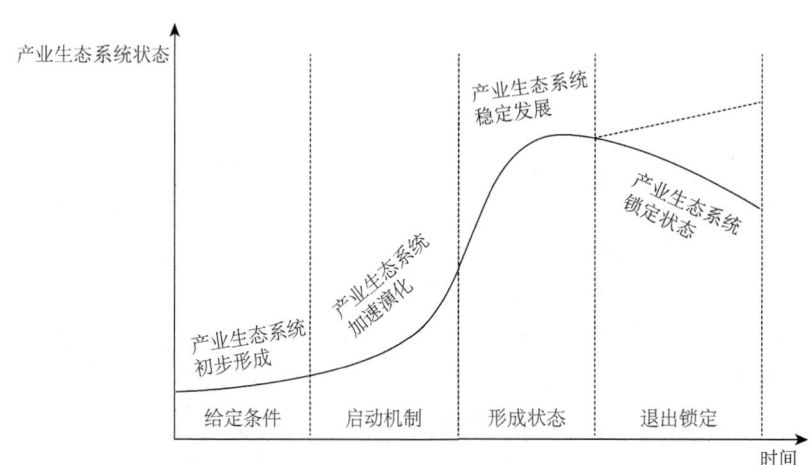

图 5-4 路径依赖演化历程

产业生态系统作为具有正负反馈机制的巨系统，其演化发展需要有一定的给定条件，如丰富的能源原材料、社会经济发展对于能源材料需求、相关产业投资和发展政策等。吉林省松花江流域最初作为国家重工业优先发展地区，重型化以及资源型产业的进入与不断强化,一定程度上主导了研究区域产业系统的形成与演化。产业生态系统的给定条件一经成立,系统开始启动正负反馈机制。对研究区域而言,由于重型化产业发展速度与效益不断增加,吸引各种生产要素与生产部门不断汇聚,引起了资源型产业与重型化工产业的不断繁荣,并且在循环累积与收益递增机制作用下促使产业结构重型化自我增强。

产业生态系统正负反馈机制启动运行促使系统呈现某种状态或结果,产业生态系趋于成熟稳定。对研究区域而言,在循环累积正反馈与自我增强作用下,形成了以资源型产业以及传统重型工业为主导的产业生态系统,非资源型产业以及轻工业发展弱小,为产业生态系统提供维护与服务的共生系统发育迟缓,因重型工业的规模扩张与总量增长,整个产业生态系统趋于稳定发展时期。由于长时期的重型化产业发展战略盛行,吉林省松花江流域产业生态系统普遍陷入畸形结构的锁定状态,这种模式的路径依赖已经成为流域产业系统环境适应性优化改善的阻碍制约因素,需要引入外部变量与外生效应,实现产业生态系统结构重组与功能优化。产业生态系统路径依赖效应表明产业生态系统演化发展具有较强的"惯性"作用,产业生态系统一经形成将会按照原有路径演化发展,路径依赖效应导致产业系统环境适应性具有显著的继承性特征。

第二节 吉林省松花江流域产业系统环境适应性的外部推动机制

一、交通条件改善

吉林省松花江流域交通条件十分便利,已经形成了由铁路、公路、内河航运和空中航运线组成的立体交通网络,其中尤以铁路交通网络最为突出。同时长图、长白、白阿铁路东西横贯研究区域,东经日本海与北美经济发生往来,西经欧亚大陆桥与欧洲、中亚密切联系。

早在中华人民共和国成立前,吉林省松花江流域铁路交通体系就基本成型,已经形成了以长吉为核心放射式的铁路交通网络,如形成了以长春—旅大铁路、四洮铁路、吉长铁路、洮昂铁路、吉敦铁路、长春以南的南满复线、长图铁路、拉滨线、长春以北的南满支线—长哈复线、长白线等铁路干支线为骨架的铁路运输网络。现阶段研究区域铁路网大致呈现出西北—东南和西南—东北两个走向,已经形成了"四纵一横"的铁路干线网络,以长春市为中心,以吉林市等为主要枢纽,哈大线、平齐线、沈吉线、长图线、长白线、通让(大庆)线、拉滨线、吉舒线8条主要干线横贯其中。

"四纵"包括:①京哈(哈大)线。南起北京市,北至哈尔滨市,经过研究区域长春、德惠、扶余等市县。哈大铁路纵贯吉林省中部地区，北接滨州、滨绥线，与俄罗斯西伯利亚铁路相连，南接京沈、沈大、沈丹线，与大连、营口、丹东、锦州四大海港相连，是东北地区重要的交通大动脉，加强了研究区域与环渤海经济圈、黄海经济圈乃至世界各地的联系。②平齐线。南起四平市，北至齐齐哈尔市，经过研究区域太平川、通榆、洮南、白城、镇赉等地。③通让线。南起内蒙古通辽市，北到黑龙江大庆市，经过研究区域太平川和大安。④沈吉、吉舒、拉滨线。沈吉线，南起沈阳市，北至吉林市；吉舒线，南起吉林，北至舒兰；拉滨线，南起长图线上的拉法镇，北至哈尔滨市。这三条铁路线均经过研究区域磐石、永吉、吉林以及舒兰等市县。"一横"主要是指白阿、长白、长图线。白阿线指东起白城市，西至阿尔山市；长白线指东起长春市，西至白城市；长图线指西起长春市，东至图们市。这三条铁路线横亘于研究区域经济最发达的中心腹地，途经研究区域白城、大安、松原、前郭、农安、长春、九台、吉林、蛟河等市县。

现阶段吉林省"五纵五横"的高速公路主骨架基本形成，其中位于研究区域的高速公路为：1994~2002年建成的长平、长吉、长营、长余（长春至扶余）高速公路；2003~2008年建成的吉延公路；2008年新建长松与吉草等高速公路。同时随着长春—长白山等高速公路与铁路的建设、吉哈与沈吉高速公路建设以及2005年龙嘉国际机场正式运营，便利的交通条件为长吉二市等上游地区社会经济发展以及产业协作发展提供了优越的条件，增强了上游地区区域发展的集散功能。

研究区域内河航运较为发达，松花江以及嫩江均为内河航运航道，并且内河港口有大安港、丰满港、前郭港、松原港等，最大泊位为1000t，最小泊位为200t。同时研究区域空中航线四通八达，国内航线从长春可飞往广州、北京、深圳、上海、南京、海口、大连、延吉、丹东、厦门、成都、昆明、杭州、武汉、青岛、合肥、天津、沈阳、郑州、烟台、福州、温州、汕头、长沙、香港，国际航线可飞往首尔、伊尔库茨克、仙台等。一方面便利的交通条件增强了人流与物流的快速集散，另一方面研究区域交通条件具有差异性，长吉地区仍是研究区域交通条件最为优越的地区，从图5-5和图5-6可以看出，无论是客运量还是货运量，长春市和吉林市均显著高于松原市和白城市，且长吉二市所占比重均在65%以上。

总体而言，研究区域公路运输网络形成了以长春为主枢纽，3个市中心城市为辅的公路运输站场服务体系；铁路运输网络形成了以长春市为中心，以吉林市为主要枢纽的铁路运输网络体系；民用航空运输体系形成以长春市为主核的航空运输港布局。研究区域交通运输正在向综合化、网络化、快速化方向发展，快速综合交通网络体系正在形成和不断完善。交通条件作为重要的经济资源，在现代产业分布与经济地域形成发展过程中，其作用越来越重要。长吉地区作为研究区域交通条件最为优越的地区，推动着经济地域的不断发展演化，同时也促进区域产业结构不断进行适应性调整进程。

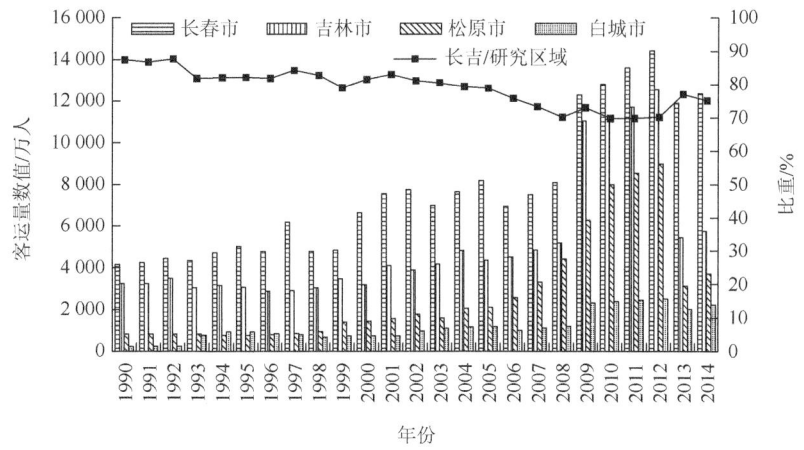

图 5-5 吉林省松花江流域客运量演化图（1990～2014 年）

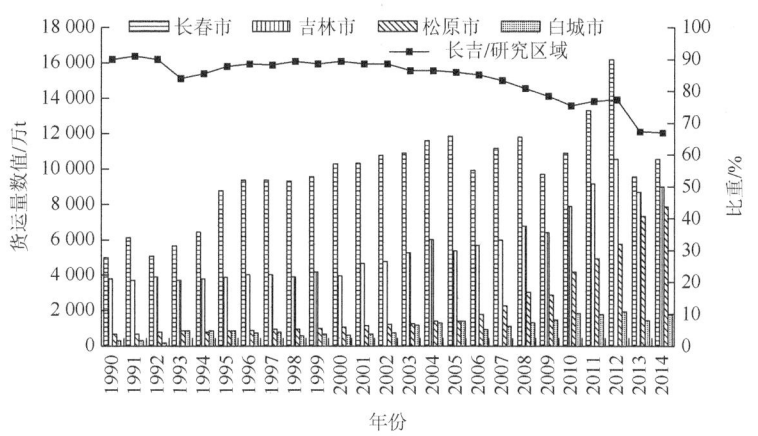

图 5-6 吉林省松花江流域货运量演化图（1990～2014 年）

二、科学技术进步

科学技术进步对于产业系统环境适应性的提升起着重要的促进作用。科技进步不仅可以创建高效的产业和产业部门，而且还可以采用新的工业技术装备改造原有产业，不断促进产业结构优化升级。另外，科技进步不仅可以促进企业清洁生产，延伸产业链，促进资源利用效率，减少污染源的排放与扩散，而且还可以末端治理污染，减少对环境的污染与破坏[221]。

科技进步可以不断促进产业结构优化升级，并且可以保持产业发展的规模与潜力。系统内大中型企业通过科技创新，企业生产工具和生产方式不断推陈出新，不断引发与创造新兴部门，直接推动着产业结构的高级化发展，由此可见，科技进步可以不断促进产业生态系统的适应性演化、调整与重组。对资源型城市而言，科技进步可以减轻矿业城市对资源的依赖程度,通过勘探技术、开采技术、加工转化技术以及资源利用技术的不断创新,扩大了资源储存量,延长了资源开采年限,提高了资源利用效率,延长了资源型产业链条,直接推动了资源型产业结构升级以及资源型城市产业生态系统结构与功能的多元化与网络化发展。

吉林省松花江流域中上游地区长春市和吉林市科技条件优越,有吉林大学、东北师范大学、中国科学院长春光学精密机械与物理研究所、中国科学院长春应用化学研究所、中国科学院东北地理与农业生态研究所以及北华大学与东北电力大学等众多的高校与科研院所,为社会经济发展与产业结构转型升级提供了重要的驱动力。以万人科技活动人员数与从事科学研究与技术服务人员数代表区域科学技术水平,由此可以得出吉林省松花江流域科学技术区域水平差异情况(图5-7)。

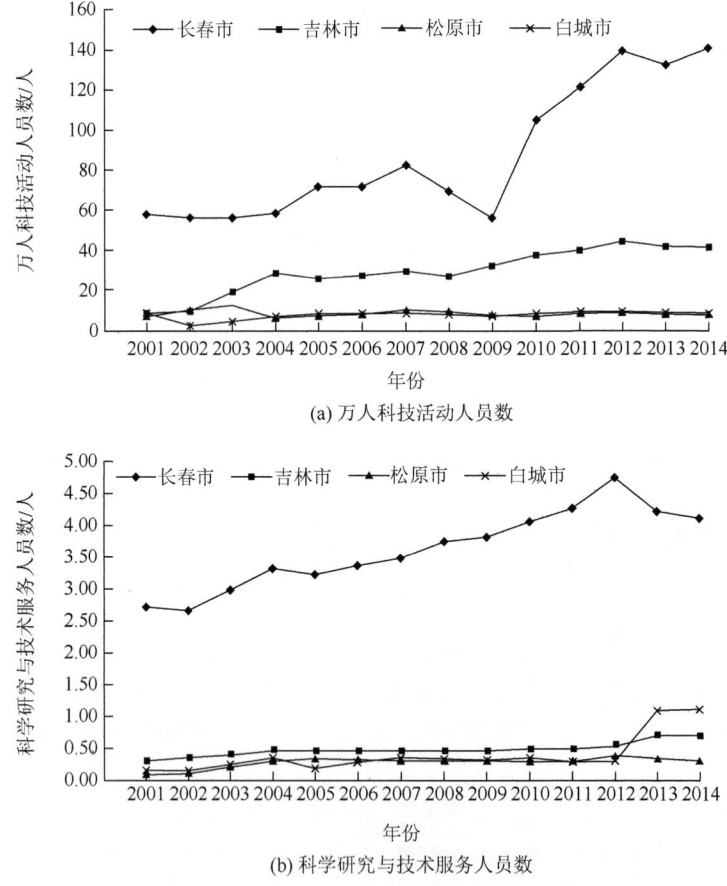

(a) 万人科技活动人员数

(b) 科学研究与技术服务人员数

图 5-7 吉林省松花江流域万人科技活动人员数和科学研究与技术服务人员数演化
(2001～2014 年)

由图 5-7 可以看出，吉林省松花江流域上游地区科技资源条件优越，长春市万人科技活动人员数与从事科学研究与技术服务人员数"一枝独秀"，远远高于中下游的松原市和白城市。2001 年长春市万人科技活动人员数是松原市的 7.78 倍，是白城市的 6.72 倍，长吉二市万人科技活动人员数则是松原与白城二市的 4.16 倍。截至 2014 年，长春市万人科技活动人员数是松原市的 17 倍，是白城市的 16.55 倍，长吉二市万人科技活动人员数是松原与白城二市的 10.85 倍。2001~2014 年长春市万人科技活动人员数分别是松原市和白城市的 10.23 倍与 11.63 倍，长吉二市万人科技活动人员数是松白二市的 6.95 倍。就年均增长率而言，吉林市、长春市、松原市、白城市以及吉林省松花江流域分别为 7.12%、12.62%、0.87%、0.49%以及 7.02%，由此可见，科技条件的区域差异性导致产业系统环境适应性的空间分异性，而整个流域科技条件的稳步提升又促进了流域产业系统环境适应性的不断提高。

三、经济发展水平提升

吉林省松花江流域上游地区长春市与吉林市区域发展条件优越，早在中华人民共和国成立之前，二市便率先脱离传统封建结构统治的束缚，成为近代社会经济发展的核心地域，并且随着交通条件的不断完善与矿产资源的不断开发，长吉二市等上游地区交通枢纽型城市与工矿业城市不断涌现并快速发展，如吉林市蛟河地区。但值得注意的是，中华人民共和国成立之前，吉林省松花江流域城镇主要沿交通线集聚发展，城市发展依赖于资源开采，城镇之间联系较为弱小。

1949 年中华人民共和国成立之后，吉林省松花江流域经济迎来了发展高潮，国家在政策、资金以及技术等多方面对东北发展给予全方位支持，并且在"一五"与"二五"时期在其上游城市长春市与吉林市集中布置了 11 项重点工程，上游地区与中下游地区经济发展呈现出空间分异的发展态势，但同时也奠定了上游地区重型化产业结构体系，并且随着区域不断快速发展，城市人口迅速集聚，城市规模不断扩大。此时期上游地区长春市与吉林市核心地位不断形成，下游地区凭借资源优势，形成了资源开采与加工类型的主体地域，上游地区与下游地区的空间差异性不断显现。

1978 年改革开放以来，吉林省松花江流域经济发展迎来了新一轮高潮，其中尤以上游地区最为明显，吉林省松花江流域上游地区长吉二市城镇化水平也由 1978 年的 28.9%升至 1995 年的 37.4%，50 万人以上大城市开始出现，中小城市迅速增多，城镇体系开始呈较为合理的"金字塔"形结构。上游地区长吉二市长期作为政治、经济、文化以及交通中心，长春市长期承担着综合型经济中心职能，吉林市长期承担着石油化工职能，其也开始成为具有紧密联系的发展区域。此时期经过了前期孕育阶段，上下游之间经济发展差异也开始集中呈现，上游地区由于政策、资金、技术以及人才等条件支持，成为人流、物流、资金流、信息流、技术流、文化流以及能量流等各种流的汇集中心，此时期上游地区多为成熟型区域。与此相对应的是，下游地区生态环境承载能力脆弱，产业发展以农业生产为主，工业化水平低下，缺少具有区域竞争能力等主导性产业培育发展，且区域整体属于初步开发型与待开发型。

1990 年以来，随着国家投资重点的不断南移以及市场机制的不断健全，以重工业为主体的产业结构以及大型国有企业比重长期居高不下等因素，造成了东北地区工业企业结构失衡、经济效益不断滑坡、企业生存与发展举步维艰等"东北现象"产生并不断凸显，影响着东北地区旺盛的发展势头。但吉林省松花江流域上游地区长吉二市处于东北中部隆起区，长期受国家与省市政策、资金、技术以及人才等资源优势，并且在研究区域发展中充当带动作用与区域发展载体。虽然二者也经历了短暂回落发展时期，如长吉二市 GDP/流域 GDP 比重由 1990 年的 87.02%下降至 2014 年的 76.77%（图 5-8），但二者仍占据绝对比重，仍是影响流域经济发展的绝对力量。

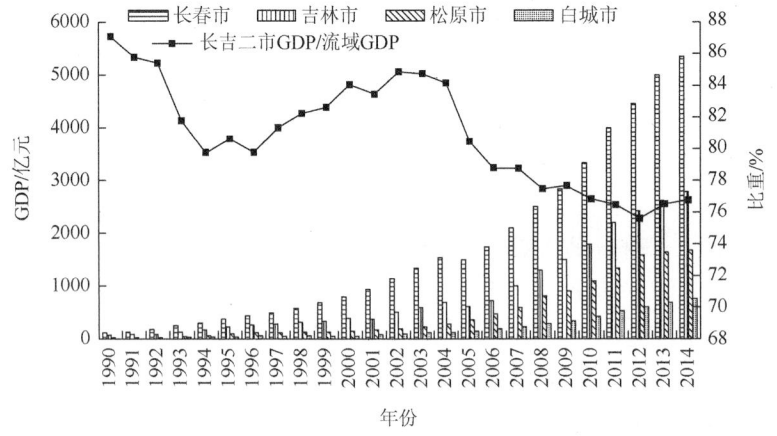

图 5-8　1990 年以来吉林省松花江流域地级市 GDP 和长吉二市 GDP/流域 GDP 演化图

2003 年以来国家审时度势提出东北振兴战略，具体出台了多项卓有成效的东北振兴措施，此时期吉林省松花江流域经济发展呈现出快速发展态势与百花齐放格局特征。2003~2014 年长春市、吉林市、松原市以及白城市 GDP 年均增长率分别高达 13.41%、15.05%、20.05%以及 18.10%，下游地区松原市与白城市经济发展快于上游地区，由此反映出上游经济发展的扩散效应开始增强，上下游地区经济发展的空间分异现象一定程度上将会不断缩小。经济发展的规模扩张与集聚增长将会不断促进规模效应与集聚效应作用的发挥，并不断改善生产技术与治污排污设施。同时经济发展水平的不断提高，促使了居住生活水平的不断提升，人们快速增长的物质需求也会促进工业生产规模的扩大、生产工业技术的提升以及生产效率的提高，在满足日益增长的物质文化需求之后，居民对环境质量的要求也会越来越高，由此促进了产业系统环境适应性指数的增长。

四、产业结构优化调整

东北地区是满清政府发祥地，清兵入关之后对东北地区实行"封禁"政策，但鸦片战争之后，清政府为了维护统治，解除"封禁"政策，大量人口涌入东北地区，从而加速了区域发展进程。1920年之后东北地区迎来了新一轮移民热潮，刺激了研究区域的进一步发展，促进了农业的快速发展，使得东北地区成为具有世界性意义的商品粮生产基地，为近代工业化形成与发展奠定了物质基础，一批具有资本主义性质的近代工业逐渐发展。至清朝末年，逐渐形成了以农产品生产与加工为中心，以榨油、面粉以及酿造为主体，具有区域特色的产业结构体系，并且随着洋务运动的兴起，近代工业蓬勃发展，采矿业以及机械制造等产业开始形成并不断发展，区域资源依赖型产业结构初见端倪。

"九一八"事变之后，东北地区被日军侵占，日本重点开发东北地区的矿产资源及原材料加工业，并在吉林省松花江中上游的长春市和吉林市等重要城市兴办了采矿厂、电力发电厂、煤炭开采、军械制造、农机制造、采金业、煤气厂以及食品加工厂等企业，造成重工业急剧膨胀，轻工业与农业比重日益萎缩，区域产业结构严重扭曲。日伪时期，战争因素驱动下日伪当局对于原煤、原油产业以及军工产业实行绝对统治，进一步加剧了重工业比重。1937年随着全面侵华战争的爆发，日本加重了对东北地区殖民掠夺的进程，大量殖民工业工厂陆续开工建设运营，进一步促进了重型化工业的发展。殖民工业的发展奠定了吉林省松花江流域工业发展的基本方向，其成为重工业发展集聚区，这也一定程度上造成了研究区域上游城市长春市以及吉林市重工业的畸形发展。

中华人民共和国成立初期，由于东北地区原材料、能源以及机械工业基础较好，国家恢复建设了造纸业、纺织业、医药工业、煤炭产业以及交通邮电运输业，企业数量不断增加，截至1952年吉林市国营工业企业已达263家，是中华人民共和国成立初期的2倍。"一五"时期，国家对重工业进行大规模投资，松花江中上游长春市与吉林市成为投资的重点区域，如集中布局中国石油天然气股份有限公司吉林石化分公司、吉林电极厂（现吉林炭素有限公司）、吉林铁合金厂（现吉林铁合金集团有限责任公司）以及丰满水电站等大型项目，加强了流域资源型产业以及重型化传统产业的发育程度，强化了重工业基地的地位，使区域产业结构与产业空间布局发生了显著变化。"二五"时期以后，继续实行重工业优先发展的政策强化了重工业发展路径，但过度倾斜发展重工业阻碍了农业以及轻工业的发展进程，区域产业结构严重失衡，使区域产业结构呈现二元化格局，一方面是所占比重极低的农业与轻工业，另一方面是占据绝对比例的重工业。由于工业发展以重工业为主导，因此长春市成为综合性生产城市，而吉林市则成为化工城市，石油化工、冶金电力、机械建材等产业成为支柱产业。

20世纪80年代之后，随着国家投资和政策供给的南移，经济运行机制的市场取向逐渐成为政策设计的主流方向。区域发展背景的变迁使得区域重型化产业结构难以适应市场机制的要求，造成了区域发展面临着前所未有的困境。为了适应新经济体制，1980年之后政府启动了发展轻工业、改造传统产业的适应性调整过程。同时对轻工业发展实行"六优先"政策，支持原材料、燃料以及电力供应优先发展，挖潜、革新以及改造措施优先实行，基本建设优先发展，银行贷款优先，外汇以及技术引进优先，交通运输业优先发展。经过国家与各级政府的持续不懈努力，区域轻重工业比例关系失调状况一定程度上得以缓解，但这一时期研究区域产业结构调整效果并不十分理想。知识技术密集型与新兴工业部门成长缓慢，比重过小，导致区域产业部门结构并未发生实质性的改变，区域工业结构依然是以物质消耗过高、运输量大与污染严重的资源型及资金密集型产业为代表的传统产业为主导的格局[237]。

1990年以来，社会经济发展步入新的阶段，开始由规模扩张与总量增长为主导的发展模式向可持续发展模式转变。东北地区根据区域实情，因地制宜推进可持续发展战略，继续加大了产业结构优化调整力度，并且以生态城市建设为发展契机，开展了城市、园区以及企业等多个层面的合作发展，同时注重加大接续产业以及新兴产业发展力度，促使了研究区域产业生态系统结构与功能的不断完善。总体上，随着时间的推移，吉林省松花江流域产业发展经历了资源型产业形成时期—重工业畸形发展时期—重工业强化发展时期—产业结构适应性调整时期—产业结构优化升级时期（图5-9），不断完善研究区域产业生态系统发展。

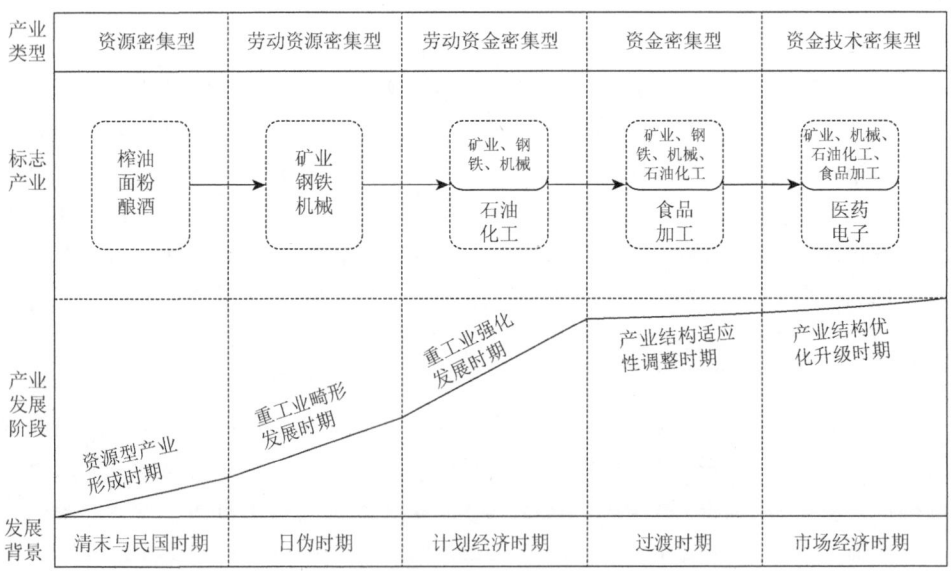

图5-9 吉林省松花江流域产业发展特征演化图

第三节　吉林省松花江流域产业系统环境
适应性的引导调控机制

一、开发区设立与功能完善

1978 年改革开放以来我国先后批准设立了 1800 多个开发区，各类开发区产值普遍占据城市经济总产值的 40%左右，已经成为促进社会经济发展的强劲增长点[238]。开发区一方面可以承接核心区产业转移，为产业集聚规模发展提供载体空间，另一方面开发区作为新区建设，可以集中规划与统筹布局，促进产业系统与生态环境系统耦合协调发展。长春市作为吉林省松花江流域重要的区域性中心城市，改革开放以后相继成立了高新技术产业开发区、经济技术开发区、净月高新技术产业开发区以及汽车产业开发区。其中，高新技术产业开发区是经国务院批准建立的首批国家高新技术产业开发区之一，其发展历程经历了起步阶段（1991～1998 年）以及二次创业阶段（1999 年至今），其中起步阶段初步形成了科技优势、产业优势和环境优势，而二次创业阶段形成了以技术创新为核心，体制创新、环境创新三者良性互动的发展趋势，至今高新技术产业开发区已经形成了生物医药、光电技术、先进制造技术、信息技术、新材料五大主导产业和一区多园的产业化发展格局，并且长春光谷、生物制药园、软件产业园、汽车工业园等专业园区的建立，极大地带动了高新技术产业的可持续发展。高新技术产业开发区也由注重基础设施建设、招商引资向提高经济发展质量转变，由规模扩张向创新驱动转变，由依靠政策优势向营造环境优势转变。

长春市经济技术开发区经过 20 多年演化发展，其发展历程可以明显分为起步发展时期（1993～1996 年）、快速平稳发展时期（1997～2001 年）以及结构优化调整时期（2002 年至今），至今已经形成了汽车工业、粮食深加工、光机电一体化、生物制药以及新型建材五大支柱产业。目前长春市经济技术开发区正处于二次创业阶段，初步实现了由注重规模与企业数量向质量与数量并重转变、由注重投资规模向规模与效益并重转变、由注重增量拉动向增量扩张与存量扩能并重转变。

而 1995 年长春净月高新技术产业开发区①批准建立，其经历了准备阶段（1996～1997 年）、发展起步阶段（1998～2000 年）以及二次创业阶段（2001 年至今）三个的阶段发展，基本形成以总部经济、软件信息业以及文化产业为主导产业，其他相关新兴产业为辅助产业的集约集群化新型经济区合作发展新格局，

---

① 成立时名称为长春净月潭旅游经济开发区。

基本形成了高端产业、科技教育产业、旅游度假产业体系。长春净月高新技术产业开发区已经由注重速度发展向提高经济发展质量转变，由规模扩张向创新驱动转变，由依靠政策优势向营造环境优势转变。另外，长春净月高新技术产业开发区以风景旅游和生态资源为基础，是全国第一个完整意义的以建设开发区实现保护生态的旅游经济开发区，在生态环境建设方面发挥了关键作用，先后被批准为国家级生态示范区、国家 4A 级景区和国家文明风景旅游区示范点，被国家生态示范区考核专家组评价为"净月潭旅游经济发展模式"。

长春市汽车产业开发区虽然成立于 2005 年，但 1953 年第一汽车制造厂（简称"一汽"）开工建设标志着长春市汽车产业开发区正式建设发展，许多当地中小型企业开始围绕"一汽"配套发展，逐渐形成了地方性汽车产业发展模式。改革开放以来，长春市汽车产业开发区汽车产业发展正式进入了市场化、规模化以及社会化进程，完整的上下游汽车产业链条不断完善，在政策指引与市场推动的双重作用下促进了长春市汽车产业开发区发展进入了高速发展时期，已经形成以中国第一汽车集团有限公司长春本部为龙头，以生产中型车、重型车、客车和中、高档轿车、改装车及其配套汽车零部件为重点的汽车工业格局。长春市一跃成为我国主要的汽车生产基地，并且城市功能不断发展完善，长春市汽车产业开发区已经成为城市西南发展的副中心。

现阶段长春市开发区已经基本完成由开发园区与工业园区向城市功能新区的转变，通过城市功能开发实现产业与人口的空间集聚，成为推动产业发展与生态环境保护协调共进的重要因素。吉林市则有两个国家级开发区，即高新技术产业开发区与经济技术开发区，且正处于产业化大发展时期，对环境的扰动作用增强。而松原市与白城市仅有省级开发区，开发区空间规模、产业类型以及功能配套程度尚不足以与吉林市以及长春市相提并论，由此决定了城市经济发展潜力与发展水平相对较弱。

二、区域发展战略政策

区域发展战略是根据区域内外发展环境的变化而做出的长远性与宏观性的总体发展目标方案，反映了一定时期内区域发展的重点与方向，区域发展战略直接影响着产业生态系统的演化发展与适应性调整目标。"一五"时期，受国家区域发展与产业空间布局政策影响，吉林省松花江流域中上游地区长吉二市形成了以汽车制造、石油化工与能源开采等产业为主导的工业城市，产业结构重型化与单一化现象严重，"一业独大"畸形产业结构导致城市的社会服务功能严重滞后。改革开放以后，受计划经济遗留与产业发展路径依赖效应影响，同时我国区域发展重点转向东南沿海地区，在内外双重因素作用下导致 20 世纪 90 年代初期"东北现象"盛行。21世纪初期,因农产品结构、管理体制与农产品质量下滑导致东北粮食大量积压、农民增收缓慢与农业经济效益低下等"新东北现象"的产生,从而导致整个研究区域社会经济出现了滞缓发展时期。

1999年吉林省被正式批准为国家生态省建设试点省份,2001年《吉林省生态省建设总体规划纲要》批准实施,规划吉林省西部区域为草原湿地保护和绿色产业生态经济区,提升了白城市与松原市环境系统稳定性。2002年,党的十六大报告明确提出支持东北地区等老工业基地加快调整和改造,并在2003年正式出台了《关于实施东北地区等老工业基地振兴战略的若干意见》,提出深化体制机制改革,集中力量振兴重点优势产业,走新型工业化道路,全面提升与优化第二产业,积极发展第三产业,推进资源型城市经济转型。同时吉林省也配套出台了相关经济发展措施,并且把体制机制改革与创新作为重点工作进行推进建设,促进了研究区域产业生态系统的优化发展。2005年吉林省正式下发了《吉林省人民政府关于印发进一步支持县域经济发展的若干意见的通知》,激发了县域经济发展活力,推动了县域经济的跨越式发展。2006年松原市加大了产业调控力度,充分发挥区域农业资源与旅游资源优势,大力发展战略性新兴产业与现代服务业,第二产业不断向精细化方向发展,产业结构不断趋于能源节约型与清洁生产型。同年吉林省政府编制出台了《吉林省中部城镇群规划》,促进了长吉二市协调发展。2007年国家出台了《东北地区振兴规划》,明确了振兴重点领域与具体对策建议,促进了东北地区经济转型。2009年长吉图开发开放先导区上升为国家战略,并相应编制实施《长吉图开发开放先导区规划》,长吉地区作为长吉图国家战略的腹地支撑,带动了吉林省松花江中上游地区社会经济发展进程。2010年"长吉一体化"战略正式实施,促进了长吉二市产业合作与经济联系,推动了中上游地区发展进程。

由此可见,区域发展战略对产业生态系统演化发展与适应性调整具有重要的引导调控作用,吉林省松花江流域区域发展政策制定与实施促进了流域整体产业系统环境适应性的优化提升,但区域发展战略的非均衡性实施导致了研究区域产业系统环境适应性演化进程的空间分异性现象。

三、市场经济体制改革

市场经济体制改革可以充分发挥市场配置资源的主体地位,在优胜劣汰机制作用下完成资源的自我更新能力,消除产业发展的障碍性因素,实现产业生态系统适应性演化发展。吉林省松花江流域产业生态系统深受计划经济体制的影响,是我国较早进入计划经济体制的地区之一。另外,市场经济体制改革相较于其他地区又较晚,由此决定了研究区域产业重型化的结构性特征。但20世纪80年代以来,随着国有企业全面深化改革与市场经济体制的逐步建立完善,吉林省松花江流域产业生态系统重型化特征一定程度上得以缓解，逐步向多元化方向演化发展。

1949年中华人民共和国成立以来，吉林省松花江流域经济体制大致经历了计划经济体制—计划经济体制与市场经济体制相结合—市场经济体制3个时期。计划经济体制下，由于国家重点投资建设，国有企业占据主体地位以及国有经济盛行等成为研究区域产业生态系统典型特征，造成了产业系统环境适应能力低下。20世纪80年代以后农村地区首先实行以家庭联产承包责任制为主体的经济体制改革，在提高农业生产水平的同时，也促进了单一农业生产结构向多元生产结构方向转变。1984年国家正式出台了《中共中央关于经济体制改革的决定》，标志着经济体制改革正式全面展开，工业与城市取代了农业与农村，成为经济体制改革的重点领域与重点地区，逐步形成了以公有制为主体、多种所有制经济共同发展的基本经济制度。1980~1992年虽然市场经济调节作用已经开始发挥，但是受计划经济长期作用影响，研究区域产业所有制结构仍是以国有企业为主，个体经济与私营经济发展相对薄弱，产业系统环境适应能力提升幅度不大。

1992年市场经济体制正式提出建立，市场经济体制作用已明显增强，国有企业改革深度与广度不断加大，研究区域产业生态系统开始了适应性重构进程，增强企业活力与企业市场竞争能力成为发展重点。通过资产结构调整与投资倾斜，重点投资市场前景好、技术含量高以及前后向关联产业大的关键行业与领域。同时全面深化改革开放，大力发展民营经济，推进外向型经济进程，产业生态系统不断向轻型化以及生态化方向发展，尤其是吉林市与松原市，依赖矿产资源优势形成的资源型城市因矿产资源的逐渐枯竭，势必需要打破路径依赖机制，不断革新现有经济发展模式，提高经济发展的适应能力，提高产业生态系统发展活力。

虽然市场经济体制改革促进了产业生态系统轻型化以及多元化发展，但20世纪90年代"东北现象"盛行也反映了研究区域国有企业所占比重过大，国有经济依然占据主体地位，产业系统所有制组成结构比较单一，私营经济与民营经济发展不健全，难以形成资源互用、信息共享、利益共分的产业生态系统网络结构，增加了产业生态系统的敏感性，降低了产业生态系统的稳定性与响应，研究区域产业系统环境适应能力水平仍然处于较低水平。

第四节　吉林省松花江流域产业环境系统适应性影响因素的定量分析

一、研究方法

产业生态系统作为产业系统与资源环境系统交互作用组成的复杂巨系统，其最终追求的是建立产业系统与环境系统协调发展、和谐共生的产业生态系统。本部分选取能够较为全面详细分析多系统多因素相互作用的灰色关联度模型，可以测度因素对于系统主行为的贡献程度。灰色关联分析以灰色系统理论为基础，通过定量描述系统因素之间关联系数进而对系统演变态势进行关联性比较分析。如果序列之间关联系数较高，则认为序列之间的关联程度较强，反之，关联程度较弱，计算步骤如下[239]。

（1）数据标准化

因评价指标原始指标量纲不同，为了使数据间能够进行横纵向比较，在进行关联分析之前，需要对数据进行无量纲化处理。

对于正向化指标，标准化公式为

$$Z_{ij} = (X_{ij} - \min X_j)/(\max X_j - \min X_j) \qquad (5\text{-}1)$$

对于负向化指标，标准化公式为

$$Z_{ij} = (\max X_j - X_{ij})/(\max X_j - \min X_j) \qquad (5\text{-}2)$$

式中，X_{ij}、$\min X_j$、$\max X_j$ 分别代表指标 j 的实际统计值、最小值以及最大值。由此可以得出标准化后的参考序列 $X_0(k)$ 和比较序列 $X_i(k)(i = 1, 2, \cdots; k = 1, 2, \cdots)$。

（2）求差序列

$$\Delta_i(k) = |X_0(k) - X_i(k)| \qquad (5\text{-}3)$$

式中，$X_0(k)$ 为参考序列；$X_i(k)$ 为比较序列；$\Delta_i(k)$ 为差序列。将 $X_0(k)$ 和 $X_i(k)(i = 1, 2, \cdots; k = 1, 2, \cdots)$ 各数代入式（5-3）中即可得出差序列。

（3）计算关联系数

$$\zeta(k) = [\min_i \min_k \Delta_i(k) + \rho \max_i \max_k \Delta_i(k)]/[\rho \max_i \max_k \Delta_i(k) + \Delta(k)] \qquad (5\text{-}4)$$

式中，$\zeta(k)$ 为关联系数，$\zeta(k) \in (0, 1]$；ρ 为分辨系数，一般取值为 0.5。

（4）求关联度

$$r_i = \frac{1}{n} \sum_{k=1}^{n} \zeta(k) \qquad (5\text{-}5)$$

式中，r_i 为关联度，$r_i \in (0, 1]$。通过比较 r_i 的大小可以分辨出产业生态系统中哪些因素与产业系统环境适应性演变关系密切，哪些因素作用不大。若 $r_i = 1$，说明产业生态系统中某项因素与适应性之间关联度强，其作用效果突出。借鉴相关研究成果[240-242]，根据 r_i 得分，关联度可以划分为以下几个阶段：当 $0 < r_i \leq 0.35$ 时，关联度为弱，因素作用效果较弱；当 $0.35 < r_i \leq 0.65$ 时，关联度为中，因素作用效果中等；当 $0.65 < r_i \leq 0.85$ 时，关联度为较强，因素作用效果较为明显；当 $0.85 < r_i \leq 1$ 时，关联度为极强，因素作用效果极为突出。

以第四章第一部分适应性评价指标体系为基础，利用灰色关联度分析产业生态系统内部各因素对于产业系统环境适应性关联度，以此甄选对于适应性演变发展作用较为明显的影响因子（表5-1和表5-2）。

表 5-1 评价指标影响程度分析

指标	X_{11}	X_{12}	X_{13}	X_{14}	X_{15}	X_{21}	X_{22}	X_{23}	X_{24}	X_{25}
r_i	0.6411	0.7868	0.5990	0.6885	0.5295	0.7647	0.6542	0.6631	0.5718	0.6391
指标	X_{31}	X_{32}	X_{33}	X_{34}	X_{35}	Y_{11}	Y_{12}	Y_{13}	Y_{14}	Y_{15}
r_i	0.6322	0.7011	0.6437	0.6005	0.5823	0.5601	0.5576	0.5746	0.5121	0.6310
指标	Y_{21}	Y_{22}	Y_{23}	Y_{24}	Y_{25}	Y_{31}	Y_{32}	Y_{33}	Y_{34}	Y_{35}
r_i	0.6063	0.6326	0.5898	0.5709	0.5701	0.6732	0.5457	0.5856	0.6011	0.6942

注：表 5-1 和表 5-2 中 X、Y 含义分别对应表 4-1 中 X、Y 含义。

表 5-2 准则层影响程度分析

指标	X_1	X_2	X_3	Y_1	Y_2	Y_3
r_i	0.6490	0.6586	0.6319	0.5671	0.5940	0.6200

二、产业系统角度影响产业系统环境适应性因素

产业系统对产业系统环境适应性综合关联度为 0.6465，接近于 0.65，说明产业系统作用效果由中等向作用显著程度转变。同时产业系统各指标关联度大于 0.65 的有 6 个，作用强度排序为 X_{12}（0.7868）＞X_{21}（0.7647）＞X_{32}（0.7011）＞X_{14}（0.6885）＞X_{23}（0.6631）＞X_{22}（0.6542），由此可见，工业化的大力发展是产业系统环境适应性的主要影响因素。自中华人民共和国成立以来，依赖矿产资源优势与国家投资重点政策影响，研究区域已经形成了重型化产业结构体系。虽然经过产业结构优化升级与战略调整，研究区域已经形成以化工冶金、造纸制革、石油煤炭、机械建材、纺织服装以及食品酿造业为主的产业门类体系，产业多元化有一定程度发展。但在长期路径依赖效应作用下，产业结构重型化特点尚未得到根本性转变，资源型产业等重工业仍有较大程度发展，2014 年研究区域第二产业比重占 GDP 比重的 50.34%，第三产业比重仅占 GDP 比重的 40.36%，战略性新兴产业与现代服务业发展不足势必制约着产业系统环境适应性优化提升。

产业系统准则层对产业系统环境适应性关联度仅有产业系统稳定性关联度大于 0.65，作用强度排序为 X_2（0.6586）＞X_1（0.6490）＞X_3（0.6319），由此可见，产业系统稳定性对于适应性的提升具有显著影响。资源型产业较为发育的产业系统抵御外界环境干扰能力较弱，产业系统具有内在显著的脆弱性，产业系统不稳定性增强。2001～2014 年研究区域产业结构高级化指数与第三产业产业化系数年均增长率分别仅为 0.18% 与 0.83%。产业系统响应关联度仅为 0.6319，由此反映

出研究区域对产业系统调控作用不突出，国有企业比重过大，体制机制僵化滞后，市场化进程较为滞缓。

三、环境系统角度影响产业系统环境适应性因素

环境系统对产业系统环境适应性综合关联度为 0.5937，处于关联度中等区间，且环境系统关联度低于产业系统关联度，由此反映出现阶段产业系统环境适应性的主要影响因素仍是产业系统，并且东北振兴以来，流域重型化特征的传统产业得到了一定程度的发展，产业发展仍处于总量扩张与集聚增长阶段，对环境的干扰作用加强。另外，环境系统各指标关联度大于 0.65 的仅有 2 个，作用强度排序为 Y_{35}（0.6942）＞Y_{31}（0.6732），而反映环境效率指标的万元 GDP 能耗、万元 GDP 电耗、万元 GDP 水耗关联度分别仅为 0.5457、0.5856、0.6011，由此也侧面反映了工业化发展依赖于物质要素高投入与高消耗，仍属于传统线性生产模式，工业运行效率低下，且工业化的大力发展对环境系统也造成了严重干扰。

环境系统准则层对产业系统环境适应性关联度排序为 Y_3（0.6200）＞Y_2（0.5940）＞Y_1（0.5671），由此可见，环境系统响应对适应性的提升具有显著影响。吉林省松花江流域流经中部城市集聚扩展区以及西部生态环境脆弱区，但长期大规模开发使区域生态环境发生了蜕变，从资源丰富、环境秀美的地区逐渐变成资源过度消耗、生态环境日趋恶化的地区，甚至在东北振兴战略之前其生态环境接近不可恢复的临界状态[38]。提升环境系统响应能力相对降低其敏感性与提升其稳定性而言，短时限内较易操作且作用效果更加突出，并且东北振兴战略实施与吉林生态省建设也提升了研究区域环境系统水平。

虽然灰色关联分析法是按照数据发展趋势所作出的分析，对样本量多少没有过多要求，并且处理结果与定性分析相吻合，是一种简单可靠的分析方法。但灰色关联分析法需要对各项指标最优值进行现行确定，主观性过强，同时上述分析中也仅依赖于指标体系指标从产业系统与环境系统角度分析了产业系统环境适应性的影响因素，毋庸置疑还有其他影响因素。参考相关研究成果[243, 244]，结合松花江流域（吉林省段）具体情况，最终选取人均 GDP 代表经济发展水平（ED）、工业总产值占 GDP 比重代表产业结构（IS）、外商直接投资占 GDP 比重代表产业发展外向力（IO）、财政支出占 GDP 比重代表政府调控能力（GA）、万人科技活动人员数代表科学技术因素（TF）、工业废水排放达标率代表环境管理力度（EG），定量分析产业系统环境适应性（IE）的影响因素。

首先，根据相关性分析验证了产业系统环境适应性与产业发展外向力以及环境管理力度的 Pearson 系数均小于 0.5，其余因素的 Pearson 系数均大于 0.9，所以刨除产业发展外向力以及环境管理力度因素的影响。

其次，在 Eviews 6.0 软件中对 5 个指标进行单位根检验，验证了 5 个指标的一阶差分的 t 检验值均小于其在 1%显著性水平下的临界值，即通过了一阶单位根检验，验证了序列具备平稳性，变量之间存在协整关系。运用最小二乘法回归，回归结果为

$$IE = 0.887ED^{***} - 3.082IS^{**} - 0.765GA^{**} + 1.312TF^{*} - 15.15①$$

从影响因素作用强弱程度分析，对产业系统环境适应性起主导作用的是产业结构，其影响系数高达-3.082，是最低值政府调控能力（GA = -0.765）的 4.03 倍，但符号为负，说明产业结构对产业系统环境适应性起负向作用，主要是因为吉林省松花江流域资源型产业较为发育，形成了"三高"的重工业产业结构，增强了产业系统的结构脆弱性，并且在此基础上，形成了以重化工业为核心的重污染产业链，由此造成了流域环境恶化，尤其是流域水环境污染十分严重，严重影响了环境系统的适应性，在双重路径作用下，减弱了流域产业系统环境适应性。

回归结果显示科学技术因素的作用强度为 1.312，显示了科学技术因素对于产业系统环境适应性的重要促进作用。松花江流域（吉林省段）科技实力雄厚，2001~2014 年，万人科技活动人员数从 21 人增加至 50 人，年均增长率高达 6.9%，区域新兴产业光电子、信息产业、生物医药、新材料、新兴化工、新能源以及商贸旅游发展态势良好，一定程度上可以缓解产业结构的重型化特征，不断使产业变"轻"和"清"，势必促进流域产业系统环境适应性的提升。

回归结果显示人均 GDP 每提高 1 个单位，产业系统环境适应性指数提升 0.887 个单位，经济发展水平的提高可以促进产业系统环境适应性指数的提升。经济发展可以促进规模效应的形成和其作用的发挥，并不断改善生产技术，同时还可以不断推进治污设施建设。另外，在经济发展水平提高的同时，居民生活水平也在不断改善，人们快速增长的物质需求也会促进工业生产规模的扩大、生产工业技术的提升以及生产效率的提高，在满足日益增长的物质文化需求之后，居民对环境质量的要求也会越来越高，由此促进了产业系统环境适应性指数的增长。

回归结果表明政府调控作用对产业系统环境适应性指数的提升具有一定程度上的负相关作用，主要是因为传统高耗能产业的投资仍较大，尤其是流域内占有绝对比重的"三高"产业的投资，而对于环境保护的支出严重不足。2014 年财政支出中用于环境保护的支出占财政支出比重为 5.10%，仅占 GDP 比重为 0.69%，对环境保护投入的不足势必影响环境系统适应性。持续不断地对"三高"产业的投资，无疑将会加重环境系统的破坏程度，而环境系统作为产业系统的载体以及生态本底，环境系统的负反馈机制将会对产业系统施加一定的负

---

① ***、**、*分别表示在 1%、5%、10%的显著性水平。

向作用，甚至会使产业系统变得不可持续，由此形成恶性循环，必将降低产业系统环境适应性指数。

本 章 小 结

本章一方面从内生动力、外部推动以及引导调控等视角定性分析了吉林省松花江流域产业系统环境适应性影响机制；另一方面基于灰色关联度模型与协整回归分析对影响因素进行了定量化研究。环境系统关联度低于产业系统关联度的现实反映出现阶段产业系统环境适应性的主要影响因素仍是产业系统，并且自东北振兴以来，流域产业发展仍处于总量扩张与集聚增长阶段，对环境的干扰作用加强。另外，对于流域产业系统环境适应性作用强度排序为产业结构（−3.082）＞科学技术（1.312）＞经济发展（0.887）＞政府调控（−0.765），由此反映出产业系统环境适应性优化提升面临着发展机遇与挑战，一方面流域重型化产业结构根深蒂固，传统高耗能产业仍然继续发展，制约着产业系统环境适应性；另一方面流域科学技术和经济发展水平的提高，又促进着产业系统环境适应性优化发展。

第六章 吉林省松花江流域产业系统环境适应性调控对策

第一节 吉林省松花江流域产业系统环境适应性的调控原则和目标

一、调控原则

流域产业生态系统作为一类特殊复杂的系统，其产业系统环境适应性调整应该遵循以下原则。

（一）因地制宜原则

吉林省松花江流域包括吉林市、长春市、松原市以及白城市等市域范围，横跨吉林省中西两大地带，城市之间资源禀赋、区位条件与区域发展基础、经济与产业发展阶段、生态环境保护与治理水平具有明显差异性，由此导致产业系统与资源环境系统之间矛盾表现形式亦不相同，因此区域之间产业系统环境适应性调整模式、重点内容与未来发展方向各具特色。坚持因地制宜原则指导产业系统环境适应性调整，厘清区域比较优势，选择适宜发展模式，明晰区域发展阶段尤其是产业系统发展阶段，并且对区域内与区域之间要素供给-需求、投入-产出情况进行准确研判，促使区域产业系统环境适应性调整的科学性，保障产业生态系统形成与合理发展。

（二）循序渐进原则

应该注意的是，吉林省松花江流域产业系统环境适应性调整是一个系统漫长、循序渐进的过程，不可能存在一劳永逸、一成不变的调整模式。基于区域发展不同阶段，采取不同的适应性调控模式以指导区域产业生态系统的科学发展。区域发展初期，应该着力发展依托区域资源禀赋优势的产业；区域快速发展时期，应该着力构建上下游产业等产业链，注意区域之间产业对接发展；区域稳定发展时期，应该着力培育产业系统多元化，增强产业生态系统的稳定性与弹性；区域衰落发展时期，应该着力发展新兴产业与朝阳产业，促进产业系统再生能力构建。

(三) 科学发展原则

科学发展要求经济社会全面、协调与可持续发展，实现经济发展与人口、资源、环境协调共进的发展模式。相关研究表明，吉林省松花江流域经济发展模式仍然属于牺牲资源环境换取经济发展，研究区域产业系统环境适应性调整绝不可以立足于一时发展，应该坚持可持续发展原则，统筹协调产业发展、资源环境利用与保护问题，谋求产业生态系统永世发展。针对流域产业生态系统发展所出现的问题，以科学发展为指导原则，企业层面采取清洁生产技术，大力发展"清"型产业，促使产业结构变轻，着力建构企业共生网络；区域层面提高区域资源利用水平，提升区域产业系统高级化、生态化以及高技术化发展进程，着力构建资源节约型、环境友好型产业共生网络。

(四) 传统产业改造与新兴产业培育并举发展原则

就吉林省松花江流域而言，对传统产业进行改造升级是产业系统环境适应性调整的重要内容，产业系统环境适应性调整过程其实也是产业系统不断优化发展的过程。能否妥善处理传统产业改造升级与新兴产业发展，是影响产业系统环境适应能力的重要因素。一方面，传统产业是区域发展的基础，传统产业不断演化发展直接促使了区域发展阶段演进。但随着时间的推移，传统产业发展带来严重的资源环境问题，已经不能适应社会演变发展，需要对传统产业进行改造升级，使其重新焕发发展生机，并且可以为新兴产业发展提供资金保障与技术支撑；另一方面，新兴产业培育与发展是产业系统不断高级化的重要表征，也是产业系统不断优化升级的重要驱动力量。由此可见，坚持传统产业改造与新兴产业培育并举发展原则，可以促进产业生态系统高级化与合理化发展，从而增强产业系统环境适应能力。

二、调控目标

(一) 产业生态系统耦合共生与协调发展

吉林省松花江流域经济生产方式仍然属于传统线性生产模式，依赖资源能源的物质投入与消耗，同时在此基础上发展起来的产业系统具有刚性结构。另外，长时期重型化产业结构的影响也诱发了流域资源环境问题突出,由此导致研究区域产业系统环境适应性调整具有必要性与紧迫性。在科学发展观指导下,推进流域产业生态化进程,因地制宜构建产业系统环境适应性模式,降低流域经济发展对资源能源依赖程度,实现流域产业生态系统耦合共生与协调发展。具体而言,企业之间或企业内部通过彼此或上下游之间相互合作,促使企业或生产环节产生的废物或副产品被其他企业或生产环节所利用,从而形成互惠共生的产业共生网络,并且区域或企业之间可以通过副产品彼此交换建立产业共生关系。由此可见,产业系统环境适应性调整的关键目标是产业共生网络的构建与副产品的交换。

(二)产业系统高级化演进

推进产业系统高级化演进也是产业系统环境适应性调整的关键目标之一。产业系统高级化是提升战略性新兴产业与现代服务业比重,不断降低第二产业尤其是重工业比重,推进产业结构优化升级。对研究区域而言,可以通过科学技术进步、提高资源利用与配置效率、转变经济发展模式与提高经济发展效益等多种途径,促进流域经济持续发展与产业生态系统耦合共生。具体而言,流域下游地区白城市推进生态型绿色农产品加工产业,资源型城市松原市与吉林市推进化工产业发展轴带建设,发展精细化工、高性能合成材料和特种材料,推进产品加工精深化、原料路线多元化的新型化工产业体系,长春市发展科学技术含量较高的产业,如生物医药、光电技术、先进制造技术、信息技术、新材料、机电一体化、精细化工等产业部门。

(三)产业系统合理化发展

吉林省松花江流域深受计划经济体制影响,形成了依托资源大规模开发与初级利用为主导的产业部门类型,结构较为单一,缺少第三产业培育,这使得产业系统呈现出较强的刚性与"嵌入式"结构特征,并且制造业发展水平较低,产业部门之间联系较弱,整个产业生态系统技术创新能力不足,尚未形成结构合理、组织优良、联系密切与配套协调的产业共生链网,由此引发了经济发展不足、社会就业水平较低以及资源环境浪费与恶化现象突出。由此可见,在东北再振兴大背景下,构建与培育合理的产业系统也是产业系统环境适应性调整的关键目标之一。应保持产业系统之间各部门合理的产业比例,促进各产业之间建立协调发展的关系,促使研究区域产业共生系统构建与经济系统稳定发展。

第二节 吉林省松花江流域产业系统环境适应性的调控模式

一、产业集群调控模式

（一）模式内涵

学术界对产业集群尚未给出统一概念，但产业集群必须满足以下几个条件：一必须是相当规模与数量的企业地域集中与分工协作；第二产业集群内部必须存在发挥绝对作用的主导产业；第三产业集群内部组成不仅包括企业与公司，而且也包括与产业发展相关的协会与组织等机构；第四产业集群内部各组成部分必须存在相互作用与相互影响的紧密联系，共同构成一个复杂的有机整体。产业集群的基本特征为空间集聚化、分工专业化、组织网络化、创新持续化，这使得产业集群模式成为产业竞争力的重要来源，并且形成集群经济效益是产业集群模式的一个突出优势，特别是对于产业价值链长、前后向关联深的产业类型来说，产业集群模式的这种作用尤为重要。产业集群模式形成的根本动因是追求集聚经济效益，而集聚经济产生的关键在于集群内各企业之间的高度关联。由此可见，产业集群调控模式是主动适应性模式，产业集群内在的协调关联是促进产业技术创新、推进产业竞争力提升的核心。

产业集聚模式可以充分利用区域优势资源，加之聚集作用的发挥，增强了产业集群发展的路径依赖效应。另外，具有相互协作关系的上下游企业及其配套企业的空间集聚，直接促进了生产与服务专业化发展，区域产业企业之间副产品交换，降低了企业生产与交易成本，减小了资源投入与污染物排放规模、减轻了消耗程度，直接促进了产业生态系统的可持续发展，并且产业集群具有良好的技术扩散效应，通过资源利用技术提升、清洁生产技术创新以及末端治理技术改进，延伸产业链条，最大限度地增加产业创造的价值。产业集群模式是不同企业、产业乃至区域之间新型产业生产合作关系的构建过程，一定程度上讲，也是产业系统重构过程，促进了产业生态系统建立与优化重组，提升了产业生态系统适应能力。

（二）具体举措

由于历史路径依赖特征与现实产业发展需求，研究区域已经形成了汽车生产与零部件配套产业、石油化工产业、农产品加工业、生物医药以及光电子等优势主导产业，通过集聚辐射效应与扩散传导作用形成了产业集群的雏形。

汽车产业依然是研究区域最重要的支柱产业，并且已经形成了以"一汽"集团为核心，以长春为主要集聚生产地域，各类企业予以配套协作的轴轮式产业集群，发展较为成熟应该予以优先发展的权利，并且给予相应的政策支持。除继续在规模上有新的突破以外，必须利用比较优势，提高零部件配套率和自主研发能力，培育一批有比较优势的零部件企业，实现规模生产并进入国际汽车零部件采购体系，积极参与国际竞争，完成打造世界级汽车生产基地的宏伟目标。

石油化工产业仅次于汽车产业，是研究区域第二大支柱产业，并且已经形成以中国石油天然气股份有限公司吉林石化分公司为核心，以松原油田为原料生产基地，以发展精细化工与合成材料等新产品为生产链的多核式产业集群。但目前石化产业主要停留在中游的初级阶段，以烯烃类产品为主，产品附加值较低。从石化产业链以及石化产品主要应用领域来看，石化产业发展的重点是拓展下游产品，特别是汽车化学品、纺织服装材料等。

研究区域农产品加工产业已经具备相当规模，是地区重要的经济支柱之一，已经形成了以长春大成实业集团有限公司、吉林德大有限公司等企业为核心，众多中小型企业配套生产的混合式产业集群。但是从发展水平和层次上来看，初级加工比重较大，产品附加值不高，尚未建立技术和品牌优势。农副产品加工产业是关系到广大民生的重要产业门类，对扩大就业和新农村建设具有重要意义。因此需要从政策和资金上予以大力扶持，重点支持农产品加工业科技创新项目，优先安排有一定规模、产品科技含量高、市场占有率高、吸纳农民就业和增收作用明显的项目，大力实施特色品牌战略，重点打造和重点培育名牌产品，打造国内领先水平的农副产品加工示范基地。

研究区域生物医药方面具有原料、科研、人才、环境等方面的巨大优势，已经形成了以长春为生产核心，以众多中小企业为主体的网状式产业集群。生物医药产业的发展基础和势头也非常好，在国民经济中占有非常重要的地位。重点支持生物化工、生物能源、生物医疗、生物医药等项目，把研究区域建成东北地区生物和医药研发的源头和中心，建成产业集成度高、核心竞争力强，具有较高开放度和鲜明特色、与国际接轨的国家重要的生物和医药产业化基地。

研究区域是光电子信息技术科研、人才集中的地区，拥有较好的技术优势和产业基础，已经形成了依托于高新技术产业开发区与经济技术开发区为空间载体，以吉林大学、中国科学院长春光学精密机械与物理研究所以及中国科学院长春应用化学研究所等大学、科研机构以及企业为一体的网络式产业集群。从目前的发展情况来看，光电信息产业在长吉地区的经济比重并不高，有很大的发展潜力和上升空间。应依托长吉地区现有的产业基础和人才、技术优势，以发展为主题，以市场为导向，精心培育光电信息产业成为新的经济支柱，占据未来发展的制高点。

总之，应立足汽车、石化、农副产品加工等传统优势产业以及光电信息、生物医药等新兴战略产业，发展壮大主导产业，加强产业配套，通过产业链向上下游的进一步延伸，以及产业在空间上的集聚发展，来提高产业的附加值和市场竞争力，成为拉动区域经济发展、提高产业竞争力、实现跨越式发展的重要方式。

二、产业合作调控模式

（一）模式内涵

产业合作可以支持与引导产业区域转移，并且促进同质产业合并重构，通过提高产业分工效率与降低交易成本费用，实现产业结构调整与优化布局。产业合作一般可以分为三种模式：一是政府主导型模式，即由政府主动推动开展区域产业合作，往往出现在产业合作初期，能够解决区域分割与区划壁垒的限制，高效配置资源，但弱化了市场机制影响。二是企业主导型模式，即企业是产业合作的主体，企业之间进行密切合作，实现产业之间的优化配置。该模式可以促进市场机制最大化发挥，但也可能导致由于信息非对称出现企业利益协调不足。三是行业协会主导模式，即以区域行业协会为主体，通过举办多种途径的研讨会、经贸洽谈会以及展销会，实现产业之间信息交流与贸易往来。该模式可以通过产业优势资源与特色展现，产业之间可以相互了解增进合作基础，但该模式规模普遍不足，产业之间协调难度较大。

另外，产业联动也是产业合作的主要表现形式，联系越紧密的行业，产业联动效果越突出，产生效益越明显。产业联动以行政区为发展载体，遵循市场经济、产业结构演化以及区域演变等发展规律，借助于外在行政规划的调控引导作用，消除产业发展要素关联互动壁垒，满足产业互补需求，追求一定时间、特定空间以及有限资源条件制约下的产业结构优化升级的最优效率，形成产业互动共赢、良性发展系统，实现产业之间优势资源互补与联动发展[243]。产业联动可以使企业或产业以及区域之间突破界限制约，不断优化改善企业关系、产业关系以及区域关系，产生"1+1>2"的联动效应。总之，通过产业合作调控模式，提高企业之间、产业之间以及区域之间的信息资源以及市场共享程度，降低单个产业之间适应环境的脆弱性，构建产业协同共进、协调发展与互利共赢的产业生态网络。

（二）具体举措

吉林省松花江流域具有较好的产业互补发展基础，尤其是长春市与吉林市二市之间的汽车产业与石化产业，以及生物化工产业之间具有极为广阔的产业合作空间，是未来产业发展需要重点推进建设的重要内容。

未来汽车-石化产业融合发展应该以中国石油天然气股份有限公司吉林石化分公司、中国第一汽车集团有限公司、长春一汽轻型车厂、富奥汽车零部件股份有限公司等企业为龙头，以吉林化工园区、长春汽车产业园区等为载体，化工产业应积极为区域内及省内大型企业配套相关项目，如年产 20 万套汽车工程注塑件项目，以及锦湖轮胎（长春）有限公司扩建 1000 万条/年子午线轮胎，均为典型的上连化工、下连汽车的融合型项目。

经过近几年的发展，以一汽集团为核心的长春汽车产业开发区、以一汽吉林为核心的吉林汽车工业园区，已经与以吉化公司为核心的吉林化工园区，以大成集团为核心的长春生物产业园区形成了良性的互动协作关系，相对实现了汽车-石化产业的协作发展。未来化工园区应紧紧围绕汽车园区所需的汽车专用料、车用化学品、橡塑汽车零部件等化工产品进行技术研发，转变产品结构，提供配套产品支持。而汽车园区企业也优先采购本地化工园区的产品，以此形成上下游紧密联系的产业协作关系。

另外，研究区域也具有一定的生物化工产业合作基础，是未来产业联系中的重要领域。吉林燃料乙醇有限责任公司是国家批准建立的第一个大型燃料乙醇生产基地，是亚洲较大的玉米生化产业发展商及新兴能源供应商之一。而长春兴隆生物产业园区以生物化工为特色，已有荷兰皇家帝斯曼集团、中国香港米高实业有限公司、广东联塑科技实业有限公司等 28 家知名企业入驻园区。园区核心企业长春大成实业集团有限公司是亚洲最大、世界第三的玉米深加工企业，2008 年已形成年加工 300 万 t 玉米的能力，淀粉糖、变性淀粉、赖氨酸等产品产量均排名中国第一。未来可发展玉米化工醇以及生物聚酯、生物化工品等生物化工产品，以生物产业园区为核心，有效利用生物、化学资源，推进生物质纤维项目的发展，实现生物化工与汽车产业、石油化工产业的联动发展。

三、产业创新调控模式

（一）模式内涵

产业创新调控模式主要是指通过产品质量创新、生产技术改进以及制度机制创新等条件改善、提升甚至替换现有产业结构，或者通过培育发展新兴主导产业，最终实现产业系统环境适应性调整转换的发展模式。产业创新模式一方面可以通过改造提升原有传统主导产业，促使"旧业换新颜"，维系产业发展空间；另一方面直接通过科技创新等培育新兴朝阳产业发展，促使各种生产要素向高效率产业转移流动，实现产业系统适应性重构，其根本目的在于产业系统多元化发展。

根据区域条件、产业发展基础以及区位地位和作用，产业创新模式可以具体分为优势产业再造模式、新兴产业培植模式以及高新产业发展模式。其中，优势产业再造模式适用于区域主导产业在地区之间具有一定发展优势，但发展势头缓慢，且在大区域乃至全国产业分工格局中所占比重有所降低的产业，可以通过生产工艺改进、产品质量提升以及新技术研发等实现产业高级化发展；新兴产业培植模式适用于代表产业未来演化方向并且衍生产业较多以及产业综合化发展趋势明显的新兴产业进行扶持，促使其发展成为区域新主导产业；高新产业发展模式基于区域自身比较优势，在内外双重作用力驱动下，通过发展高技术含量以及高附加值的产业实现产业系统适应性调整。高新产业发展模式必须选取科学技术含量较高的产业作为主导产业进行扶持发展，同时所选取的高新技术产业也必须具有较强的关联效应，从而促进新兴产业生态关系的构建，促进产业系统生态化以及高级化发展。

（二）具体举措

积极培育壮大国家战略性新兴产业，重点发展以轨道客车为代表的高端装备制造，以混合动力、纯电动汽车整车制造及动力电池为代表的新能源汽车，以光电子产业为代表的新一代信息技术，以碳纤维等化工新材料为代表的新材料产业，以风电、生物质能和太阳能发电为代表的新能源产业。

加快引进、消化、吸收国内外先进技术及装备，推动轨道客车、风电装备等先进装备制造业发展。以中国北车集团长春轨道客车股份有限公司为龙头，以长春轨道交通装备产业开发区以及吉林风电核电装备产业园等为载体，积极推动350km动车组制造基地、高速列车系统集成国家工程实验室以及新型城轨车辆研发制造、试验和检修基地项目建设；加快发展风电装备，重点发展大功率风机整机产品，强化主机配套设备设计和总装能力，推进传动、控制系统、发电机、齿轮箱、叶片、主轴、轮毂、底座、塔筒、输变电设备及风电服务业等产业链发展，形成风电装备集聚效应，打造国内最大的风电生产、研发和制造基地。

以长春汽车产业开发区为中心，大力发展混合动力汽车、插电式混合动力汽车和纯电动汽车，打造新能源汽车产业基地。吉林市重点增强新能源汽车零部件研发和配套生产制造能力，利用吉林石化产业基础和优势，在动力电池、动力电池材料、充电站建设等方面积极推动其规模化生产并尽快形成自主研发能力，在新能源汽车布局中，长吉两市要分工明确，充分发挥各自的产业优势，加强协作和联动发展，抢占市场先机。

围绕光电子、汽车电子、新一代传感网及软件与信息服务等领域，依托现有技术优势和产业基础，加快科研成果转化，抢占新技术制高点。充分利用长春市国家光电子产业基地的平台，重点推进发光二极管（light-emitting diode，LED）照明、半导体及固体激光器、新型光显示、光伏及生物识别等产业快速发展，建成全国领先的光电一体化基地。在汽车电子领域，着力促进车载电子、车身电子、发动机控制总成电控单元等产品的基础研发及科研成果产业化。

围绕清洁能源和可再生能源，大力发展风力发电、太阳能发电、水电、核电以及生物质能源利用、地热利用等。要加强风电能源接入系统技术研究和相关项目建设，加快风电场建设，并且合理布局和积极开发生物质能源，加快生物质发电相关技术的攻关，推进非粮乙醇、丁醇等生物燃料示范项目建设。加快太阳能光伏发电示范工程建设，适度发展太阳能级多晶硅材料，支持非晶硅薄膜太阳能电池项目建设，打造国家光伏产业基地。

总之，产业系统环境适应性优化调整是一个复杂渐进的过程，同时也是产业系统乃至区域发展由低级向高级不断演化的过程，由此决定了产业系统环境适应性调整模式应该因地制宜与因时制宜、因"资"制宜与因"智"制宜有机结合，合理推进产业生态化与高级化转型，增加产业生态系统稳定性与响应能力，提高产业系统环境适应能力。

第三节　吉林省松花江流域产业系统环境适应性的调控措施

产业系统环境适应性研究的最终目的是探寻产业系统与环境系统协调发展的路径，推动产业系统环境适应性调整重构的对策，其实质是推动产业生态系统发展由要素驱动向投资驱动与创新驱动转变，通过资源高效利用、产业集群发展、区域分工合作以及生态化战略推进，实现产业系统向高级化、生态化、科学化与合理化方向发展。

（一）转变发展观念，推行区域多元化发展模式

由前面分析可知，吉林省松花江流域经济发展仍然属于依赖物质资源消耗的线性发展模式，对资源环境造成了较大程度干扰，这种非可持续性发展模式反过来又制约了产业生态系统适应能力提升。未来需要转变发展观念，推行区域多元化发展模式，具体包括实施产业集群协作、区域联动发展与综合交通网络构建。

继续做大做强以汽车、轨道客车和石化等为主导的优势产业集群，积极引入大型龙头企业，增强产业配套能力。重点加强产业间的联动发展，大力扶持中小企业，建立以科技创新为核心驱动力的多元化产业体系。充分利用研究区域毗邻蒙古国与俄罗斯等地缘优势，明确未来区域空间发展两条主轴线——南北向的哈

大轴（哈尔滨—大连）和东西向的国际大通道，充分利用蒙古国、俄罗斯等国家的石油、木材等优势资源，在更大区域范围内谋求资源要素的优化配置，形成区域发展凝聚力辐射带动周边地区的发展，加强城乡统筹，形成优势互补、分工明确的紧凑型联合大都市区空间结构。

研究区域下游地区松原与白城市交通线路较为稀疏，并且线路老化、基础设施发展滞后，影响了区域生产要素的流转效率。其未来的交通线路应该以快速、便捷和良好的连通性为目标，构建集快速铁路、城市轨道、普通铁路、高速公路等于一体的综合交通网络，增强区域交通运输能力，满足人们多样化的出行需求，加快地区生产要素的自由流动，为产业基地建设、现代物流业等的发展提供有力支撑，发挥在区域联动发展过程中的先导和触媒作用。

（二）完善环境管理体系，建立生态环境补偿机制

1. 建立生态系统管理体系，增强生态环境可持续发展能力

生态系统管理是指在充分认识生态系统整体性与复杂性的前提下，以持续地获得期望的物质产品、生态及社会效益为目标，并依据对关键生态过程和重要环境因子长期监测的结果而进行的管理活动。生态系统管理的基本出发点是生态功能可持续性，是随着资源管理、大尺度生态学研究的发展而逐渐形成的。生态系统管理可以维持生态系统的基本结构与功能不发生根本性转变，通过环境系统的学习能力、创新能力以及重组能力的提高，从而达到生态环境适应能力的提升。

但现阶段生态系统管理多是政出多门，难以发挥生态系统管理的聚合效应，因此，要提高产业系统环境适应能力，需要构建多部门协作共管的生态系统管理体系，主要包括：①产业发展与环境保护有机协调机制，这是实现资源环境保护由末端治理向源头循环转变的根本保证，通过建立产业环境有机协调机构，对有关二者的重大决策进行共同讨论，共同制定产业协同发展与环境保护的具体措施，增强产业发展的可持续性与环境系统的载体功能；②监督与责任追究机制，即环境发展的重大决策，以及环境治理中资金与物质的流向要接受社会公众的广泛监督，同时因决策不当而造成重大环境事故的要追究有关部门的责任；③科学咨询制度，即一方面有关环境发展与治理的重大决策要召开听证会进行集思广益，另一方面成立生态环境保护与治理委员会，由多部门、跨学科等相关专家不定期向有关部门提出环境保护与治理的对策建议；④绿色 GDP 考核机制，即抛弃唯 GDP 发展绩效观念，实行绿色 GDP 考核机制，注重引进新建项目的生态环境影响，逐步建立科学的生态环境评级体制。

2. 建立流域生态环境补偿机制，增强环境系统适应能力

由于工业化与城镇化发展的非均衡性，流域经济差异普遍存在，并且由于流域上下游功能区资源禀赋、生态足迹与环境承载能力不同，流域上下游之间生存发展权利的差异在所难免，因此流域经济发展与环境保护之间矛盾愈加突出。流域生态补偿机制是解决这一矛盾的重要方法，主要通过流域水资源合理利用与水资源保护中将外部成本内部化，解决资源开发利用过程中"搭便车"的问题[244]。通过实施流域生态补偿机制，确定流域不同区段产业发展与环境容量，实现上下游之间产业发展与环境保护"双赢"的目标。考虑吉林省松花江流域实情，应该实行政府协商生态补偿模式、政府共同出资生态补偿模式与政府之间转移支付生态补偿模式。政府协商生态补偿模式属于市场主导下通过水权交易等手段的生态补偿模式。水权交易主要是指拥有丰富水资源的水权出让方向水资源匮乏的水权购买方出售水资源，这种水权交易模式多由政府协议主导下，由具体企业负责实施。水权交易模式可以促使流域内政府推动水环境保护与水资源利用的双赢，即水权出让方通过补偿资金用于保护生态环境质量与提高社会经济发展水平，而水权购买方通过水权交易缓解地区用水紧张局面，进一步促进了地区发展。

推行政府共同出资生态补偿模式需要由上级行政部门与流域政府部门共同组成的流域生态补偿实施机构领导，主要负责协调流域内上下游政府主体之间关系，确定生态补偿资金来源（一般而言，可以以流域内不同地区用水比例作为出资的参考原则之一）、具体补偿原则与实施方法，并且建立生态补偿资金合理使用的考核机制，并对生态补偿资金的去向进行监督。政府之间转移支付生态补偿模式一般以纵向财政转移支付模式为主，即受补偿地区根据自身情况，向上级部门提出生态补偿申请，用以恢复与提高生态环境水平。而上级政府部门根据生态补偿申请地区的牺牲与贡献程度，向申请地区提供的财政转移支付。值得注意的是，对研究区域而言，三种生态补偿模式可以混合运用，通过生态补偿机制的实施，调节流域社会经济发展与生态环境保护之间的关系，提高流域产业生态系统的稳定性与恢复力，增强其适应能力。

（三）注重产业系统多元化与生态化，增强产业环境系统适应能力

1. 优化调整产业结构，实现产业系统多元化发展

产业结构优化升级主要推动产业从低附加值、粗加工向高附加值、精加工方向演化，促进产业产出结构与技术结构的转化，最终目的是实现产业发展高效化

与产业结构高级化。对研究区域而言,要妥善处理三次产业比例关系,因地制宜科学合理推进农业现代化、新型工业化与信息化,增强产业系统结构稳定性。

镇赉、大安、洮南、通榆以及乾安等生态环境较为脆弱的中下游县市要采用林草田生态模式,综合治理水林田,走农林牧相结合的发展道路;长春、吉林等上游地区要采用高产高效高科技模式,大力倡导科学技术与科技示范,使科技成果转化为生产力,并且按照市场需求,兴办农产品加工业,对粮食进行深加工,多层次开发生产名优特稀商品,实现农业高投入、高产出、高效益。总之,吉林省松花江流域在农村现代化过程中一定要因地制宜,走特色农业现代化道路与非均衡发展道路,逐步建立一个高产、优质、高效的农业生产结构体系和物质能量良性循环的农业生态系统。

另外,对研究区域支柱产业,如汽车制造业、石化产业和农产品加工业等要在其原有的基础上加快培育,多开发与支柱产业相关联的横向产业和纵向产业,提升支柱产业的带动功能,优化产业空间布局。以汽车产业(图6-1)和石油化工产业(图6-2)为例,首先,充分发挥汽车产业和石油化工产业的带动作用,支持发展与汽车产业及石油化工产业有关的横向产业和竖向产业,延长产业链条,提升产业附加值,提升主导产业技术创新能力和工艺装备水平,优化产品结构,努力向高端、精品、集群配套、精深加工方向发展,再造支柱产业的活力与新优势。其次,用信息技术改造和提升传统产业,如冶金建材、装备制造、轻工纺织

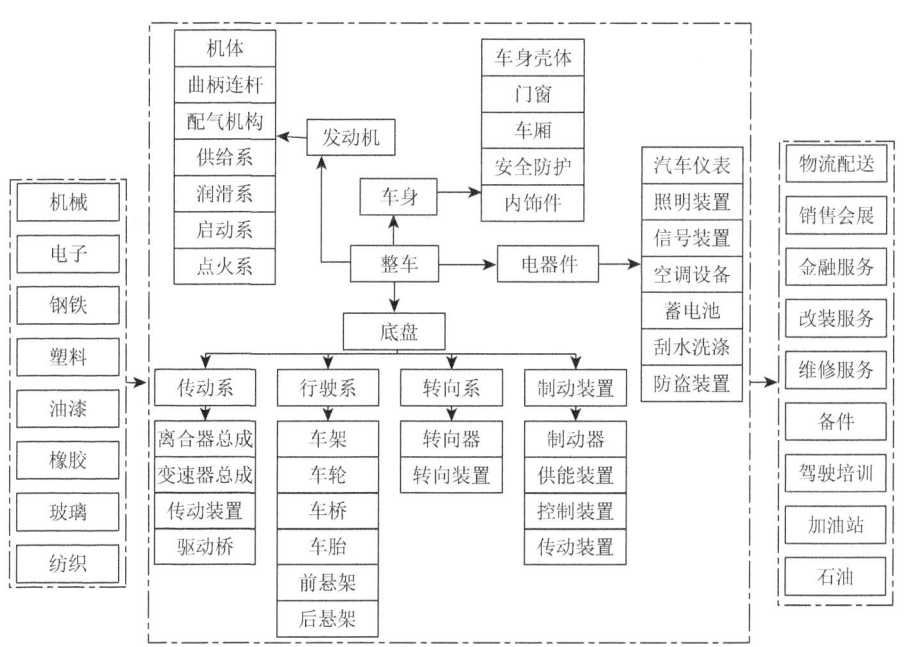

图 6-1　汽车产业链条示意图

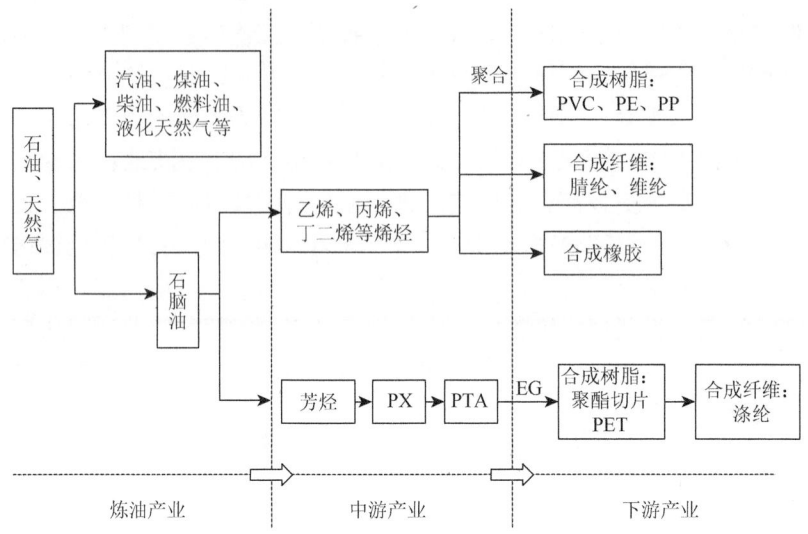

图 6-2 石油化工产业链条示意图

PVC 指聚氯乙烯；PE 指聚乙烯；PP 指聚丙烯；PX 指对二甲苯；PTA 指精对苯二甲酸；
PET 指聚对苯二甲酸乙二醇酯；EG 指乙二醇

等，在市场作用机制下，优化资源配置，推动企业兼并重组，降低企业生产成本，积极承接国内外的产业转移，用信息技术和先进适用技术，加快企业改造与重组，优化提升传统产业工艺制作、研发设计、节能减排水平。最后对传统主导产业要加大技术投入力度，提高技术含量，提高资源的利用效率，同时用信息技术提高它们的环保工艺和水平，注重生态效益与经济效益统一。

最后，消除限制服务业发展的各种体制障碍，加强市场化进程。打破服务业中垄断体制，推动服务业从政府主导型向市场主导型转变，使服务业资金、劳动力等资源在市场机制作用下合理配置，创造公平的竞争环境，积极推动多种所有制经济成分健康快速发展，鼓励非国有经济在更广泛领域参与服务业发展。增加对生产型服务业如信息传输业、计算机和软件业、金融业、租赁业、商务服务业和地质勘探业的投入，在资金、技术、人才和政策上对生产性服务业进行投入，提高投入产出效益，支持优势企业发展，建立品牌化、规模化企业，提高企业竞争力。总之，在信息产业与服务业跨越式发展过程中，必须以金融、物流、商贸、会展为龙头，以软件信息为依托，把信息服务业发展摆在产业发展的重要位置，推动服务业的健康有序发展。

2. 推进产业生态化转型，实现产业生态系统协调发展

产业生态化具体实施途径有两种，即企业层面实行清洁生产和产业层面建设生态产业园。由前面分析可知，吉林省松花江流域清洁生产效率普遍较低，

已经成为制约产业系统生态效率优化提升的关键因素，因此，推行清洁生产，提高资源利用程度与转化程度，促进清洁生产效率提升能够有效改善产业生态系统适应能力优化调整。清洁生产包括生产环节与产品生命周期的全过程控制，实质是一种物耗与能耗最少的生产活动规划与管理，提倡资源高效利用与废物资源化、减量化以及无害化处理。清洁生产具体实施路径包括：不断改进生产工艺，采用先进技术与工艺水平，减少或避免生产、服务以及产品使用过程中污染物的产生与排放；综合使用清洁资源能源，提高资源利用效率，从源头消减污染等。从本质上而言，清洁生产是一种预防性的环境策略，是实施可持续发展的重要手段。

清洁生产只注重解决企业内部物质利用效率提升，以达到企业内部物质循环利用为目标。但区域是由众多多样性与复杂性的企业所组成的，单个企业物质利用最优并不能保证区域整体的帕累托最优，由此需要将众多有关联的企业进行有机对接联系，形成废物与副产品循环交换的有机网络，达到区域或产业层面的物质循环利用。而要达到这一目标需要实施生态产业园战略，即在区域或产业层面推进物质与副产品循环利用，减少乃至消除废弃物产生，降低产业发展对环境的干扰程度。对研究区域而言，受重型化产业结构影响，资源型产业仍较为发育，产业发展伴随着大量废弃物产生，如果能够妥善处理好这些废弃物，不仅可以降低环境污染，而且也可以产生相当可观的经济社会效益，由此生态产业园建设尤其具有紧迫性与重要性。但现阶段研究区域产业结构不断优化升级，如果过度强调生态产业园企业内部闭路循环的刚性要求可能会对产业转型与结构优化升级产生不利影响，因此应以改造现有工业园区为主，强调工业园区内部企业或新进入企业的内部关联性，在政府引导调控下适度推进生态产业园区建设。

（四）注重科学技术运用，增强产业系统与环境系统二者相互适应能力

1. 加快传统产业技术改造，提高产业技术含量

经过长期发展，传统产业已经表现出了增长乏力、发展滞缓的趋势，但传统产业仍是推动研究区域经济发展的主体力量，由此，要应用科学技术装备传统产业，实现传统工艺向高新技术方向转变，促进产业从劳动密集型向技术密集型与智力密集型转变，提高传统产业技术含量。另外，不断向企业输送高新技术与现代经营理念与管理方法，充分利用国内外先进技术与生产管理方法，不断扩大企业内部高新产品生产规模与增强生产能力，提高传统产业的市场竞争力与市场占有率，使传统产业焕发新的生产与发展活力。同时进一步加强技术创新体系建设，使企业真正成为创新主体，引导企业尤其是大中型企业建立技术开发中心，增加企业研发投入，

将企业研发、生产工艺改进与市场销售有机结合，形成企业自主核心能力，并且引导与支持中心城市整合社会科技资源，形成企业服务的技术创新服务中心。

总之，以电子信息技术推广应用为基础，以重大技术装备研制国际化为突破口，用高新技术和先进适用技术改造传统产业，促进高科技成果、先进制造技术和高效设备应用，提高传统产业生产过程自动化、控制智能化和管理信息化。

2. 积极培育高新技术产业，增强产业系统稳定性

在知识经济时代，科学技术将成为产业发展的决定性因素，同时高新技术产业也会成为未来经济发展的主导产业，并且伴随着产业结构的不断优化升级，现代科学技术不断在产业发展实践过程中广泛应用，并推动着产业结构进入现代化进程。未来研究区域应该发挥区域智力资源优势，探索智力资源开发和知识产业发展的途径，实现产业的可持续发展。应该以知识产业发展作为产业发展的重中之重，优先发展光电子信息、新材料、新能源以及生物医药等高新技术产业，扶持具有自主知识产权且推广层面广、产业关联性强、市场发展潜力较大的技术创新项目和新产品项目，推动其形成品牌、规模和区域优势。积极发展包括金融保险、信息服务以及中介咨询等知识密集型服务业。同时加快优势产业，如石油化工及炼焦业、化学原料及制品制造业、汽车等交通运输设备制造业、食品加工业等优势产业技术改造，发挥技术创新、技术改造的整体优势。总之，要充分利用研究区域现有科技与教育资源，全面推进产学研有机结合，增加产业的多样性与发展的可持续性，降低产业系统敏感性与脆弱性，增强其发展的稳定能力。

（五）完善体制机制建设，加大政策、资金与人才支持力度

1. 建立流域协调组织结构，消除行政区划掣肘

在制度安排上，逐步采用全新的联合流域管治方式，由省政府牵头成立流域协调组织领导机构，建议建立市级领导联席会议制度，由四市市委书记、市长领导，组建交通、环境、产业发展等重点部门合作委员会，赋予部分规划、监督和执行权利。省政府应对流域协调组织机构予以大力支持和重点关注，随着流域发展一体化程度的不断提高，逐渐以法律的形式将流域一体化协调组织制度化，逐步制定和完善流域一体化区域规划编制实施和法规管理体系，依法依规推进流域一体化建设，使其成为一个具有一定权威和独立运作能力的组织机构，统筹处置流域经济一体化进程中的有关事务，如统一规划、制定统一的市场竞争规则、组织实施跨行政区重大项目建设、协调各方利益、解决矛盾冲突等。

2. 给予流域发展政策支持，促进流域又好又快发展

逐步出台和健全推动流域一体化规划实施的配套政策体系，在充分利用已有的国家振兴东北老工业基地优惠政策、加强沿边开发开放优惠政策的基础上，积极争取国家对流域一体化的认可和政策支持，在土地政策、产业政策、财税政策、人口政策、环境政策等方面不断寻求创新，形成推动流域一体化的长效激励机制，通过产业、基础设施、市场、生产要素投入等多个平台的共同开拓和建设，逐步建立和完善兼顾效率与公平的利益分配制度，共享流域一体化带来的发展红利。

另外，可以设立先行示范区，在综合配套改革、现代服务业、新型工业、现代农业等方面，在有代表性的区域进行先行先试、率先突破，通过综合配套改革与新型工业化示范基地建设，争取国家更多的政策支持。流域之间联合制定统一的产业发展政策和招商引资政策，加强政府对产业发展的引导，建立产业发展投资平台，共同组建流域产业发展投资基金，重点对工业企业进行战略性投资以及重点培育、支持流域内的中小企业发展，支持孵化器项目，为中小企业提供融资和技术共享平台，促进产业系统多元化发展。

创新人才使用机制，优化人才发展环境，推进流域户籍制度改革，吸引高素质人才自由流转与流域集聚。鼓励与发达省份开展人才交流，引进具有国际化视野的高层次经营管理和企业家领军人物及团队。推进人才队伍建设和人力资源市场建设，培养高技能、实用型高级产业人才以及金融、商务、物流等现代服务业紧缺人才。实行以身份证确认的户籍制度，实行按居住就业地的户口登记制度，建立区域统一的流动人员服务管理平台，依据户籍制定教育、卫生、医疗、就业等同等化政策，形成有利于人口合理流动的机制，为产业系统环境适应性调整提供人力支持。

本 章 小 结

产业系统环境适应性研究的最终目的是探寻产业环境系统协调发展的路径，推动产业系统环境适应性调整转型，实质是促进产业生态系统发展由要素驱动向投资驱动与创新驱动转变。另外，产业系统环境适应性调控模式科学选择对于产业系统环境适应性调整转型至关重要，具体而言，吉林省松花江流域产业系统环境适应性调控模式可以分为产业集群调控模式、产业合作调控模式以及产业创新调控模式，但适应性调控模式选择应该因地制宜与因时制宜、因"资"制宜与因"智"制宜有机结合，合理推进产业生态化与高级化转型，增加产业生态系统稳定性，增强响应能力与产业系统环境适应能力。

第七章 结论与创新之处

第一节 研究基本结论

基于生态经济学、循环经济、可持续发展以及系统论等理论基础，以产业系统与环境系统交互胁迫关系为切入点，遵循"过程-格局-机理"经典地理学分析范式，以吉林省松花江流域为研究案例，对流域产业系统环境适应性演化特征、现状格局、适应能力评价、适应性机制以及适应性模式选择与调控转型进行了深入研究，得出以下基本结论。

1）产业环境系统呈现出系统进化与渐变的动态演化特征，并且系统内部存在着由低级到高级、由简单到复杂、由无序到有序的不断演进过程。随着区域工业化与城镇化的阶段性演进，流域发展呈现出动态发展特征，由此导致流域产业环境系统的形成与发展也具有明显的阶段性特点，即流域产业环境系统演化经历了协调发展时期（1898年之前）、拮抗发展时期（1898～1930年）、军工产业发展时期（1931～1949年）、激化发展时期（1950～1978年）以及缓和发展时期（1979年至今）。流域产业环境系统明显经过了发展初期阶段，已经开始由发展中期阶段向发展后期阶段演进，由此促进了产业环境系统结构相对稳定，功能更加复合，系统弹性与适应性均较强。

2）从产业结构特征分析，吉林省松花江流域呈现出明显的"二三一"的产业结构特征，三次产业结构比重优于吉林省，但相对全国而言，第二产业所占比重明显较高，而第三产业所占比重相对偏低。另外，工业的大力发展是吉林省松花江流域经济快速发展的主体力量，但流域经济的发展形成了对汽车、石化两大支柱产业的过度依赖，产业体系呈现出两分天下的格局，第二产业"一业独大"，第三产业发育严重滞后，产业结构不合理，产业体系有待完善。

从产业空间分布特征分析，吉林省松花江流域产业分布具有明显的空间分异特征，即第一产业高值区主要集中于流域中下游地区，并呈现出集聚发展态势，空间呈现"凸"字形发展特征；第二产业高值区以长春市和吉林市为核心，且第二产业发展较好的地区均为松花江穿过的地区，集中分布于中上游地区，空间呈现出双核沿江分布的特征；第三产业高值区集中于中游地区，以长春市为核心，空间形成连片分布的格局特征。

从重点污染企业空间分布特征分析，66个重点污染企业主要分布吉林省松花江流域中上游城市长春市与吉林市,其中长春市和吉林市重点污染企业分别为24个和23个,分别占据36.36%和34.85%,总计达到71.21%,是研究区域污染企业的重点集聚区,显示了重点污染企业空间分布的非合理性。并且流域占据前四位的重点污染源是化工、食品酿造、农产品加工以及冶金,企业数量占据比重分别为43.94%、15.15%、13.64%以及7.57%。另外,重点污染企业呈现倾向沿江分布特征,5km半径以内的重点污染企业高达22家,占据比重为33.33%。

3) 环境系统是产业系统发育的物质载体以及空间场所,环境系统的发育水平直接决定了产业系统的发展规模以及调整方向,基于环境水平、环境污染、环境治理以及环境效率等准则层,综合构建了环境系统评价指标体系。指标权重分析,经济发展的规模扩张和总量增长对生态环境产生了高强度压力,工业化的大力发展对流域环境系统的发育产生了重要的影响。准则层分析,长春市环境水平波动上升,吉林市则经历不断上升和缓慢下降阶段,松原市和白城市均逐步抬升。长春市环境污染呈阶段性发展特征,吉林市呈现"一枝独秀"发展特征,松原市和白城市则波动上升。长春市环境治理呈现波动起伏发展态势,吉林市和白城市均呈现出阶段性发展特征,松原市则不断攀升。长春市和松原市的环境效率不断上升,吉林市的环境效率则呈现下降—上升—再下降—再上升的发展态势,白城市的环境效率经历了不断上升与不断下降的演变过程。系统层分析,长春市环境系统不断上升,吉林市环境系统波动徘徊,松原市环境系统则快速上升,而白城市环境系统则呈现波动上升特征。流域尺度分析,环境系统总体呈现出从流域特征不明显到逆地理梯度特征逐渐形成的过程,由此反映了流域环境系统受到多种因素制约,并不一定完全呈现流域特征。

4) 产业系统是联结经济系统与环境系统的重要桥梁,产业系统研究是产业环境系统研究的主体内容。基于产业结构、产业规模、产业效率以及产业外向度等准则层要素系统构建产业系统综合评价指标体系。指标权重分析,吉林省松花江流域产业系统发展深受"内源力"和"外向力"双重扰动作用,依赖于能源资源以及资本拉动,具有"指令性"经济的性质。准则层分析,长春市和白城市产业结构波动上升,吉林市和松原市均经历不断上升和波动下降阶段。4个地级市产业规模均呈现出不断上升的发展态势。长春市产业效率波动下降,吉林市产业效率则呈现倒"U"形特征,松原市产业效率则经历了下降—上升—再下降—再上升的演化过程,白城市产业效率则经历了大起大落的过程。长春市产业外向度经过下降—上升—下降阶段之后,进入了平稳发展时期,吉林市产业外向度则波动下降,白城市产业外向度则呈现不断下降和不断上升阶段性变化特征。系统层分析,长春市产业系统经历了短暂回落与不断上升发展时期,吉林市产业系统波动上升,松原市产业系统则快速上升,白城市产业系统经历了上升—下降—再上升—再下降的发展历程。流域尺度分析,产业系统得分呈现出由长春市>白城市>吉林市>

松原市，逐步演化为长春市＞吉林市＞松原市＞白城市，由此反映出上游城市吉林市产业发展不足，重型化产业结构尚未得到有效缓解，产业发展重点已经开始向中下游地区转移。

5）产业系统是环境系统的承载内容，为环境系统的发育提供必要的要素支撑；环境系统是产业系统的承载载体，为产业系统的发育提供物质空间支撑，产业系统与环境系统二者之间相互作用、相互影响。综合运用耦合发展度与障碍度计量模型，对吉林省松花江流域产业环境系统耦合发展情况与障碍因子进行了深入研究。地级市产业环境系统耦合度呈现白城市＞松原市＞吉林市＞长春市，逐渐演化为松原市＞白城市＞吉林市＞长春市，耦合度流域特征经历了由明显到不明显的过程，流域产业结构重型化特征一定程度上得以缓解，并且地级市耦合发展度得分区域差距不断缩小，反映了资源型城市产业环境系统耦合状况不断趋佳，产业生态化得到一定程度发展。而流域产业环境系统耦合度大体呈现出先上升后下降再上升再下降的"M"形曲线特征，并且流域产业环境系统的耦合发展度不断升高，反映出流域产业系统对环境系统的胁迫作用不断减弱，环境系统对产业系统的支撑作用不断增强。

另外，第二、第三产业增加值总额以及人均工业废水排放量是影响产业环境系统耦合发展度的首要障碍指标，人均水资源量与外商合同投资额/GDP 对产业环境系统耦合发展度的障碍作用愈加突出，并且影响吉林省松花江流域产业环境系统耦合发展度的主要障碍因子是产业结构与产业规模，产业效率与环境污染已成为制约产业环境系统耦合发展度的潜在障碍子系统，环境水平、环境治理、产业外向度以及环境效率对产业环境系统耦合发展度的障碍作用最小。

6）基于适应性要素、适应性目标与适应性效率等内涵，对吉林省松花江流域产业系统环境适应性进行了综合评价。基于适应性要素分析，不同适应性要素与适应力子系统时空分异特征显著；产业系统环境适应性空间格局呈现出由流域自上而下依次降低到中心-外围特征逐渐形成的演变特征，反映了流域产业系统环境适应性并非完全呈现流域特征，流域内中心性城市功能发挥可以影响并且改变其演化发展趋势；根据研究区域产业系统、环境系统适应能力以及产业系统环境适应能力演变特征，将吉林省松花江流域产业系统环境适应性类型分为 4 种，即高适应能力，产业优先发展类型（长春市）；中适应能力，产业优先发展类型（吉林市）；中适应能力，基本协调发展类型（松原市）；低适应能力，产业优先发展类型（白城市）。

基于适应性目标分析，不同生产环节生态效率时空分异特征显著。综合性城市侧重于源头消减效率的提高，从而使产业变"轻"；资源型城市侧重于清洁生产效率的提高，从而使产业变"清"。综合型城市呈现低投入、低消耗以及低排放的发展特征，资源型城市呈现高投入、高利用以及高排放的发展特征；产业系统生态效率时空分异特征明显,增长幅度存在白城市＞松原市＞吉林市＞松花江流域＞长春市的趋势。另外,资源减量化以及末端治理是研究区域产业系统生态效率变化的决定性因素,由此而言,提高资源利用效率以及污染物治理水平是流域亟须解决的关键问题;产业可持续性发展态势分异现象显著,但总体上流域产业系统可持续性有不断增强的趋势。但其规律性较差侧面印证了区域产业之间缺乏有效的分工与联系,产业联动发展模式尚未形成。

基于适应性效率分析,从适应性效率现状特征分析可以反映出吉林省松花江流域各县市尚处于规模扩张与总量增长阶段,并且仍有众多县市尚未达到最优规模阶段,在未来一段时间内,规模集聚仍是产业或经济发展的主流;从适应性时序演化特征分析反映出吉林省松花江流域产业生态化发展迟缓,产业规模扩张仍是效率提升的关键所在,科学技术尚未发挥出其应有作用;从适应性效率空间分异特征分析,综合技术效率较高的县市不断向流域中上游地区聚集,流域纯技术效率主要集中于中下游地区,而流域规模效率较高的县市不断向中上游地区聚集。

7)本书认为吉林省松花江流域产业系统环境适应性机制主要包括内生动力机制、外部推动机制与引导调控机制,其中内生驱动机制主要包括资源禀赋情况、区位发展条件与路径依赖效应,外部推动机制主要包括交通条件改善、科学技术进步、经济发展水平提升与产业结构优化调整,引导调控机制主要包括开发区设立与功能完善、区域发展战略政策与市场经济体制改革。另外,回归分析结果表明,产业结构因素与政府调控因素对产业系统环境适应性起负向主导作用,而科学技术因素与经济发展水平因素对于产业系统环境适应性有重要促进作用,作用强度绝对值大小为产业结构(-3.082)＞科学技术(1.312)＞经济发展(0.887)＞政府调控(-0.765)。

8)流域产业系统环境适应性优化调整是一个复杂渐进的过程,同时增强流域产业系统环境适应能力也是本书研究的最终目的。根据因地制宜、循序渐进、科学发展、传统产业改造与新兴产业培育发展等调控原则,以产业生态系统耦合共生发展、产业系统高级化演进以及产业系统合理化发展为调控目标,以产业集群、产业合作以及产业创新等为调控模式,具体提出了研究区域产业系统环境适应性调控对策。

第二节 研究创新点

相较于以往研究而言,本书研究创新点主要有以下两点。

1)将适应性研究的范式引入文地理学的研究之中,并且提出了流域产业系统环境适应性概念与内涵,认为流域产业系统环境适应性是指流域环境的改变对流域产业系统的影响,以及流域产业系统的调整,以消除或抵消流域环境变化可能造成的产业系统衰退，或者流域产业系统利用流域环境变化所带来新的发展机会。同时根据其内涵特征综合构建了流域产业系统环境适应性的分析框架，包括适应主体、适应客体、适应行为等方面。

2）基于适应性要素、适应性目标与适应性效率综合构建了流域产业系统环境适应性评价模型，力求研究结论更加客观与科学。适应性要素分析遵循"适应性要素—子系统适应能力—产业环境系统适应能力"层层推进的评价方法，评价模型更加符合研究区域现实情况，并且侧重基于产业环境系统结构适应能力评价；适应性目标分析构建了以生态效率为衡量标准的产业环境系统适应能力评价模型，侧重于以可持续发展为导向的产业环境系统适应能力评价；适应性效率分析基于 DEA 模型构建了以县域为评价单元的流域产业环境系统评价模型，侧重于微观视角下产业环境系统适应能力演变特征评价。

参 考 文 献

[1] 韩良. 吉林省老工业基地生态产业发展模式研究[D]. 长春: 中国科学院东北地理与农业生态研究所, 2006.

[2] Goldin I, Winter A. The Economics of Sustainable Development[M]. Cambridge: Cambridge University Press, 1994.

[3] Georgescu-Roegen N. The Entropy Law and the Economic Process[M]. Cambridge: Cambridge University Press, 1971.

[4] Georgescu-Roegen N. Energy and Economic Myths: Institutional and Analytical Economic Essays[M]. New York: Pergamon Press, 1976.

[5] Meadows D H, Meadows D L, Randers J, et al. The Limits to Growth[M]. New York: Universe Books, 1972.

[6] Daly H E, Bergh J C, van den J M. Steady-state Economics: Avoiding Uneconomic Growth[M]. Aldershot: Edward Elgar Press, 2002.

[7] Mishan E J. The Costs of Economic Growth[M]. New York: Praeger Publishers, 1967.

[8] Myrdal G. Against the Stream: Critical Essays on Economics[M]. London: Macmillan Press, 1974.

[9] Hueting R. New Scarcity and Economic Growth: More Welfare ThroughLess Production? [M]. Amsterdam: North Holland Press, 1980.

[10] David P, Barbier E, Markandya A. Sustainable Development: Economics and the Environment in the Third World[M]. Cheltenham: Edward Elgar Press, 1990.

[11] Beckerman W. In Defense of Economic Growth[M]. London: Jonathan Cape Press, 1974.

[12] Beckerman W. Economic growth and the environment: whose growth? whose environment? [J]. World Development, 1992, 20(4): 481-496.

[13] Lecomber R. Economic Growth Versus the Environment[M]. London: Macmillan Press, 1975.

[14] MacNeill J. Strategies for sustainable economic development[J]. Scientific American, 1989, 261(3): 154-159, 162-165.

[15] Bernstam M S. Supplement: resources, environment, and population: present knowledge, future options II The wealth of nations and the environment[J]. Population and Development Review, 1990, 16: 333-373.

[16] Grossman G M, Krueger A B. Economic growth and the environment[J]. Quarterly Journal of Economics, 1995, 110(2): 353-377.

[17] Panayotou T. Demystifying the environment Kuznets curve: turning a black box into a policy tool[J]. Environment and Development Economics, 1997, 2(4): 465-484.

[18] 张妍, 杨志峰. 城市物质代谢的生态效率——以深圳市为例[J]. 生态学报, 2007, 27(8): 3124-3131.

[19] 任建兰, 张淑敏, 周鹏. 山东省产业结构生态评价与循环经济模式构建思路[J]. 地理科学, 2004, 24(6): 648-653.

[20] 刘文新, 张平宇, 马延吉. 资源型城市产业结构演变的环境效应研究——以鞍山市为例[J]. 干旱区资源与环境, 2007, 21(2): 17-21.

[21] 邓宏兵. 长江流域空间经济系统的特征研究[J]. 长江流域资源与环境, 2000, 9(3): 277-282.

[22] Paulussen J, 包陆森, 王如松. 中国的生态城市建设及生态产业方法在其中的作用[J]. 产业与环境(增刊), 2003, (1): 94-98.

[23] Glor E D. Assessing organizational capacity to adapt[J]. Emergence Complexity and Organization, 2007, 9(3): 33-46.

[24] 罗宏, 孟伟, 冉圣宏. 生态工业园——理论与实证[M]. 北京: 化学工业出版社, 2004.

[25] 王文军, 李蜀庆. 压缩型工业化社会中的环境问题分析[J]. 中国工业经济, 2004, (9): 29-35.

[26] 李建新. 中国经济高速发展的"压缩型"环境问题特征[J]. 社会科学, 2000, (4): 50-54.

[27] 郭爱友, 侯爱玲, 佟连军, 等. 振兴以来东北限制开发区绿色发展水平时空分异与影响因素[J]. 经济地理, 2018, 38(8): 58-66.

[28] 魏冶, 修春亮, 孙平军. 21世纪以来中国城镇化动力机制分析[J]. 地理研究, 2013, 32(9): 1679-1687.

[29] 甘静, 郭付友, 陈才, 等. 2000年以来东北地区城市化空间分异的时空演变分析[J]. 地理科学, 2015, 35(5): 565-574.

[30] 郭付友, 李诚固, 陈才, 等. 2003年以来东北地区人口城镇化与土地城镇化时空耦合特征[J]. 经济地理, 2015, 35(9): 49-56.

[31] Friedmann J. Four theses in the study of China's urbanization[J]. International Journal of Urban and Regional Research, 2006, 30(2): 440-451.

[32] George L. Chinese urbanism in question: state, society, and the reproduction of urban spaces[J]. Urban Geography, 2007, 28: 7-29.

[33] George L. Peri-urbanism in globalizing China: a study of new urbanism in Dongguan[J]. Eurasian Geography and Economics, 2006, 47(1): 28-53.

[34] 孙平军, 丁四保, 修春亮, 等. 东北地区"人口-经济-空间"城市化协调性研究[J]. 地理科学, 2012, 32(4): 450-457.

[35] 陈春林, 梅林, 刘继生, 等. 蒙东地区与东北三省城镇一体化发展研究[J]. 经济地理, 2011, 31(6): 920-925.

[36] 刘艳军, 王颖. 东北地区区域开发程度演化及其资源环境影响[J]. 经济地理, 2012, 32(5): 37-42.

[37] 李汝资, 宋玉祥, 李雨停, 等. 近10a来东北地区生态环境演变及其特征研究[J]. 地理科学, 2013, 33(8): 935-941.

[38] 刘文新, 张平宇, 马延吉. 东北地区生态环境态势及其可持续发展对策[J]. 生态环境, 2007, 16(2): 709-713.

[39] 宋玉祥. 东北地区生态环境保育与绿色社区建设[J]. 地理科学, 2002, 22(6): 655-659.

[40] 李诚固, 李振泉. "东北现象"特征及形成因素[J]. 经济地理, 1996, 16(1): 34-38.

[41] 宋涛. 基于产业-环境系统协调发展的适应性城市产业生态化研究[D]. 长春: 中国科学院东北地理与农业生态研究所, 2007.

[42] 刘永. 松花江流域(吉林省段)产业生态化及其空间组织研究[D]. 长春: 中国科学院研究生院（东北地理与农业生态研究所）, 2014.

[43] Brooks N. Vulnerability, risk, and adaptation: a conceptual framework[R]. Norwich: Tyndall Center for Climate Change Research, 2003.

[44] 杨达源, 姜彤. 全球变化与区域响应[M]. 北京: 化学工业出版社, 2005.

[45] 杨熙. 南方山地高层住区外环境适应性设计研究[D]. 长沙: 中南大学, 2010.

[46] 杨彦平, 金瑜. 社会适应性研究述评[J]. 心理科学, 2006, 29(5): 1171-1173.

[47] Brasseur G. 3rd IGBP congress overview[J]. Global Change Newsletter, 2003, (55): 1-3.

[48] Brian H. The resilience alliance[J]. IHDP Update, 2003, (2): 12-20.

[49] Smit B, Wandel J. Adaptation, adaptive capacity and vulnerability[J]. Global Environmental Change, 2006, 16(3):

282-292.

[50] IPCC. Climate change 2001: impacts, adaptation, and vulnerability[C]. Intergovernmental Panel on Climate Change: Working Group Ⅱ, Geneva, 2001.

[51] 方修琦, 殷培红. 弹性、脆弱性和适应——IHDP 三个核心概念综述[J]. 地理科学进展, 2007, 26(5): 11-22.

[52] 符超峰, 安芷生, 强小科, 等. 全球变化研究进展和面临的挑战及应对策略[J]. 干旱区研究, 2006, 23(1): 1-7.

[53] Turner B L, Kasperson R E, Matson P A, et al. A framework for vulnerability analysis in sustainability science[J]. Proceedings of the National Academy of Sciences of the United States of America, 2003, 100(14): 8074-8079.

[54] Roberts M G, 杨国安. 可持续发展研究方法国际进展: 脆弱性分析方法与可持续生计方法比较[J]. 地理科学进展, 2003, 22(1): 11-21.

[55] Adger W N. Vulnerability[J]. Global Environmental Change, 2006, 16(3): 268-281.

[56] United Nations International Strategy for Disaster Reduction (UNISDR). Living with Risk: A global Review of Disaster Reduction Initiatives[M]. Geneva : UN Publication, 2004.

[57] Cutter S L, Boruff B J, Shirley W L. Social vulnerability to environmental hazards[J]. Social Science Quarterly, 2003, 84(2): 242-261.

[58] 李鹤, 张平宇. 东北地区矿业城市经济系统脆弱性分析[J]. 煤炭学报, 2008, 33(1): 116-120.

[59] 李鹤, 张平宇, 程叶青. 脆弱性的概念及其评价方法[J]. 地理科学进展, 2008, 27(2): 18-25.

[60] 崔胜辉, 李旋旗, 李扬, 等. 全球变化背景下的适应性研究综述[J]. 地理科学进展, 2011, 30(9): 1088-1098.

[61] Holling C S. Resilience and stability of ecological systems[J]. Annual Review of Ecology and Systematics, 1973, 7(4): 1-23.

[62] Walker B, Holling C S, Carpenter S R, et al. Resilience, adaptability and transformability in social-ecological systems[J]. Ecology and Society, 2004, 9(2): 3438-3447.

[63] Intergovernmental Panel on Climate Change (IPCC). IPCC Fourth Assessment Report: Climate Change[R]. Cambridge: Cambridge University Press, 2007.

[64] United Nations International Strategy for Disaster Reduction (UNISDR). UNISDR Terminology on Disaster Risk Reduction[R]. Cambridge: Cambridge University Press, 2009.

[65] Wildavsky A. Searching for Safety[M]. London: Routledge, 1988.

[66] Bruneau M, Stephanie E C, Ronald T E, et al. A framework to quantitatively assess and enhance the seismic resilience of communities[J]. Earthquake Spectra, 2003, 19(4): 733-752.

[67] Holling C S. Engineering resilience versus ecological resilience[M]//Schulze P. Engineering Within Ecological Constraints. Washington D C: National Academy Press, 1996.

[68] Adger W N. Social and ecological resilience: are they related?[J]. Progress in Human Geography, 2000, 24(3): 347-364.

[69] Paton D, Johnston D. Disasters and communities: vulnerability, resilience and preparedness[J]. Disaster Preventionand Management, 2001, 10(4): 270-277.

[70] Paton D, Hill R. Disaster Resilience: An Integrated Approach Managing Company Risk and Resilience through Business Continuity[M]. Springfield: Charles C Thomas Publisher, 2006.

[71] Rose A, Lim D. Business interruption losses from natural hazards: conceptual and methodology issues in the case of the Northridge Earthquake[J]. Global Environmental Change Part B: Environmental Hazards, 2002, 4(1): 1-14.

[72] Paddison R, Hutton T. Citiesand Economic Change[M]. London: Forthcoming Press, 2010.

[73] Carpenter S R, Walker B H, Anderies J M, et al. From metaphor to measurement: resilience of what to what?[J]. Ecosystems, 2001, 4(8): 765-781.

[74] Carlson J M, Doyle J. Highly optimizedtolerance: robustness and design in complexsystems[J]. Physical Review

Letters, 2000, 84(11): 2529-2532.

[75] Folke C, Carpenter S R, Walker B, et al. Resilience thinking: integrating, resilience, adaptability and transformability[J]. Ecology and Society, 2010, 15(4): 299-305.

[76] 高迎春, 佟连军. 吉林省产业系统适应性分析[J]. 人文地理, 2011, 26(3): 111-115.

[77] Frosch R A, Gallopoulos N. Strategies for manufacturing[J]. Scientific American, 1989, 261(3): 144-152.

[78] Côté R P, Hall J. Industrial parks as ecosystem[J]. Journal of Cleaner Production, 1995, 3(1-2): 41-46.

[79] Karamanos P. 工业生态学: 私有部门的新机会[J]. 产业与环境(中文版), 1996, 18(4): 38-39, 44.

[80] 王如松. 循环经济建设的生态误区、整合途径和潜势产业辨析[J]. 应用生态学报, 2005, 16(12): 2439-2446.

[81] 郭付友, 佟连军, 刘志刚, 等. 山东省产业生态化时空分异特征与影响因素——基于17地市时空面板数据[J]. 地理研究, 2019, 38(9): 2226-2238.

[82] 周文宗, 刘金娥, 左平, 等. 生态产业与产业生态学[M]. 北京: 化学工业出版社, 2005.

[83] 王如松, 杨建新. 产业生态学和生态产业转型[J]. 世界科技研究与发展, 2000, 22(5): 24-32.

[84] 杨建新, 王如松. 产业生态学的回顾与展望[J]. 应用生态学报, 1998, 9(5): 555-561.

[85] 陆宏芳, 陈烈, 林永标, 等. 顺德产业生态系统能值动态分析[J]. 生态学报, 2005, 25(9): 2188-2196.

[86] 沈满洪. 生态经济学的定义、范畴与规律[J]. 生态经济, 2009, 25(1): 42-47, 182.

[87] 邓宏兵. 试析长江流域空间经济系统运行机制及其演变规律[J]. 社会科学研究, 2000, (4): 33-36.

[88] 刘军. 基于生态经济效率的适应性城市产业生态转型研究——以兰州市为例[D]. 兰州: 兰州大学, 2006.

[89] Cesari G S, Jarrett H. Environmental quality in a growing economy[J]. Technology and Culture, 1967, 8(4): 523.

[90] 梅多斯 D, 兰德斯 J, 梅多斯 D. 增长的极限[M]. 李涛, 王智勇, 译. 北京: 机械工业出版社, 2013.

[91] 诸大建, 朱远. 生态文明背景下循环经济理论的深化研究[J]. 中国科学院院刊, 2013, 28(2): 207-218.

[92] 曲格平. 发展循环经济是21世纪的大趋势[J]. 中国城市经济, 2002, (1): 27-28.

[93] Swyngedouw E. Modernity and hybridity: nature, regeneracionismo, and theproduction of the Spanish waterscape, 1890–1930[J]. Annals of the Association of American Geographers, 1999, 89 (3): 443-465.

[94] Truman H. Special message to the congress on the nation's land and water resources[M]. New Haven: Yale University Press, 1953.

[95] Reisner M. Cadillac Desert: The American West and Its Disappearing Water[M]. New York: Penguin. 1986.

[96] Turton A R, Meissner R, Mampane P M, et al. A hydropolitical history of South Africa's international river basins[M]. Pretoria: Pretoria University Press, 2004.

[97] Ertsen M W. Colonial irrigation: myths of emptiness[J]. Landscape Research, 2006, 31(2): 146-167.

[98] Barrow C J. River basin development planning and management: a critical review[J]. World Development, 1998, 26(1): 171-186.

[99] Downs P W, Gregory K J, Brookes A. How integrated is river basinmanagement?[J]. Environmental Management, 1991, 15(3): 299-309.

[100] Bhat A. The politics of model maintenance: the Murray Darling and Brantasriver basins compared[J]. Water Alternatives, 2008, 1(2): 201-218.

[101] Molle F. Planning and managing water resources at the river basin level: emergence and evolution of a concept[R]. Colombo: International Water Management Indtitute Press, 2006.

[102] Tundisi J, Straškraba M. Strategies for building partnerships in the context of river basin management: the role of eco-technology and ecological engineering[J]. Lakes and Reservoirs: Research and Management, 1995, 1(l): 31-38.

[103] Phillips D C. Holisticthought in Social Science[M]. Stanford: Stanford University Press, 1976.

[104] Risser P G. Towards a holistic managementperspective[J]. BioScience, 1985, 35(7): 414-418.
[105] Guimarãcs L T, MagriniA . A proposal of indicators for sustainable development in the management of river basins[J]. Water Resources Management, 2008, 22(9): 1191-1202.
[106] Marquand D. Developing river and lake basinsfor sustained economic growth and social progress[J]. Natural Resources Forum, 1989, 13(2): 127-138.
[107] Lee C S, Wen C G. An economic and environmental balance in a river basin using interactive multiobjective optimization[J]. Journal of Environmental Science and Health . Part A: Environmental Science and Engineering and Toxicology, 1995, 30(8): 1727-1748.
[108] Venema H D, Schiller E J. Water resources planning for the Senegal River basin[J]. Water International, 1995, 20(2): 61-71.
[109] Ward F A, Lynch T P. Integrated river basin optimization: modeling economic and hydrologic interdependence[J]. Water Resources Bulletin, 1996, 32(6): 1127-1138.
[110] Piper B S, Sukhsri C, Thanopanuwat S, et al. A simulation model for planning water resource developments in the Chi River basin[J]. Water Resources Management, 1989, 3(2): 141-153.
[111] Hufschmidt M M, Fiering M B. Hydrology by computer. (Book reviews: simulation techniques for design of water-resource systems)[J]. Science, 1966, 154: 375-376.
[112] Harmancioglu N B, Fedra K, Barbaros F. Analysis for sustainability in management of water scarce basins: the case of the Gediz River basin in Turkey[J]. Desalination, 2008, 226(1-3): 175-182.
[113] Ubelis A, Filho W L. Integrative approaches towards sustainability in thebaltic sea region[J]. Management of Environmental Quality, 2004, 15(4): 456-457.
[114] Nakamura T. Development of decision-making indicators for ecosystem-based river basin management[J]. Hydrological Processes, 2006, 20(6): 1293-1308.
[115] Guimaraes R F, Redivo A L, de AraujoNeto M D, et al. The human development index and its relation to the irrigation projects on the Sao Francisco River basin, Brazil[J]. IEEE International Geoscience and Remote Sensing Symposium, 2004, (3): 1968-1971.
[116] Tibbs H. Industrial ecology: an environmental agenda for industry[J]. Whole Earth Review, 1993, 77(1): 1-30.
[117] Korhonen J. Four ecosystem principles for an industrial ecosystem[J]. Journal of Cleaner Production, 2001, 9(3): 253-259.
[118] Ashton W S. The structure, function, and evolution of a regional industrial ecosystem [J]. Journal of Industrial Ecology, 2009, 13(2): 228-246.
[119] Ayres R U, Norberg-Bohm V, Prince J, et al. Industrial Metabolism, the Environment, and Application of Materials-Balance Principles for Selected Chemicals[M]. Washington D C: National Academy Press, 1989.
[120] den Hond F. Industrial ecology[J]. International Encyclopedia of the Social and Behavioral Sciences, 2001, 89(3): 7320-7326.
[121] Erkman S. Industrial ecology: an historical view[J]. Journal of Cleaner Production, 1997, 5(5): 1-10.
[122] Jelinski L W, Graedel T E, Laudise R A, et al. Industrial ecology: concepts and approaches[J]. Proceedings of the National Academy of Science of the United States of America, 1992, 89(3): 793-797.
[123] Allenby B R, Cooper W E. Understanding industrial ecology from a biological systems perspective[J]. Environmental Quality Management , 2006, 3(3): 343-354.
[124] Wolf A, Eklund M, Söderström M. Developing integration in a local industrial ecosystem—an explorative approach[J]. Business Strategy and the Environment, 2007, 16(6): 442-455.

[125] Yang P, Lay O B. Applying ecosystem concepts to the planning of industrial areas: a case study of Singapore's Jurong Island[J]. Journal of Cleaner Production, 2004, 12(8-10): 1011-1023.

[126] Allenby B R. Achieving sustainable development through industrial ecology[J]. International Environmental Affairs, 1992, 4(1): 56-58.

[127] Korhonen J, Snäkin J P. Analysing the evolution of industrial ecosystem: concepts and application[J]. Ecological Economics, 2005, 52(2): 169-186.

[128] Lambert A J D, Boons F A. Eco-industrial parks: stimulating sustainable development in mixed industrial parks[J]. Technovation, 2002, 22(8): 471-484.

[129] Cote R P, Smolenaars T. Supporting pillars for industrial ecosystems[J]. Journal of Cleaner Production, 1997, 5(1): 67-74.

[130] Korhonen J. Some suggestions for regional industrial ecosystems-extended industrial ecology[J]. Eco-management and Auditing, 2001, 8(1): 57-69.

[131] Ehrenfeld J, Gertler N. The evolution of interdependence at Kalundborg[J]. Industrial Ecology, 1997, 1(1): 67-79.

[132] Desrochers P. Cities and industrial symbiosis: some historical perspectives and policy implications[J]. Journal of Industrial Ecology, 2001, 5(4): 29-44.

[133] Schlarb M. Eco-industrial development: a strategy for building sustainable communities[J]. Economic Development Administration, 2001, 8(1): 1-49.

[134] Graedel T E, Allenby B R. 产业生态学[M]. 施涵, 译. 北京: 清华大学出版社, 2003.

[135] Schipper E L F. Conceptual history of adaptation to climate change under the UNFCCC[J]. Review of European Community and International Environmental Law, 2006, 15(1): 82-92.

[136] Levinthal D A. Adaptation on rugged landscapes[J]. Management Science, 1997, 43(7): 934-950.

[137] Brown K, Westaway E. Agency, capacity, and resilience to environmental change: lessons from human development, well-being and disasters[J]. Annual Review of Environment and Resources, 2011, 36(1): 321-342.

[138] Intergovernmental Panel on Climate Change(IPCC). Climate change 2007: Synthesis report. Contribution of Working Groups Ⅰ, Ⅱ and Ⅲ to the Fourth Assessment Report of the Intergovernmental Panel on Climate Change[R]. Cambridge: Cambridge University Press, 2007.

[139] Brooks N. Drought in the African Sahel: Long-term Perspectives and Future Prospects[M]. Norwich: East Anglia University Press, 2004.

[140] Brooks N, Adger W N, Kelly P M. The determinants of vulnerability and adaptive capacity at the national level and the implications for adaptation[J]. Global Environmental Change, 2005, 15: 151-163.

[141] Adger W N. Institutional adaptation to environmental risk under the transition in Vietnam[J]. Annals of the Association of American Geographers, 2000, 90(4): 738-758.

[142] Gain A K, Mojtahed V, Biscaro C, et al. An integrated approach of flood risk assessment in the eastern part of Dhaka City[J]. Natural Hazards, 2015, 79(3): 1499-1530.

[143] Smit B, Burton I, Klein R J T, et al. The science of adaptation: a framework for assessment[J]. Mitigation and Adaptation Strategies for Global Change, 1999, 4(3-4): 199-213.

[144] Klein R J T, Tol R S J. Adaptation to Climate Change: Options and Technologies[R]. Amsterdam: Vrije Universiteit Press, 1997.

[145] Klein R J T, Nicholls R J. Assessment of coastal vulnerability to climate change[J]. Ambio, 1999, 28(2): 182-187.

[146] Tol R S J, Fankhauser S, Smith J B. The scope for adaptation to climate change: what can we learn from the impact literature?[J]. Global Environmental Change, 1998, 8(2): 109-123.

[147] Carter T R. Assessing Climate Change Adaptations: The IPCC Guidelines[M]//Adapting to Climate Change. New York: Springer, 1996.
[148] Smith J B, Lenhart S S. Climate change adaptation policy options[J]. Climate Research, 1996, 6: 193-201.
[149] Titus J G. Strategies for adapting to the greenhouse effect[J]. Journal of the American Planning Association, 1990, 56(3): 311-323.
[150] Goklany I M. Strategies to enhance adaptability: technological change, sustainable growth and free trade[J]. Climatic Change, 1995, 30: 427-449.
[151] Kleinen T. Assessing the costs of adaptation to climate change: a review of the UNFCCC and other recent estimates[J]. Experimental Agriculture, 2009, 46(4): 562-562.
[152] Korhonen J, Seager T P. Editorial: beyond eco-efficiency: a resilience perspective[J]. Business Strategy and the Environment, 2008, (17): 411-419.
[153] 颜京松, 王如松, 蒋菊生, 等. 产业转型的生态系统工程[J]. 农村生态环境, 2003, 19(1): 1-7.
[154] 张晶. 产业生态系统的定量解析与评价及仿真[D]. 徐州: 中国矿业大学, 2013.
[155] 李慧明, 朱红伟, 廖卓玲. 论循环经济与产业生态系统之构建[J]. 现代财经, 2005, 25(4): 8-11.
[156] 施晓清. 产业生态系统及其资源生态管理理论研究[J]. 中国人口·资源与环境, 2010, 20(6): 80-86.
[157] 王如松, 周涛, 陈亮, 等. 产业生态学基础[M]. 北京: 新华出版社, 2006.
[158] 王寿兵, 吴峰, 刘晶茹. 产业生态学[M]. 北京: 化学工业出版社, 2006.
[159] 汤慧兰, 孙德生. 工业生态系统及其建设[J]. 中国环保产业, 2003, (2): 14-16.
[160] 高晓瑾, 任建兰, 李海波. 济南市产业生态化分析与评价[J]. 科学与管理, 2011, (5): 30-35.
[161] 武春友, 邓华, 段宁. 产业生态系统稳定性研究述评[J]. 中国人口·资源与环境, 2005, 15(5): 20-25.
[162] 陆宏芳, 彭少麟, 任海, 等. 产业生态系统区域能值分析指标体系[J]. 中山大学学报(自然科学版), 2006, 45(2): 68-72.
[163] 施晓清, 杨建新, 王如松, 等. 产业生态系统资源代谢分析方法[J]. 生态学报, 2012, 32(7): 2012-2024.
[164] 王瑾, 钱瑜, 钱新, 等. 工业园产业生态系统多样性评价研究[J]. 环境污染与防治, 2010, 32(10): 78-81, 86.
[165] 陆宏芳, 陈飞鹏, 任海, 等. 产业生态系统多尺度能值整合评价方法[J]. 生态环境, 2006, 15(2): 411-415.
[166] 郭莉, 苏敬勤, 徐大伟. 基于哈肯模型的产业生态系统演化机制研究[J]. 中国软科学, 2005, (11): 156-160.
[167] 杨建超. 基于能值的产业生态系统可持续性研究[D]. 天津: 天津理工大学, 2014.
[168] 李周. 生态产业初探[J]. 中国农村经济, 1998, (7): 4-9.
[169] 王如松. 循环经济建设的产业生态学方法[J]. 产业与环境, 2003, (S1): 48-52.
[170] 王兆华. 生态工业园工业共生网络研究[D]. 大连: 大连理工大学, 2002.
[171] 袁增伟, 毕军, 张炳, 等. 传统产业生态化模式研究及应用[J]. 中国人口·资源与环境, 2004, 14(2): 108-111.
[172] 李云燕. 产业生态系统的构建途径与管理方法[J]. 生态环境, 2008, 17(4): 1707-1714.
[173] 耿涌, 王珺. 基于灰色层次分析法的城市复合产业生态系统综合评价[J]. 中国人口·资源与环境, 2010, 20(1): 112-117.
[174] 张睿, 钱省三. 区域产业生态系统及其生态特性研究[J]. 研究与发展管理, 2009, 21(1): 45-50.
[175] 董岚. 生态产业系统构建的理论与实证研究[D]. 武汉: 武汉理工大学, 2006.
[176] 陈宜瑜. 对开展全球变化区域适应研究的几点看法[J]. 地球科学进展, 2004, 19(4): 495-499.
[177] 仇方道, 佟连军, 姜萌. 东北地区矿业城市产业生态系统适应性评价[J]. 地理研究, 2011, 30(3): 243-255.
[178] 潘志华, 郑大玮. 适应气候变化的内涵、机制与理论研究框架初探[J]. 中国农业资源与区划, 2013, 34(6): 12-17.
[179] 吕鸿江, 刘洪, 程明. 组织适应性形成的驱动因素及其作用机制研究[J]. 科学学与科学技术管理, 2007,

28(12): 167-172.

[180] 罗佩, 阎小培. 高速增长下的适应性城市形态研究[J]. 城市问题, 2006, (4): 27-31.

[181] 刘晓清, 赵景波, 于学峰. 黄土高原气候暖干化趋势及适应对策[J]. 干旱区研究, 2006, 23(4): 627-631.

[182] 夏军, Thomas T, 任国玉, 等. 气候变化对中国水资源影响的适应性评估与管理框架[J]. 气候变化研究进展, 2008, 4(4): 215-219.

[183] 居辉, 韩雪. 气候变化适应行动进展及对我国行动策略的若干思考[J]. 气候变化研究进展, 2008, 4(5): 257-260.

[184] 王文杰, 潘英姿, 王明翠, 等. 区域生态系统适应性管理概念、理论框架及其应用研究[J]. 中国环境监测, 2007, 23(2): 1-7.

[185] 吴绍洪, 尹云鹤, 赵慧霞, 等. 生态系统对气候变化适应的辨识[J]. 气候变化研究进展, 2005, 1(3): 115-118.

[186] 林而达, 许吟隆, 蒋金荷, 等. 气候变化国家评估报告(Ⅱ): 气候变化的影响与适应[J]. 气候变化研究进展, 2006, 2(2): 51-56.

[187] 叶瑜, 方修琦, 葛全胜, 等. 从动乱与水旱灾害的关系看清代山东气候变化的区域社会响应与适应[J]. 地理科学, 2004, 24(6): 680-686.

[188] 方修琦, 王媛, 朱晓禧. 气候变暖的适应行为与黑龙江省夏季低温冷害的变化[J]. 地理研究, 2005, 24(5): 664-672.

[189] 云雅如, 方修琦, 田青. 中国东北农业生产适应气候变化的行为经济学解释[J]. 地理学报, 2009, 64(6): 687-692.

[190] 朱建华, 侯振宏, 张小全. 气候变化对中国林业的影响与应对策略[J]. 林业经济, 2009, (11): 78-83.

[191] 史晋娜. 对中国重化工业生产力布局的思考——从吉化爆炸事件引发松花江污染得到的启示[J]. 技术与市场, 2006, (5): 56-58.

[192] 杨丽花, 佟连军. 吉林省松花江流域经济发展与水环境质量的动态耦合及空间格局[J]. 应用生态学报, 2013, 24(2): 503-510.

[193] 张士锋, 孟秀敬. 粮食增产背景下松花江区水资源承载力分析[J]. 地理科学, 2012, 32(3): 342-347.

[194] 杨丽花, 佟连军. 吉林省松花江流域工业污染物的结构特征[J]. 中国科学院研究生院学报, 2012, 29(3): 346-351.

[195] 邹婷婷, 王宁, 张刚. 松花江上游金矿开采区环境中汞污染的空间分布特征[J]. 环境科学, 2010, 31(9): 2228-2233.

[196] 张凤英, 阎百兴, 潘月鹏, 等. 松花江沉积物重金属时空变化与来源分析[J]. 云南农业大学学报, 2010, 25(5): 670-674.

[197] 孙清芳, 冯玉杰, 高鹏, 等. 松花江水中多环芳烃(PAHs)的环境风险评价[J]. 哈尔滨工业大学学报, 2010, 42(4): 568-572.

[198] 崔世荣, 胡艳玲, 张伟. 松花江水中COD与TOC相关性研究[J]. 中国西部科技, 2010, 9(23): 47.

[199] 郝立波, 孙立吉, 陆继龙, 等. 第二松花江中上游悬浮物重金属元素分布特征[J]. 吉林大学学报(地球科学版), 2010, 40(2): 327-330, 336.

[200] 李玮, 褚俊英, 秦大庸, 等. 松花江流域水污染特征及其调控对策[J]. 中国水利水电科学研究院学报, 2010, 8(3): 229-232.

[201] 朱修芳. 第二松花江流域主要河湖污染的地域分异[D]. 长春: 东北师范大学, 2007.

[202] Wang Y Q, Tsui K Y. Polarization orderings and new classes of polarization indices[J]. Journal of Public Economic Theory, 2000, 2(3): 349-363.

[203] 欧向军, 顾朝林. 江苏省区域经济极化及其动力机制定量分析[J]. 地理学报, 2004, 59(5): 791-799.

[204] 禹朴家, 徐海量, 刘世薇, 等. 玛纳斯河流域绿洲区域经济差异分解研究[J]. 冰川冻土, 2011, 33(5): 1176-1182.
[205] 徐建华. 计量地理学[M]. 北京: 高等教育出版社, 2006.
[206] 沈惊宏, 陆玉麒, 周玉翠, 等. 安徽省国内旅游经济增长与区域差异空间格局演变[J]. 地理科学, 2012, 32(10): 1220-1228.
[207] 范立君. 近代松花江流域经济开发与生态环境变迁[M]. 北京: 中国社会科学出版社, 2013.
[208] 任晨. 一百年来第二松花江流域水环境的历史变迁(1898—2000)[D]. 长春: 东北师范大学, 2008.
[209] 王晓芳. 东北地区县域经济发展的地域类型与演进机理研究[D]. 长春: 东北师范大学, 2008.
[210] 佟银霞. 吉林市城市近代化研究[D]. 长春: 东北师范大学, 2011.
[211] 李大伟. 吉林市近现代城市形态演变研究[D]. 哈尔滨: 哈尔滨工业大学, 2007.
[212] 申庆喜. 长春市工业空间形态与形成机制研究[D]. 长春: 东北师范大学, 2013.
[213] 夏朝旭. 吉林城市空间发展演变研究[D]. 哈尔滨: 哈尔滨工业大学, 2012.
[214] 李娜. 长吉地区产业集聚及其空间组织研究[D]. 长春: 中国科学院研究生院(东北地理与农业生态研究所), 2013.
[215] 吴玉鸣, 张燕. 中国区域经济增长与环境的耦合协调发展研究[J]. 资源科学, 2008, 30(1): 25-30.
[216] 马丽, 金凤君, 刘毅. 中国经济与环境污染耦合度格局及工业结构解析[J]. 地理学报, 2012, 67(10): 1299-1307.
[217] 赵雪雁. 甘肃省经济发展与环境质量的交互耦合关系[J]. 干旱区资源与环境, 2008, 22(6): 1-7.
[218] 江红莉, 何建敏. 区域经济与生态环境系统动态耦合协调发展研究——基于江苏省的数据[J]. 软科学, 2010, 24(3): 63-68.
[219] 欧向军, 甄峰, 秦永东, 等. 区域城市化水平综合测度及其理想动力分析——以江苏省为例[J]. 地理研究, 2008, 27(5): 993-1002.
[220] 陈明星, 陆大道, 张华. 中国城市化水平的综合测度及其动力因子分析[J]. 地理学报, 2009, 64(4): 387-398.
[221] 郭付友, 佟连军, 魏强, 等. 吉林省松花江流域产业系统环境适应性时空分异与影响因素[J]. 地理学报, 2016, 71(3): 459-470.
[222] 刘曙光, 王璐, 尹鹏, 等. 中国地级以上城市产业生态化时空特征及其驱动因素研究[J]. 资源开发与市场, 2018, 34(11): 10-15, 41.
[223] 刘浩, 张毅, 郑文升. 城市土地集约利用与区域城市化的时空耦合协调发展评价——以环渤海地区城市为例[J]. 地理研究, 2011, 30(10): 1805-1817.
[224] 崔许锋. 民族地区的人口城镇化与土地城镇化: 非均衡性与空间异质性[J]. 中国人口·资源与环境, 2014, 24(8): 63-72.
[225] 孙才志, 董璐, 郑德凤. 中国农村水贫困风险评价、障碍因子及阻力类型分析[J]. 资源科学, 2014, 36(5): 895-905.
[226] 李博, 张志强, 苏飞, 等. 环渤海地区海洋产业生态系统适应性时空演变及影响因素[J]. 地理科学, 2017, 37(5): 701-708.
[227] 李鹤, 张平宇. 东北地区矿业城市社会就业脆弱性分析[J]. 地理研究, 2009, 28(3): 751-760.
[228] 苏飞, 张平宇. 基于集对分析的大庆市经济系统脆弱性评价[J]. 地理学报, 2010, 65(4): 454-464.
[229] 戴全厚, 刘国彬, 刘明义. 小流域生态经济系统可持续发展评价——以东北低山丘陵区黑牛河小流域为例[J]. 地理学报, 2005, 60(2): 209-218.
[230] Debreu G. The coefficient of resource utilization[J]. Econometrica, 1951, 19(3): 273-292.
[231] Schaltegger S, Sturm A. Ökologische rationalität: ansatzpunkte zur ausgestaltung von ökologieorientierten

managementinstrumenten[J]. Die Unternehmung, 1990, 44(4): 273-290.

[232] 王微, 林剑艺, 崔胜辉, 等. 基于生态效率的城市可持续性评价及应用研究[J]. 环境科学, 2010, 31(4): 1108-1113.

[233] 韩瑞玲, 佟连军, 宋亚楠. 基于生态效率的辽宁省循环经济分析[J]. 生态学报, 2011, 31(16): 4732-4740.

[234] 方叶林, 黄震方, 王坤, 等. 中国星级酒店相对效率集聚的空间分析及提升策略[J]. 人文地理, 2013, 28(1): 121-127.

[235] 孙东琪, 张京祥, 张明斗, 等. 长江三角洲城市化效率与经济发展水平的耦合关系[J]. 地理科学进展, 2013, 32(7): 1060-1071.

[236] Arthur W B. Increasing Return and Path Dependence in the Economy[M]. Ann Arbor: University of Michigan Press, 1994.

[237] 金凤君, 张平宇, 樊杰, 等. 东北地区振兴与可持续发展战略研究[M]. 北京: 商务印书馆, 2006.

[238] 方创琳, 刘海燕. 快速城市化进程中的区域剥夺行为与调控路径[J]. 地理学报, 2007, 62(8): 849-860.

[239] 王树涛, 李新旺, 门明新, 等. 基于改进灰色关联度法的河北省粮食波动影响因素研究[J]. 中国农业科学, 2011, 44(1): 176-184.

[240] 刘耀彬, 李仁东, 宋学锋. 中国区域城市化与生态环境耦合的关联分析[J]. 地理学报, 2005, 60(2): 237-247.

[241] 刘耀彬. 区域城市化与生态环境耦合特征及机制——以江苏省为例[J]. 经济地理, 2006, 26(3): 456-462.

[242] 张胜武, 石培基, 王祖静. 干旱区内陆河流域城镇化与水资源环境系统耦合分析——以石羊河流域为例[J]. 经济地理, 2012, 32(8): 142-148.

[243] 沈正平, 简晓彬, 施同兵. 产业地域联动的测度方法及其应用探讨[J]. 经济地理, 2007, 27(6): 952-955, 960.

[244] 王军锋, 侯超波, 闫勇. 政府主导型流域生态补偿机制研究——对子牙河流域生态补偿机制的思考[J]. 中国人口·资源与环境, 2011, 21(7): 101-106.